# 민족의 사회학

**지은이**

**강진웅** 姜珍雄, Kang Jin-woong

연세대학교 사회학과 학부와 대학원을 졸업했고 미네소타주립대학교 사회학과에서 박사학위를 받았다. 예일대학교 동아시아연구소 박사후연구원 및 사회학과 강사에 이어 고려대학교 민족문화연구원 교수를 거쳐 현재 경기대학교 정치전문대학원 북한학과 교수로 재직 중이다. 한국 사회의 민족주의와 북한의 사회변동을 연구하고 있으며, 저서로는 『주체의 나라 북한』(2018) 등이 있다.

**민족의 사회학**

**초판인쇄** 2022년 6월 15일 **초판발행** 2022년 6월 30일

**지은이** 강진웅 **펴낸이** 박성모 **펴낸곳** 소명출판 **출판등록** 제1998-000017호

**주소** 서울시 서초구 사임당로14길 15 서광빌딩 2층

**전화** 02-585-7840 **팩스** 02-585-7848

**전자우편** somyong@daum.net **홈페이지** www.somyong.co.kr

값 19,000원 

ISBN 979-11-5905-722-9 93300

# 민족의 사회학

THE SOCIOLOGY OF NATIONS

강진웅 지음

## 들어가는 말

1989년 베를린 장벽의 붕괴와 1991년 소련의 해체로 인해 역사의 종언이 회자되었다. 실체 없는 세계화 담론이 출몰한 것도 이 즈음이었다. 사회주의 실험이 실패하고 신자유주의의 물결에서 민족주의 역시 사라지는 듯했다. 에릭 홉스봄Eric Hobsbawm이 주장했듯이 1789년 프랑스 대혁명 이래 견고하게 다져져 온 민족국가체제는 자본주의 세계화 속으로 빨려 들어가는 듯 보였고 민족주의의 쇠락과 함께 종족/인종 갈등 역시 수그러들 것이라 예측되었다. 그러나 사회주의가 몰락한 바로 그 시점에 톰 네언Tom Nairn이 맑스주의의 역사적 패착으로 지목했던 민족주의가 다시 주목을 받기 시작했다. 민족주의를 타파하려 했던 사회주의는 오히려 민족주의를 적극적으로 활용했었고 민족주의는 사회주의의 빈자리를 채우며 세계화의 벽을 허물어 왔다.

유례없는 분단체제를 구성하며 적대적인 두 개의 국민국가로 갈라진 우리의 사례에서도 민족주의는 변형된 형태로 힘을 발휘하고 있다. 씨족, 부족, 종족으로 확대되어 조선 초기 '아족我族'으로 상상된 우리의 집단 정체성은 신채호 등의 민족주의자들에 의해 단일민족의 신화로 포장되었다. 20세기 초 서구에서는 근대 민족국가 체제가 확립되었던 반면 조선에서는 일제의 식민통치에 의해 민족국가 건설이 좌절되었고 독립된 네이션nation을 실현할 주체로 한민족의 정체성이 추구되었다. 이러한 식민유산을 이어받은 분단체제에서 단일민족의 신화를 바탕으로 폐쇄적인 민족 정체성이 구축되었고 이것은 남북한의 권위주의 체제를 정당화하는 수단이 되었다. 비록 혼혈 한국인이 증가하는 21세기 다문화 한국에서 폐쇄적인 민족주의가 비판을 받고 있지만 주류 한국 사회는 여전히 '대한민국 민족주의'를 통해 국가주의적 민족 정체성을 재구성하고 있다. 한민족을 '탈민족화'하는 원심력과 대한민국을 '재민족화'하는 구심력이 모순적으로 양립하는 가운데 한국의 종족적 민족주의ethnic nationalism는 네이션/민족의 정체성을 재구성하며 개인의 삶을 지배하고 있는 것이다.

사회학자 조지 허버트 미드George Herbert Mead의 표현을 빌려 말하자면, 이 책은 우리의 민족 정체성을 네이션의 일반화된 타자 속에서 이해하는 작업이며 현재의 네이션/민족 정체성을 전체 시공간의 역사 속에서 반추해 보는 기획이다. 민족을 종족처럼 생각하는 우리의 통념과 달리 이 책은 개념적, 분석적 차원 및 실체론적 관점에서 민족을 네이션의 한 좌표로 바라본다. 이것은 민족이 네이션의 근대적 번역어로 등장하여 네이션과 다른 역사적 경로를 달렸음에도 불구하고 근본적으로는 민족이 다양한 정도와 방식을 나타내는 네이션의 함수적 관계로 이해된다는 것을 의미한다. 네이션에 관한 서구와 동구의 역사적 경로의 차이도 이러한 맥락에서 이해될 수 있다. 앤소니 스미스Anthony Smith가 그 단초를 제시했듯이 네이션은 '정치성'과 '종족성'이 다양한 정도와 방식에서 결합하는 결과들의 집합이 되는 것이다. 따라서 한민족은 프랑스의 네이션과 비교해 정치성보다는 종족성의 정도가 더 강한 좌표를 나타내며 동아시아의 민족들에서도 서로 다른 특색을 갖는 함수적 관계가 성립하는 것이다.

그러나 근원론과 근대론의 오랜 논쟁이 보여주듯이 민족주의 연구는 동서의 이분법은 물론 가치와 실체 사이의 딜레마에서 벗어나지 못했다. 동서의 이분법에서 네이션과 민족은 서로 다른 실체로 이해되었고 민족주의 역시 서로 다른 형상을 갖는 것으로 평가되었다. 우리의 사례는 항시 서구의 근대성, 자본주의, 국민국가 등이 부재하거나 뒤쳐진 특수한 범주로 해석되었고 민족주의에 관한 연구에서는 더욱 그러했다. 우리 스스로도 근원론적 사고에서 단군신화를 배경으로 오천 년 역사를 가진 단일민족의 자부심을 공고화하는 것에 주력했다. 반면 근대론적 비판에서는 네이션/민족의 실재성을 간과하며 네이션/민족을 허구의 이데올로기로 치부하는 경향이 팽배했다. 그러나 어느 쪽이든 네이션과 민족을 이해할 때 가치의 과잉을 보여준 것에서 크게 다르지 않았다. 따라서 베네딕트 앤더슨Benedict Anderson의 주장에 빗대어 표현하면 이제 우리는 네이션/민족을 기본적으로 '실재와 상상의 공동체'로 바라보아야 할 것이다.

이러한 배경에서 이 책은 두 가지 큰 과제를 수행하면서 근대의 시공간에 대응하는 네이션/민족의 사회인류학을 추구하고자 한다. 하나는 전근대적 정체성과 관련되는 근대적 실체로서 정치성과 종족성이 결합되어 나타나는 네이션/민족의 기원과 변이를 탐색하는 것이며, 다른 하나는 근대 네이션/민족과 민족주의의 동학에서 네이션/민족, 종족, 인종, 계급의 관계를 분석하는 것이다. 근원론과 근대론 및 동서의 이분법을 넘어서 네이션/민족의 근대성과 민족주의의 역사성을 검토하고 전근대 및 근세에서 근대로, 근대에서 현대로 이어지는 네이션/민족의 사회학을 해부하고자 한다.

3부로 구성되는 이 책에서 제1부는 네이션, 민족, 종족의 개념, 실재와 상상의 앙상블로서의 네이션/민족 및 근원론과 근대론 간 논쟁의 함의를 분석한다. 제2부는 네이션/민족을 정치적 근대성과 경제적 근대성의 관점에서 파악하고 종족, 인종, 계급과의 관련성에서 인식의 지평을 확대한다. 제3부에서는 서구와 비교되는 견지에서 우리의 사례에서 나타나는 민족과 민족주의의 동학을 탐색한다. 끝으로 이 책의 일부는 저자가 국내외 학술지『한국사회학』, 『사회와 역사』, 『민족연구』, 『사회과교육』, *Nations and Nationalism* 등에 게재한 논문들을 발전시킨 것임을 밝혀둔다.

## 번역과 용례

서구와 한국의 간극에서 네이션/민족과 민족주의의 동학을 분석하는 이 책에서는 개념사적 관점에서 용어의 다의성과 번역의 불가피한 한계가 존재한다. 가장 핵심적인 것으로 '네이션nation'과 '민족民族'은 개념사적 간극에서 자유로울 수 없다. 중국과 일본을 거쳐 민족 개념이 네이션을 번역한 대체어로 등장했음에도 불구하고 네이션과 민족은 집단 정체성의 측면에서 서로 다른 역사적 경로를 드러냈다. 그럼에도 불구하고 이 책은 근대성의 분석적 차원에서 민족을 정치성과 종족성이 결합하는 함수로서의 네이션에 통합하여 이해하며 '네이션/민족'과 같이 병기하고 때때로 개념사적 간극에서 구분하여 표기한다. 그러나 '종족種族, ethnicity'은 분석적, 실체론적 관점에서 네이션/민족과 구분된다. 네이션/민족이 종족을 활용하는 근대의 집단 정체성으로 이해되는 반면 종족은 전근대에서 근대에 걸쳐 존재하는 사회적 집단으로 평가되는 것이다. 이와 함께 '인종人種, race'은 공통의 조상을 근원으로 삼는다는 점에서 종족과 원초적 유사성을 가질 수 있으나 정치적 상상의 과정에서 더욱 극단화된다는 측면에서 구분된다.

이러한 기본 개념의 이해와 함께 개념사적 간극에서 민족주의 관련 용어들은 역사적, 분석적 측면에서 탄력적으로 이해되었다. 먼저 'nationalism'은 예외 없이 '민족주의'로 번역되었다. 이 책은 '민족적'과 '국민적'의 용어가 같은 의미라는 전제하에 'national'을 주로 '민족적'으로 번역했으며 근대 국민성의 맥락이 강조될 때에 한해 '국민적'으로 번역했다. 예를 들어 'national consciousness', 'national sentiment', 'national movement', 'national revival', 'national self-determination'은 '민족의식',

'민족감정', '민족운동', '민족적 부활', '민족적 자결'로 번역되었고, 'national sovereignty', 'National Guard'는 '국민적 주권', '국민방위군'으로 번역되었다. 또한 'national state'의 경우 '민족국가'로 주로 번역, 표기했고 근대 국민성의 맥락이 강조되는 경우에 한해 '국민국가'로 번역, 표기했다. 일부 학계의 용례에서 'nation-state'또는 nation state를 'national state'와 구별하는 경우가 있지만 이 책에서는 두 용어를 구분하지 않고 '민족국가/국민국가'로 이해했다. 그러나 '민족적', '국민적'의 용어는 '종족적'의 의미를 갖는 'ethnic'과는 구분된다. 이와 함께 'national identity'의 경우 우리가 쓰는 '민족 정체성'과의 혼동을 피하기 위해 '네이션의 정체성'으로 번역했다.

마지막으로 'nationality', 'nationhood'의 개념은 번역에서 논쟁적인 함의를 담고 있다. 현대 영어에서 '국적'을 의미하는 'nationality'는 근대 네이션이 성립되기 이전 근세의 네이션과 민족의식을 포괄하는 의미를 담는다. 이 책에서 'nationality'는 근대 네이션으로 발전하는 역사적 연속성 상에 있는 '네이션'의 개념으로 이해된다. 또한 근대의 네이션으로 발전하는 'nationality'는 우리의 사례에서 나타나는 전근대 '민족체'의 개념과 관련될 수 있다. 그러나 우리의 사례에서 민족체가 중세에 걸쳐 민족으로 발전하는 전근대적 실체를 의미하는 것인 반면 서구의 'nationality'는 근세의 네이션을 의미하는 것이라는 점에서 구별된다. 또한 'nationhood'는 네이션과 시민권의 역사적 형성과 관련된 개념으로서 마땅한 번역어가 존재하지 않는 가운데 이 책에서는 '국민성'으로 번역되었다.

## 차례

## 제2부 근대성과 민족주의

제1부

# 네이션/민족의 사회학

제1장 | 네이션, 민족, 종족

제2장 | 실재와 상상의 네이션/민족

제3장 | 근원론과 근대론을 넘어서

제1부에서는 네이션, 민족, 종족의 개념, 실재와 상상의 앙상블로서의 네이션/민족 및 근원론과 근대론 간 논쟁의 함의를 분석한다. 먼저 네이션과 민족의 함수적 관계 및 네이션/민족의 변수적 특성을 성찰하고 실재와 상상의 앙상블로 구성되는 네이션/민족의 실체에 다가선다. 이와 함께 근원론과 근대론의 논쟁을 넘어서 네이션/민족의 근대성과 전근대적 및 근세적 관련성을 분석하고 두 접근에서 간과되었던 역사적, 사회학적 함의를 평가한다.

제1장

# 네이션, 민족, 종족

이 책은 개념사적 간극에도 불구하고 네이션과 민족을 정치성과 종족성이 결합되어 구성되는 역사적 산물로 이해한다. 제1장은 개념사적 간극 속에서 네이션과 민족의 통합된 관계를 성찰하고 이러한 실체를 종족과 구분하여 이해한다. 조선의 사례에서는 네이션, 민족, 종족의 개념사를 검토하고 민족 담론의 역사적 기원을 탐색한다.

## 1. 네이션과 민족의 개념사적 간극

탈식민주의론, 식민지 근대화론, 탈민족주의론, 다문화주의 등의 논쟁을 거치며 우리의 민족주의 연구에서는 민족의 개념사적 이해와 실체론적 접근을 시도하는 연구들이 활발히 진행되어 왔다.[1] 그러나 동서양의 개념사적 간극에서 보편과 특수, 전근대와 근대, 실체와 가치 사이의 긴장

1 권보드래, 「근대 초기 '민족' 개념의 변화－1905~1910년 『대한매일신보』를 중심으로」, 『민족문학사연구』 33권, 민족문학사학회 · 민족문학사연구소, 2007; 박명규, 「네이션과 민족－개념사로 본 의미의 간격」, 『동방학지』 147집, 연세대 국학연구원, 2009; 박명규, 『국민 · 인민 · 시민－개념사로 본 한국의 정치주체』, 소화, 2009; 박찬승, 『민족 · 민족주의』, 소화, 2010 등.

관계에 놓인 민족주의 연구는 여전히 많은 난제를 안고 있으며 한국적 특수성에 대한 검토는 더욱 중요한 과제가 되었다.

그동안 네이션/민족, 민족주의에 관한 논쟁은 주로 근대성의 차원에서 해명되었고 전근대적 기원과 근대적 연계성 및 현대 사회의 변형과 함께 다양한 맥락에서 검토되었다. 그러나 이러한 논쟁 자체는 자본주의, 민족주의, 국민국가의 역사를 달렸던 서유럽의 근대적 경로에 대한 탐색에 경도되었던 것이 사실이다. 다분히 돌출되어 보이는 한국의 사례는 흔히 예외적인 경우로 설명되거나 분석의 잔여 범주로 치부되곤 했다. 민족과 관련된 종족의 문제 역시 서구의 경로와는 다른 차원에서 검토되었고 결정적으로 민족의 문제가 거의 모두 종족의 문제로 환원, 설명되었다. 겔너와 스미스가 벌인 '네이션의 배꼽' 논쟁이 잘 보여 주듯이,[2] 네이션/민족에서 보편과 특수의 관계, 전근대와 근대의 단속성斷續性의 측면은 민족주의의 이론적 성찰에서 중요한 쟁점이 될 수 있다. 따라서 단일민족의 혈통을 앞세우는 한국적 예외론과 도구주의로 극단화된 서구 중심의 근대주의는 물론 전근대와 근대의 이분법을 넘어 네이션/민족의 개념과 실체를 이해해야 한다.

우리의 민족주의 연구에서 먼저 성찰해야 할 문제는 네이션과 민족에 대한 개념사적 이해가 될 것이다. 서유럽과 동유럽 및 유럽과 제3세계는 근대 민족국가/국민국가의 수립 과정 자체가 달랐을 뿐만 아니라 역사적 현상과 집단적 정체성[3]을 이해하는 사회적 인식과 언어적 용례에서도 그

2 Ernest Gellner and Anthony D. Smith, "The Nation : Real or Imagined? : The Warwick Debates on Nationalism", *Nations and Nationalism* Vol.2, No.3, 1996.

3 '정체성(identity)'이란 사회와 집단에서 자신을 규정짓고 그러한 규정에서 그 사회와 집단에서 일정 기간 소속감을 지속시키는 특성을 의미한다. 이러한 측면에서 네이션/민족의 정체성은 개인의 정체성이 네이션/민족의 집합적 정체성으로 통합되는 것으로 이해할 수 있다. 칼훈이 언급했듯이, 절연적인 내부인자(categories)로 구성된 정체성 중에서 네이션은 다른 정체성을 압도

차이가 두드러졌다. 이와 함께 국가와 네이션, 네이션과 민족, 국민과 민족, 네이션과 종족, 민족과 종족, 종족과 인종 등의 관계는 역사적, 사회적 맥락에 따라 다양하게 이해되는 복합성을 가졌다. 따라서 동서양의 개념사적 간극을 드러내는 네이션과 민족의 개념을 국가, 종족, 인종의 개념과 비교하여 검토해 볼 필요가 있다. 아래의 예시는 '한컴사전'에 나오는 '민족' 관련 키워드들에 대한 정의이다.

> 인종 : 피부나 머리털의 빛깔, 골격 등 신체적인 형질에 따라 구분되는 사람의 집단
>
> 종족 : 같은 종류의 생물 전체, 조상이 같고, 같은 계통의 언어·문화 따위를 가지는 사회 집단
>
> 민족 : 같은 지역에서 공동생활을 오랫동안 함으로써 언어나 풍습 따위의 문화 내용을 함께하는 인간 집단(겨레)
>
> 국가 : 일정한 영토와 그곳에 사는 사람들로 구성되어 통치권을 갖고 있는 공동체(나라)
>
> nation : ① 집합적 국민(정부 아래에 통일된 people), ② 국가state, ③ 전세계 국민, 전인류, ④ 민족, 종족people, race

이 예시를 보면 '인종'은 신체적 형질에 따라 구분되는 생물학적 집단을 의미하며, '종족'은 계통을 갖고 언어, 문화를 공유하는 사회적인 집단을

---

하며 개인들을 네이션으로 통합시키는 힘을 갖고 있다(Craig Calhoun, *Nationalism*, University of Minnesota Press, 1997, p.43). 그러나 네이션의 정체성 역시 절대적인 것이 아니라 상대적으로 가변적인 것이며 네이션이 추구하는 우리와 그들의 이분법적 대상 역시 끊임없이 변화하는 것이다(Jyoti Puri, *Encountering Nationalism*, Blackwell, 2004, p.15).

가리킨다. 이에 반해 '민족'은 종족과 거의 같은 뜻으로 인식되면서도 동일한 지역에서 공동생활과 문화적 내용을 공유하는 사회적 집단을 나타낸다. 우리의 역사에서 구한말 민족주의자들에 의해 네이션이 국민과 민족으로 번역되고 일제강점기에는 민족이 네이션을 회복하는 상징적 실체로 간주되었던 것을 고려하면 민족 개념이 단순히 종족을 지시하는 것만은 아니었다. 한편 서양의 '네이션' 역시 국민, 국가, 민족/종족으로 해석될 수 있는 다의성을 갖고 있다. 네이션은 기본적으로 영토성, 강제성, 합법성을 갖는 제도적 실체인 '국가'와는 개념적으로 구분되지만, 네이션이 국민국가의 건설 과정에서 국가와 이를 구성하는 '국민'을 지향했던 것은 분명하다.[4]

이러한 맥락에서 서구의 네이션은 주로 국가, 국민으로 이해되어 우리의 민족 개념과는 큰 간극을 드러냈지만 동구의 네이션은 다분히 우리의 민족 개념에서 두드러지는 종족적인 특성을 가졌다. 이 같은 개념사적 이해에서 네이션은 법률적, 제도적 국가와 일치되는 정치적인 속성을 갖지만 국가와는 구분되는 종족적 특성도 포괄하는 것이다.[5] 네이션에 관한 '주관론적 접근'과 '객관론적 접근' 간 논쟁은 이러한 네이션의 개념 및 네이션과 민족 개념 간의 간극을 잘 드러내 준다.[6] 예를 들어 소속감과 민족

---

4 세튼-왓슨은 국가를 시민의 충성을 위해 권력을 행사하는 법적, 정치적 조직으로, 네이션을 연대성, 공통문화, 민족의식으로 단결된 인간 공동체로 정의했다(Hugh Seton-Watson, *Nations and States : An Enquiry into the Origins of Nations and the Politics of Nationalism*, Westview Press, 1977, p.1). 이것은 한국, 중국, 일본에서 일반적으로 사용하는 국가와 민족의 개념 정의와 유사한 것이다.

5 Lord Action, "Nationality", *Mapping the Nation*(Gopal Balakrishan ed.), Verso, 1966, pp.31 · 33.

6 객관론적 접근과 주관론적 접근은 네이션/민족의 구성요소를 중심으로 평가하는 논쟁이다. 네이션/민족을 지역, 혈통, 언어, 문화 등을 공유하는 관점에서 평가하는 객관론적 접근은 다분히 근원론적 접근과 맞물려 논의되었다. 이 접근의 대표적인 예는 스탈린이 "언어, 영토, 경제생활, 공동 문화로 발현되는 심리적 기질의 기초에서 발생하여 역사적으로 구성된 안정적인 공동체"로 네이션을 정의한 것에서 찾아볼 수 있다(Joseph V. Stalin, "Marxism and the National Question", *J. Stalin Works* 2, Foreign Languages Publishing House, 1953, p.307). 이에 대

의식 등을 강조하는 주관론적 네이션의 개념은 한스 콘 등 영미학파에서 제기되어 주로 근대론적 접근과 통하는 것으로 이해되었다. 이는 '국가민족Staatsvolk'의 개념을 강조하며 서유럽의 '시민혁명적 길'을 반영하는 것으로 평가되었다. 반면 독일학파에서 제기되어 혈통, 종족, 문화 등의 구성요소를 강조하는 객관론적 네이션의 개념은 원초론, 영속론 등 근원론적 접근과 통하는 것으로 이해되었으며, 이는 '문화민족Kulturvolk'의 개념을 강조하며 동유럽의 '프로이센적 길'을 반영하는 것으로 이해되었다.

이러한 개념사적 논쟁에서 네이션의 개념은 메이지 유신1868~1911 이후 일본에서 민족으로 번역되어 조선에 전해졌다. 1872년 일본의 법학자 가토 히로유키가 블룬칠리의 저서 『일반국가법학』에서 'Staat', 'Volk', 'Nation'을 각각 '국가', '국민', '민족'으로 번역했고 이 과정에서 민족이란 단어가 최초로 등장했다.[7] 20세기 초 조선에서 네이션의 개념은 국민과 민족이 경합한 후 민족으로 수렴되었고 '폴크Volk'의 개념 역시 민족으로 굳어졌다. 주권을 상실한 조선을 대표할 수 있는 정체성은 네이션과 폴크에서

---

해 홉스봄은 언어, 종족, 종교 등 '원형적 민족주의(proto-nationalism)'의 요소들로 근대적 네이션을 설명하는 것을 비판하기도 했다(Eric Hobsbawm, *Nation and Nationalism since 1780 : Programme, Myth, Reality*, Cambridge University Press, 1990, p.78). 이와 달리 네이션/민족을 구성원들의 소속감을 바탕으로 한 주관적인 태도와 의식의 관점에서 평가하는 주관론적 접근은 주로 근대론적 접근과 호흡을 같이했다. 이러한 접근은 한스 콘이 네이션을 "공통된 의식에 의해 단결하고 주권국가를 지향하는 집단"(Hans Kohn, *The Idea of Nationalism : A Study in Its Origins and Background*, Collier Books, 1967, p.19)으로 정의한 것과 베버가 네이션을 "일반적으로 국가를 만드는 경향이 있는 감정 공동체"(Max Weber, *From Max Weber : Essays in Sociology*, Oxford University Press, 1958, p.176)로 평가한 것에서 그 예를 찾아볼 수 있다. 이와 관련하여 신용하는 객관적 요소로 구성된 민족을 '즉자적 민족'으로, 민족의식과 함께 한 즉자적 민족을 '대자적 민족'으로 정의했고 한민족을 객관론적 민족과 주관론적 민족 개념이 결합된 역사적 실재로 평가했다(신용하, 「'민족'의 사회학적 설명과 '상상의 공동체론' 비판」, 『한국사회학』 40집 1호, 한국사회학회, 2006, 33면). 이러한 주장은 민족사학의 입장과 유사하게 혈통 등의 객관적 요소와 주관적인 민족의식을 결합하여 민족을 이해한 것이다.

7 '인민(people)' 혹은 '민족'으로도 번역되는 '폴크(Volk)'는 네이션의 정치적 특성보다는 종족적 특성이 더 강한 개념이다.

차용된 민족이었던 것이다. 그러나 우리의 사례에서 네이션이 민족으로 이해된 과정은 불가피하게 서구와 동구, 유럽과 조선의 개념사적 간극을 내포했고, 우리의 민족 개념은 네이션과의 간극을 메우며 이 개념과 인위적으로 동의어가 되어 갔다. 이러한 민족 개념은 개념적 혼동을 낳으며 식민경험과 분단체제의 정치적 과정을 거쳐 이데올로기적 담론으로 활용되었다.

따라서 네이션과 민족의 개념사적 간극은 서구를 중심으로 진행되었던 근대성의 역사적 결과를 반영하는 것이라 할 수 있다. 중세 봉건제를 혁파한 1789년 프랑스 대혁명의 여파에서 새로운 정치 공동체를 형성하는 집단 정체성으로 네이션이 등장했고 민족주의는 개인들을 네이션의 정체성에 귀속시키며 민족국가를 형성했다. 뒤르케임의 연구에서 전근대적인 '기계적 연대'의 사회가 노동분업에 의해 근대적인 '유기적 연대'의 사회로 변화되었듯이[8] 전근대적 봉건제 사회는 민족주의에 의해 근대적 국민국가로 발전했다. 중세에서 근대로 전환하는 과정에서 네이션은 '주권적 인민sovereign people'의 정치적 통합을 실현한 민족국가로 성장한 것이다.[9] 서구 민족주의의 역사적 시원으로 평가되는 프랑스 대혁명은 주권적 인민의 권리를 주창한 인권선언 제3조에서 "모든 주권sovereignty의 원리는 근본적으로 네이션에 의지한다"는 것을 명문화했고, 네이션은 주권적 인민들의 집합체로서 국민국가를 형성하는 실재적이며 추상적인 정체성이 되었다. 네이션은 민족국가를 지향하는 주권적 인민의 공동체였기에 조

8 Emile Durkheim, *The Division of Labor in Society*, Free Press, 1984.
9 Hegen Schulze, *States, Nations and Nationalism : From the Middle Ages to the Present*, Blackwell, 1996.

직과 인간, 제도와 이념이 통합되어 만들어진 역사적 산물이 된 것이다.

이러한 맥락에서 기본적으로 서구의 네이션은 역사적 형성의 측면에서 '주로 종족을 자원으로 하여 국가를 형성하거나 그 잠재력을 갖는 집단'으로 이해할 수 있다. 민족주의에 의해 봉건왕조를 대체할 새로운 정치 공동체가 필요했고 이러한 공동체와 그 주체인 국민을 지칭하는 개념과 실체로서 네이션의 정체성이 추구되었던 것이다. 이 과정에서 네이션은 국가, 국민과 함께 가는 정치적 속성을 드러내면서 네이션의 중요한 요소가 되는 종족을 정치적으로 동원했다. 반면 근대국가의 형성에서 우리 민족은 국가와 네이션의 부재에서 실질적으로는 종족 공동체로 자리를 잡아가면서도 이념적으로는 정치 공동체를 상상하는 모순적 과정에 놓여 있었다. 이 과정에서 서구의 네이션과 우리의 민족 개념은 근대 이래로 그 간극을 크게 벌려 왔다. 이것은 근대 민족국가를 주체적으로 수립한 서구의 역사적 과정과 상대적으로 단일한 종족을 유지했지만 주권을 상실한 우리의 역사적 과정의 차이를 반영하는 것이다.

이와 같이 개념사적 간극과 복합성 및 다의성을 전제로 하여 동서양을 포괄하는 차원에서 한국의 민족 개념을 이해해야 하며 이러한 전략에서 네이션/민족의 실체와 가치에 대한 분석이 이루어져야 한다.[10] 이를 위해서는 민족을 네이션의 좌표로 이해하고 이 관계에서 네이션/민족의 시공간적 변이를 분석해야 한다. 서유럽 중심주의를 극복하고 유럽 주변부의 작은 네이션들의 형성 과정을 분석한 흐로흐의 연구도 유럽의 주변부를 통합하여 이해하는 네이션의 사회학에 기여한 바 있다.[11] 이러한 성찰을

---

10 강진웅, 「민족의 사회학–네이션과 종족성의 관계에서」, 『사회와 역사』 117호, 한국사회사학회, 2018; 강진웅, 「한국 민족주의 연구의 쟁점과 과제」, 『민족연구』 73호, 한국민족연구원, 2019.

바탕으로 종족이 전근대와 근대에 걸쳐 네이션/민족의 형성과 어떤 관련성을 갖는가를 검토해야 한다.

## 2. 네이션/민족과 종족

이 책은 자체의 복합성과 다의성에도 불구하고 민족을 네이션으로 통합하여 이해하고 이를 통해 네이션/민족과 종족의 관계를 정밀하게 살펴보고자 한다. 기본적인 논점은 민족이 종족과 유사하게 사용되고 있음에도 불구하고 실체와 분석의 측면에서 종족과는 구분되어야 한다는 것이다. 다음은 '위키백과'에 나오는 '종족'과 '민족'의 정의이다.

> 종족種族은 공통의 특징을 가진 생물의 집단을 가리키는 통속적인 용어이다.
> 생물학의 종種
> 인류의 집단 : 인종, 민족, 부족
> 종족宗族은 부계 동족 집단을 뜻한다.

> 민족民族, 영어 : ethnic group은 종족種族 혹은 족군族群이라고도 하는데, 인종, 문화, 언어, 역사 또는 종교와 같은 전통으로서 정체성을 가지게 되는 인간 집단을 말한다. 민족의 일원끼리는 일반적으로 유전적으로 또는 문화적으로 유사한 것이 일반적이나 이는 절대적이지 않다. 민족의 일원들은 일반적으로 강력

11 Miroslav Hroch, *Social Preconditions of National Revival in Europe : A Comparative Analysis of the Social Composition of Patriotic Groups among the Smaller European Nations*, Cambridge University Press, 1985.

한 역사적 영속성을 주장한다. 그러나 사학자들과 인류학자들은 소위 민족 유산이라고 불리는 문화적 특징들의 많은 부분이 근세기에 들어서서 만들어진 것을 발견했다. 또한 과정 중 하나는 사람들이 자발적으로 또는 강제적으로 특정 지역으로 이동하는 것이 있다. 이러한 과정에서 자신들의 고향에서 중요시되는 문화적 특성들은 혼합되거나 지워지게 된다.

'위키백과'의 개념 정의는 민족과 종족을 구부하며 민족에 관한 근대론적 이해를 일정 정도 반영한다. 일반적인 의미에서 종족은 생물학의 종에 기반을 둔 부족, 인종 등의 인류 집단을 의미한다.[12] 고대사 연구에서 종족이 흔히 부족의 병합과 통합의 관점에서 설명되는 것을 고려할 때 형식적으로 종족은 혈연적 연속성을 전제로 한 부족의 대집단으로 분류할 수 있다. 종족은 공통의 조상을 기원으로 한다는 점에서 인종과도 유사하게 이해될 수 있으나 인종이 신체적 특징과 유전적 요소로 설명되는 반면 종족이 주로 혈연적 연계성 및 영토성과 관련된다는 점에서 구분된다. 더욱이 사회과학의 관점에서 종족은 생물학적 계통 또는 부족적 차이보다는 사회문화적 특성에 의해 좌우되는 것으로 평가되고 있다.[13] 종족은 '배제와 통합의 사회적 원리가 작동하는 집단'[14] 또는 '상징적, 사회적 기능을 갖는 집단'[15]으로 이해되는 것이다.

따라서 종족 개념은 역사적, 사회적 맥락에 따라 인종과 민족 사이에

12 종족은 원래 부족(tribe)을 의미하는 'etnikos'라는 그리스어에서 유래했다. 억압적인 차별의 의미를 담고 있는 인종 개념을 성찰하는 맥락에서 종족 개념이 사용되기 시작했다.

13 Anthony D. Smith, *The Ethnic Origins of Nations*, Blackwell, 1986, p.21.

14 Fredrick Barth, ed. *Ethnic Groups and Boundaries : The Social Organization of Culture Difference*, Waveland Press, 1998.

15 Anthony D. Smith, *Ethno-symbolism and Nationalism : A Cultural Approach*, Routledge, 2009.

다양하게 걸쳐 있는 사회 집단으로 평가할 수 있다.[16] 이와 관련해 베버는 부족에서 발전하는 종족의 정체성은 공통된 혈통이 아니라 정치적 존재에 의해 구성되는 것이라 주장했다.[17] 혈연적, 유전적 특성보다는 정치적, 사회적 관계가 집단의 정체성을 좌우한다는 것이다. 종족과 인종은 공통의 조상에서 기원하는 유전적, 생물학적 정체성이 아니라 구성원들이 그러한 공통성을 주관적으로 수용할 때 성립하는 사회적 정체성이 되는 것이다.[18]

또한 우리의 민족 개념은 '위키백과'의 예시에서 보이듯이 네이션이 아닌 '에쓰닉 그룹'으로 이해되어 종족과 유사한 것으로 평가된다. 그러나 최근에는 근대론적 특성이 부각되어 역사적, 문화적, 정치적 맥락에서 형성된 사회적 집단으로 이해되고 있다. 우리의 민족 개념이 오랜 역사와 전통에서 다분히 종족 개념과 겹쳐져 이해되었지만 그 개념의 등장과 실체의 구성에서 단순히 종족만을 의미한 것은 아니었다. 이를테면 1945년 '민족해방'이란 말에서 민족은 일제의 억압으로부터 해방된 우리의 '종족'을 의미하는 것이었지만 일제의 패망에 따라 우리가 되찾은 '네이션'을 의미하는 것이기도 했다. 민족은 종족과 동일시되면서도 정치적, 주권적 특성에서 구분되는 것이다.[19] 남북의 '민족통일'과 세계의 '한민족공동체'를 구성하려는 정치적 움직임에서도 민족 개념은 네이션의 정치 공동체를 지향하는 특성과 관련된다. 일제강점기에서도 네이션을 지향하며 종족 집단을

16 김광억 외, 『종족과 민족 – 그 단일과 보편의 신화를 넘어서』, 아카넷, 2005, 22면.
17 Max Weber, *Economy and Society : An Outline of Interpretive Sociology* Vol.I, University of California Press, 1978, pp.389 · 393~394.
18 Ibid., p.385.
19 김광억 외, 앞의 책, 21면.

정치화했다는 점에서 민족 개념의 정치적 특성은 간과될 수 없는 것이다.

우리의 역사에서 오랫동안 공동생활을 유지한 종족 정체성이 민족으로 이해된 것은 구한말 민족주의자들이 근대적 민족 개념을 제시하며 이를 과거의 종족으로 소급하여 동일시했기 때문이다. 또한 이러한 근원론적 사고가 민족주의자들의 정치적 지향은 물론 대중들의 감성에까지 녹아들었기 때문이기도 하다. 이런 이유로 서구와 동구의 경로에서 벌어진 네이션의 간극은 네이션을 민족으로 대체한 우리의 경로에서 더욱 벌어진 것이다. 그러나 서구와의 확대된 간극에도 불구하고 우리의 민족 개념과 이것이 지시하는 실체가 근대성의 산물이라는 점은 부정될 수 없을 것이다.

한편 네이션의 개념 역시 종족 정체성과 깊은 관련성이 있다. 이에 대해 세튼-왓슨은 네이션을 정치 공동체인 국가와 분리하여 공통문화의 연대감과 민족의식에 의해 단결되는 인간 공동체로 보았다.[20] 이것은 민족에 대한 한국의 전통적인 인식과 유사하게 네이션을 거의 종족 집단과 같은 것으로 본 것이다. 그러나 근대 정치 공동체를 지향한 역사적 과정을 고려할 때 네이션의 실체는 종족적 특성을 넘어서게 된다. 중요한 것은 네이션의 개념 역시 역사적, 사회적 변화에 따라 그것이 지향하는 정체성의 의미가 변화했다는 것이며 근대에 들어 정치적 성격이 근본적으로 강화되었다는 것이다.

예를 들어 라틴어 'natio'는 가족보다는 크고 친족, 종족보다는 작은 집단으로서 출생을 기준으로 함께 사는 집단을 의미했는데 점차로 의미의 변형과 확장이 일어났다.[21] 고대 로마에서는 로마 시민보다 낮은 신분을 갖는 외국인들을 가리켰고, 중세 대학에서는 같은 지역 출신의 학생 집단

---

20 Hugh Seton-Watson, op. cit..

21 Elie Kedourie, *Nationalism*(fourth expanded edition), Blackwell, 1993, p.5.

을 지칭하는 말로 사용되었다. 시대적 흐름에 따라 네이션의 개념은 외국인 집단, 여론 공동체, 엘리트, 주권적 인민을 의미하는 것으로 변화된 것이다.[22] 고대에서 근대에 이르기까지 네이션은 우리와 그들을 가르는 배타적인 맥락에서 사용되었고 배타적 구별 짓기와 그 대상은 시대적 상황에 따라 변화되었다. 이런 변화를 거쳐 네이션은 근대에 들어 확장된 정치적 정체성을 구성하며 '주권적 인민'의 집단을 의미하게 되었다.

따라서 네이션은 국가와의 관계에서 중세를 거쳐 근대에 이르기까지 우리와 그들을 가르며 역사적으로 진화되어 온 개념으로 이해할 수 있다.[23] 근대에 들어 네이션은 단순한 지역성을 넘어 공통의 의식을 공유하는 정치 공동체로 변화되었고 민족주의가 변형의 원동력이 되었다. 이러한 개념의 확장과 변형에서 네이션이 의미하고 그 실체를 구성하는 과정은 지극히 가변적이고 자의적인 것이었다.

이러한 배경에서 네이션과 민족은 근대성을 공유하면서도 역사적 경로의 차이에 따라 차별성이 두드러졌지만 그럼에도 불구하고 두 정체성 모두 정치적이며 종족적인 특성을 가졌다. 이에 대해 스미스는 네이션이 기본적으로 '정치적인 산물'이라는 점에 동의하면서도 '집합적인 문화적 현상'이란 점을 강조했다.[24] 스미스에 따르면 네이션은 "역사상의 영토 또는 모국, 공통된 신화와 역사적인 기억들, 공통된 공적인 대중문화, 성원들의 공통된 법적 권리와 의무, 영토적 유동성과 함께 한 공통된 경제를 공유하는 사람들의 집단"[25]이다. 이러한 네이션은 "공통된 조상의 신화,

22 Liah Greenfeld, *Nationalism : Five Roads to Modernity*, Harvard University Press, 1992, pp.8~9.
23 Hegen Schulze, op. cit., pp.xi · 106.
24 Anthony D. Smith, *National Identity*, University of Nevada Press, 1991, p.vii.

공유된 역사적 기억들, 하나 이상의 공통된 문화의 요소들, 하나의 구체적인 '모국'과 함께 한 연합체, 전체 인구의 상당 부분을 관통하는 연대감을 공유하는 사람들의 집단"[26]인 에쓰니ethnie[27]와 구분되는 것이다.

여기서 에쓰니는 공통된 문화의 요소들과 연대감의 공동체를 지향하는 반면 네이션은 공통적인 공적인 문화와 주권적인 영토적 경계를 갖는 차이가 있다. 무엇보다도 에쓰니와 네이션은 공통된 조상의 신화와 문화적 요소를 공유하지만 법과 경제를 공유하는 영토성에서 차별성을 갖는다. 네이션이 에쓰니의 특성을 대부분 포괄하지만 정치적 특성이 두 실체의 차이를 가르는 것이다. 따라서 우리의 민족은 네이션과 에쓰니/종족 사이에 걸쳐 있는 정체성으로 이해될 수 있을 것이다.

이와 관련해 스미스는 네이션을 시민적civic, 영토적territorial 차원과 종족적ethnic, 계보학적genealogical 차원이 결합되어 구성되고 여러 사례에서 다양한 정도와 방식을 나타내는 실체로 평가함으로써 민족주의 연구에서 네이션에 관한 유의미한 정의를 제시했다.[28] 이 책은 스미스의 정의를 활용하여 네이션을 정치적, 종족적 두 특성이 조합된 관계의 함수이자 변수로 이해한다. 우리의 민족 정체성 역시 동서양의 개념사적 간극에서도 정치적/시민적 특성과 종족적/문화적 특성이 결합되는 함수의 한 좌표로 평가되어야 할 것이다. 이로써 민족 역시 종족과 겹쳐지는 특성에도 불구하고 정치적 특성을 갖는 근대적 정체성으로 자리매김할 수 있는 것이다.

---

25 Ibid., p.14.
26 Ibid., p.21.
27 '에쓰니'는 프랑스어로 종족을 의미한다.
28 Anthony D. Smith, *National Identity*, pp.13 · 15.

## 3. 조선의 네이션, 민족, 종족

역사적으로 네이션의 번역어로 등장한 우리의 민족 개념은 근대 이전에는 부재했던 것이었다. 조선왕조실록을 보면 세종대 일부 신하들이 '왜인'과 '아족我族'이 다르다며 왜인을 서울, 경상, 전라에 머물지 못하도록 간언한 예가 있었다.[29] 전근대 사회에서 우리의 집단 정체성을 지시하는 용어는 '아족' 즉 나라의 영토를 갖는 종족으로 표현되었다. 민족 개념이 형성되기 이전 우리의 집단 정체성은 영토성을 갖는 종족으로 묘사되었지만 이 정체성은 근대 민족주의와는 무관한 것이었다. 아족의 정체성이 분명해진 것은 서구 열강의 침략으로 인해 아족의 위기가 고조되었을 때였고 아족의 정체성을 구현하는 과정에서 민족 담론이 대두되었다. 아족의 근대적 정체성은 국민국가 형성과 관련되었고 이 과제를 실현할 정체성으로 민족 개념이 제시되었다.

개념사의 관점에서 20세기 초 조선에서는 독일학파의 네이션 개념이 일본으로부터 번역, 수용되어 '국민', '인종', '종족' 등 다의적으로 사용되었다.[30] 네이션의 대체어가 된 국민, 민족, 인종 개념이 구한말부터 일제강점기에 이르기까지 조선의 정치 엘리트들에 의해 사용되었고 이 개념들은 정치적 상황에 따라 유동적으로 변화했다. 예를 들어 '민족' 개념은 1904~1905년 러일전쟁에서 일제의 지배 논리를 정당화한 '인종' 개념에 대한 비판적 대안으로 등장하여 '국민'의 개념과 경합했다.[31] 이식된 근대화의 과정에서

---

29 『세종실록』, 1419.7.6.

30 박찬승, 「한국에서의 '민족' 개념의 형성」, 『개념과 소통』 1호, 한림대 한림과학원, 2008, 109면.

31 강동국, 「근대 한국의 국민 · 인종 · 민족 개념」, 『한국동양정치사상사연구』 5권 1호, 한국동양정치사상사학회, 2006, 24~26면.

우리의 집단 정체성을 모색하는 작업이 이루어졌고 이 과정에서 개념적 혼동 및 실체적 상상과 함께 민족주의의 이념적 갈등이 표출되었다.

이러한 맥락에서 네이션의 개념은 대략 1905년 이전에는 주로 '국민'의 개념으로 사용되었다가 국권 상실이 두드러지는 1905년 이후에는 점차로 '민족'의 개념으로 굳어져 갔다.[32] 네이션의 개념을 수용하는 초기 국민과 민족 개념이 경합하다가 주권상실로 인해 민족 개념이 민족주의의 정치적 담론에서 강화된 것이다. 다음은 『독립신문』과 『대한매일신보』에 나타난 민족 관련 정체성 용어의 빈도를 나타낸 표이다.

『독립신문』과 『대한매일신보』에 나타난 정체성 용어 빈도[33]

『독립신문』

| | 1896 | 1897 | 1898 | 1899 |
|---|---|---|---|---|
| 국민 | 29 | 44 | 67 | 31 |
| 민족 | 0 | 0 | 0 | 0 |
| 인민 | 499 | 865 | 947 | 598 |
| 백성 | 730 | 1288 | 1456 | 1252 |

『대한매일신보』

| | 1905 | 1906 | 1907 | 1908 | 1909 | 1910 |
|---|---|---|---|---|---|---|
| 국민 | 76 | 169 | 243 | 324 | 418 | 319 |
| 민족 | 0 | 26 | 47 | 139 | 126 | 79 |
| 인민 | 198 | 384 | 368 | 322 | 221 | 268 |
| 백성 | 3 | 5 | 3 | 7 | 5 | 1 |

위의 표에서 알 수 있듯이, 당시 개화파가 간행했던 『독립신문』에서는 '인민'이란 신조어와 함께 '백성'이라는 용어가 대중 전체를 지시하는 용

32 박병섭, 「국사교과서 논쟁과 민족정체성 투쟁」, 『사회와 철학』 31호, 사회와철학연구회, 2016, 73면.

33 권보드래, 앞의 책, 33 · 198면에서 재구성.

어로 사용되었다. 그러나 인민 개념이 유행하고 '국민'이란 용어가 새롭게 등장했음에도 불구하고 '민족'이란 개념은 아직 등장하지 않았다. 1900년에 들어서 『황성신문』에서 '백의민족'과 대비된 '동방민족'이란 용어가 비로소 등장했는데,[34] 여기서 사용된 민족은 종족 또는 인종과 유사한 의미로서 신채호가 주장했던 민족의 의미는 아니었다.

그러던 것이 『대한매일신보』의 용례를 보면 민족 개념은 1906년부터 나타나 1910년까지 그 빈도가 증가했다. 서구의 사상적 흐름이 유입되어 인민의 용례가 급격히 증가했고 1905년 이후에는 국민과 민족의 개념이 과거의 백성을 대신하여 자리를 잡아갔다. 1905년 이전까지 인민과 백성의 개념이 공존, 경쟁하면서 국민의 개념이 등장했다면, 1905년 이후에는 백성의 개념이 감소하고 국민의 개념이 증가하는 가운데 민족의 개념이 집단 정체성의 핵심어로 등장했던 것이다. 『대한매일신보』의 「민족과 국민의 구별」이란 칼럼에서 신채호는 국민과 민족의 관계에 대해 다음과 같이 설명했다.

> 민족이란 것은 동일한 혈통을 가지며 동일한 토지에 거주하며 동일한 역사를 가지며 동일한 종교를 섬기며 동일한 언어를 사용하면 이것을 동일한 민족이라 칭하는 바이어니와 국민 두 자를 이와 같이 해석하면 불가할지라. (…중략…) 국민이란 것은 그 혈통, 역사, 거주, 종교, 언어가 동일한 외에 또 반드시 동일한 정신을 가지며 동일한 이해를 느끼며 동일한 행동을 하여 그 내부 조직이 일신의 골격과 서로 같으며 그 대외의 정신이 한 부대의 군대와 서로 같아

34 『황성신문』, 1900.1.12.

야 이를 국민이라 말하나니.[35]

단재 신채호는 1907년 박은식의 도움으로 베델이 운영하는 『대한매일신보』의 주필로 초빙되었고 1908년 29세의 나이에 「독사신론」을 기고하며 민족사관에 입각한 역사 서술에 기여했다.

신채호는 네이션의 번역어로서 당대에 유행하고 있었던 국민과 민족에 대한 용어를 명확히 구분하고자 했다. '민족'이란 동일한 혈통, 영토, 역사, 종교, 언어로 구성된 집단인 반면 '국민'은 이런 요소들 이외에 정신, 이해, 행동이 결합된 집단을 나타내는 것이다. 신채호는 과거에는 국민의 자격이 없는 민족이 존재할 수 있었지만 근대에서는 그럴 수 없다고 지적함으로써 네이션을 국민의 개념으로 이해하고자 했다. 그러나 국권의 위기에서 신채호는 1908년 『대한매일신보』에 기고한 「독사신론」에서 국가를 "민족정신에서 형성된 유기체"로 비유하며 국가는 육체를 잃을지라도 정신만 살아 있다면 그 생명력을 유지할 수 있다고 주장했다.[36] 이 주장은 네이션의 정치 공동체가 부재하는 상황에서 네이션을 추동할 주체로 민족을 상정했던 것이다.

이렇듯 네이션을 대체하는 민족 개념의 대두는 당대의 상황과 무관하지 않았다. 1905년 10월 31일 『황성신문』이 중국에서 발견된 광개토대왕릉비의 사진을 공개한 뒤 조선에서 민족주의자들에 의해 '단군시조론'이 대두되는 등 민족 담론이 활성화된 것이 그 예이다.[37] 『대한매일신보』

35 『대한매일신보』, 1908.7.30.
36 신채호, 박기봉 역, 『조선상고문화사 외』, 비봉출판사, 2007, 214면.
37 Andre Schmid, *Korea Between Empires, 1985-1919*, Columbia University Press, 2002.

역시 「이날에 대한동포를 위하여 한 번 경고함」이란 논설에서 우리 민족이 단군을 성조로 하여 동일한 혈통과 역사를 공유하는 '신성한 민족'임을 주장했다.[38] 당시 민족주의 엘리트들은 현실적으로 부재하는 국민을 민족으로 대체하여 담론화할 수밖에 없었고 국가/네이션의 공백을 메우고 이를 지향해 나갈 민족 정체성을 강하게 추동했다. 신채호는 네이션을 추구하는 '민족정신'을 통해 잃어버린 국가를 되찾고자 했고 이러한 목적론적 회원에서 민족의 영속적 추상화와 이념적 절대화를 추구했던 것이다. 이로써 민족정신을 고취하는 역사 만들기가 진행되었고 한민족에 관한 정치적 신화가 만들어졌다.[39]

이러한 민족 개념의 신화화는 단일민족 이데올로기로 발전하여 분단체제에서 정치권력의 수단으로 활용되었다. 신화화된 민족 개념에서 한민족의 우수성과 독창성을 설파하는 논리가 견고하게 다져질 수 있었다. 실제로 한국의 민족사학은 근원론적 관점에 입각해 '근대 이전의 민족' 혹은 '근대 민족과 전근대 민족의 연계성'을 주장하며 민족의 원초론적, 영속론적 측면을 정당화했다.[40] 예를 들어 신용하는 한민족이 오천 년 역사를 자랑하는 실재의 공동체라고 주장하기도 했다.[41] 공자와 한문, 중국의 상고사 등이 모두 한민족의 역사가 될 수 있다는 논리 역시 이런 맥락에서 가능했던 것이다.

---

38 『대한매일신보』, 1909.8.14.

39 Henry H. Em, "Minjok as a Modern and Democratic Construct : Sin Ch'aeho's Historiography", *Colonial Modernity in Korea*(Gi-Wook Shin and Michael Robinson eds.), Harvard University Press, 1999.

40 전재호, 「2000년대 한국의 '탈민족주의' 논쟁 연구-주요 쟁점과 기여」, 『한국과 국제정치』 102호, 경남대 극동문제연구소, 2018.

41 신용하, 『한국민족의 형성과 민족사회학』, 지식산업사, 2001.

1905년 10월 31일 『황성신문』은 고구려의 건국신화와 추모왕의 업적 및 광개토대왕의 정복 활동을 기록한 광개토대왕릉비의 사진을 공개했다. 이와 함께 20세기 초 조선에서는 단군시조론이 대두되고 민족 담론이 활성화되기 시작했다.

그러나 이것은 실재를 과도하게 부풀려 추상화한 결과라 할 수 있다. 반대로 민족이 모두 관념이자 이데올로기라는 주장 역시 실재를 허구로 몰아붙여 상상한 결과일 것이다. 실재와 상상의 영역이 교차하는 민족에 대한 성찰에서 어느 한쪽을 극단화시켜 평가한 것이다.[42] 이러한 오류에는 실재를 개념화하는 데서 오는 불가피한 이념형적 한계[43]와 함께 현재를 과거로 소급해 가는 몰역사적인 정치화가 중첩되어 있는 것이다. 민족의 실체가 아닌 가치를 통해 역사를 평가하는 주류 담론들은 이런 오류에서 크게 벗어나지 못했다. 신화화, 정치화된 믿음이 가로지르는 상상의 영역을 경험적인 분석의 대상으로 올려 놓아야 하는 것은 바로 이 때문이다.

42 강진웅, 「민족의 사회학」, 293~296면.
43 Max Weber, *The Methodology of the Social Sciences*, Free Press, 1997, p.90.

제2장

# 실재와 상상의 네이션/민족

네이션과 민족의 개념사적 간극을 넘어 민족주의 연구에서 해명해야 할 과제는 네이션/민족을 이해하는 것에서 '가치'와 '실체' 사이의 딜레마를 해결하는 것이다. 이것은 네이션/민족의 두 얼굴 즉 '실재'와 '상상'의 측면을 이해하여 네이션/민족을 재평가하는 작업이 된다. 이를 위해서 실재의 상상화와 상상의 실재화에서 나타나는 몰역사적 추론을 거부하고 네이션/민족의 실체에 대한 경험적인 분석을 추구해야 한다. 예외적 사례 혹은 잔여범주로 취급된 한국의 사례 역시 이러한 분석적 준거틀에 위치해야 한다.

## 1. 실재와 상상의 앙상블

그동안 우리의 민족사학과 대중의 감성에서는 '민족=종족'이라는 인식과 함께 근대적 실체를 드러내는 것보다는 과거의 뿌리를 찾고 그것과 연계시키는 작업에 몰두했던 것이 사실이다. 민족은 원초적 뿌리를 간직한 채 영속적으로 존재하고 근대화와 민족국가 건설의 토대가 된 것으로 평가되었다.[1] 이것은 남북통일을 추구하고 다문화 한국으로 변화된 21세기에서도 근본적으로 변화하지 않았다. 이러한 관점에서 민족의 실재는 근대를 넘어 전근대 그것도 오천년 전으로까지 소급되었다. 우리의 사례에서 민족은 과도한 상상에 의해 전근대로 확장되어 초역사화된 것이다. 단일민족으로 대표되는 우리의 민족 개념과 실체는 근대의 실재가 전근대로 극단화되어 나타난 것이었다. 반면 민족주의에 의해 창조된 것으로 분석된 서구의 네이션은 정치 공동체를 구성한 실재의 국가로 나타났지만 때때로 도구론적 사고에 의해 허구적 산물로 치부되곤 했다. 이러한 양극단을 극복하기 위해서 네이션은 '실재reality'와 '상상imagination'의 근대적 앙상블로 이해되어야 하며 한국의 민족 개념과 실체 역시 이러한 앙상블에서 재평가되어야 한다.

일반적으로 국가, 국민으로 이해되는 네이션의 개념은 '실재'의 관점에서 제도적 국가와 같은 사회 조직으로 보느냐 아니면 국민, 종족과 같은 인간 공동체로 보느냐에 따라 의미가 달라질 수 있다. 민족 역시 네이션의 정치적 공동체로 볼 수도 있고 종족, 인종과 같이 인간 공동체의 사회 집단으로 평가할 수도 있다. 특히 객관론적, 근원론적 관점에서 네이션/민족은 주로 '종족'의 관점에서 평가되었다. 네이션/민족은 원초론에서 친족 혹은 원초적 종족의 확장된 형태로, 영속론과 종족상징주의에서는 종족의 역사적 산물로 이해되었다. 20세기 초 조선의 사례에서는 네이션의 개념이 국민과 민족으로 경합되었다. 그러나 국권상실로 인해 우리의 민족 개념은 1945년 민족해방을 맞이할 때까지 온전한 네이션의 의미를 담

---

1 손진태, 『중학교 사회생활과 역사부분 우리나라 생활(대한민족사)』, 을유문화사, 1950; 이병도, 『중등 사회생활과 우리나라의 생활(역사)』, 동지사, 1950.

지 못한 채 종족으로 이해될 수밖에 없었다. 흔히 서유럽의 경로와 대조되는 동유럽의 네이션 역시 다분히 종족적 정체성을 띤 것이었다. 그러나 종족에 치우친 개념으로 이해되었을 때조차도 네이션은 국민국가를 지향하는 정치 공동체를 의미했다.

이러한 네이션의 실재성은 역사적, 정치적 과정에 따라 변화 가능한 것이었다. 프랑스 대혁명 이전까지 유럽의 네이션은 군주와의 직접적인 관계와 신분적 질서에 따라 정치적으로 행위하는 개인들의 집단으로 특징지어졌고 영국의 군주와 의회, 프랑스의 삼부회 등이 이것에 해당했다.[2] 그러던 것이 17세기를 거쳐 영국에서는 네이션이 국가의 하위 정치체body politic를 의미하는 것에 이어 '국가민족Staatsvolk' 즉 국가/국민을 의미하는 것으로 확장되었다.[3] 이로써 민족국가의 정치 공동체를 지향하는 '인민의 네이션people's nation'이 성립하게 된 것이다.[4] 또한 18세기 말 프랑스 대혁명 이후 '네이션=인민'이란 등식이 부르주아 민족주의와 인민주권의 논리 사이에서 경합되었고, 이것은 19세기 후반 들어 샤를 루이 나폴레옹 보나파르트나폴레옹 3세 체제에서 '네이션=국가'라는 등식으로 전환되었다.[5] 이처럼 네이션은 정치 공동체와 인간 집단을 포괄하는 의미를 가졌고 결과적으로 제도적 실체인 국가로 발전한 것이다. 이러한 의미에서 네이션이 본질적으로 국가와 다른 것이라는 근원론적 평가[6]는 그 적실성을 잃는 것이다.

---

2 Hegen Schulze, op. cit., pp.103~104.

3 한스 울리히 벨러, 이용일 역, 『허구의 민족주의(*Nationalismus*)』, 푸른역사, 2007, 54면.

4 Liah Greenfeld, op. cit., p.8; Hegen Schulze, op. cit., p.155.

5 브라이언 젠킨스, 김인중·마은지 역, 『프랑스 민족주의-1789년 이후의 계급과 민족』, 나남, 2011, 59·84~85면.

6 Steven Grosby, "The Primordial, Kinship and Nationality", *When is the Nation? : Towards an Understanding of Theories of Nationalism*(Atsuko Ichijo and Gordana Uzelac eds.), Routledge, 2005, p.72.

국가 대 국민과 같은 구분에서 네이션을 평가하는 것은 조직과 인간이라는 실체를 두고 구분한 것으로서 네이션의 실재성을 인정하는 것에서는 큰 차이가 없다. 이와 달리 근대론적, 주관론적 네이션의 개념에서 강조되는 구성원의 민족의식과 단결력의 측면은 네이션의 '상상'의 측면을 부각시킨다. 예를 들어 콘은 네이션을 "공통된 의식에 의해 단결하고 주권국가를 지향하는 집단"으로 정의했다.[7] 또한 겔너는 네이션을 '인간의 소속감, 충성심 및 연대의식의 가공물'로 정의함으로써 인간 공동체의 주관적 정향을 강조했고 이것은 국가와의 관계에서 변형될 수 있는 것이라고 주장했다.[8] 네이션은 정치적 조직의 측면과 인간 공동체의 감성적 측면을 공유한다는 것이다.[9] 이와 관련해 베버는 국가를 "주어진 영토 내에서 물리력의 합법적 사용의 독점을 주장하는 인간 공동체"[10]로, 네이션을 "그 자신의 국가 안에서 자신을 충분히 드러내는 감정 공동체이며 정상적으로는 자신의 국가를 만드는 경향이 있는 공동체"[11]로 정의했다. 베버의 견지에서 네이션은 국가의 경계 안에 위치하며 인간 공동체라는 실재의 측면과 구성원의 감정적 통합 즉 상상의 측면이 결합되어 구성되는 것이다. 여기서 네이션은 하나의 '상징적 실재'이며 국가는 이러한 상징적 실재와 결합하는 제도적 실재가 되는 것이다.

물론 네이션을 허구로 바라보는 맑스의 '허위의식false consciousness' 개념이나 '담론적 구성물discursive construction'로 평가하는 탈민족주의적 접

---

7 Hans Kohn, op. cit., p.19.
8 Ernest Gellner, *Nations and Nationalism*, Basil Blackwell, 1983, p.7.
9 Katherine Verdery, "Whither 'Nation' and 'Nationalism'?", *Mapping the Nation*(Gopal Balakrishan ed.), Verso, 1996, p.226.
10 Max Weber, *From Max Weber*, p.78.
11 Ibid., p.176.

근 역시 네이션을 상상의 얼굴로 해석하는 것으로 볼 수 있다.[12] 그러나 허위의식으로 네이션을 평가하는 것은 네이션의 실재를 부정하는 것인 반면 담론적 구성물로 바라보는 것은 네이션의 실재를 부정하는 것이 아니라 담론적 구성의 맥락을 강조하는 것이다. 이렇듯 네이션은 국가와 개념적으로 구분되면서도 개연적인 상관성을 갖는 국가의 역사적, 상징적인 실재가 된다. 이러한 의미에서 국가/네이션은 실재의 얼굴과 상상의 얼굴을 공유하는 것이다. 근대를 바라보는 맑스와 베버의 상이한 경로가 하나로 수렴된 곳 역시 실재와 상상의 두 얼굴이 결합되는 국가의 실체였다.[13] 베버가 국가를 영토적, 합법적, 강제적 공동체로 정의한 것은 앤더슨이 네이션을 영토, 주권, 공동체로 정의한 것과 통하는 것이었다.[14]

따라서 제도주의적 국가론을 넘어 '국가의 인류학'에서 국가/네이션은 실재와 상상의 앙상블로 평가될 수 있다.[15] 이러한 실재와 상상의 앙상블은 두 얼굴이 결합되는 정도와 방식에 따라 다양한 지도를 그릴 수 있다. 기본적으로 서유럽의 네이션을 반영하는 주관론적, 근대론적 이해는 국가와 결합되는 '의지will' 또는 '이념idea'의 산물을 강조하는 입장이며, 동유럽의 네이션을 반영하는 객관론적, 근원론적 이해는 종족과 연관되는

---

12 Homi K. Bhabha, "DissemiNation : Time, Narrative, and the Margins of the Modern Nation", *Nation and Narration*(Homi K. Bhabha ed.), Routledge, 1990; Gerard Delanty, "The Persistence of Nationalism : Modernity and Discourse of the Nation", *Handbook of Historical Sociology*(Gerard Delanty and Engin F. Isin eds.), Sage, 2003.

13 이병호, 「두 얼굴의 근대국가－상상의 국가와 실재의 국가」, 『한국사회학』 41집 3호, 한국사회학회, 2007.

14 Benedict Anderson, *Imagined Communities : Reflections on the Origin and Spread of Nationalism*(revised edition), Verso, 1991, p.7.

15 강진웅, 「'문화적 전환' 이후의 국가론－'실재'와 '상상'의 앙상블로서의 국가」, 『한국사회학』 48집 1호, 한국사회학회, 2014; Thomas Blom Hansen and Finn Stepputat, eds., *States of Imagination : Ethnographic Explorations of the Postcolonial State*, Duke University Press, 2001.

프랑스의 언어학자이자 철학자인 어니스트 르낭(Ernest Renan)은 혈통과 언어를 앞세우는 독일 민족주의를 반박하며 1982년 3월 11일 소르본대학교에서 '네이션이란 무엇인가'라는 주제로 강연했다. 이 강연에서 르낭은 네이션이 종족이나 인종, 지리, 언어, 종교 등에 의해 결정되는 것이 아니라 '매일의 국민투표'를 거친 정치적 의지로 구성되는 것이라고 주장했다.

'자연nature' 또는 '사물thing'의 산물을 강조하는 입장이다. 우리의 사례는 후자에 속하며 이것이 극단화된 형태라고 볼 수 있다.

결론적으로 네이션, 종족, 인종 등 모든 인간 공동체는 자연적인 현상이 아니라 사회적인 구성물이다.[16] 네이션은 근대적인 현상으로서 '실재'와 '이념'의 두 얼굴을 갖는 것이다.[17] 이러한 측면에서 스미스는 네이션을 '실재reality'와 '담론discourse'의 공동체로 정의했다.[18] 종족적 핵심ethnic cores을 중심으로 한 인간 공동체의 특성과 이를 정치 공동체로 전환한 이데올로기적 특성을 결합하여 이해한 것이다. 따라서 인식론적 차이를 넘어서 네이션은 자연적이며natural 인공적인artificial 두 얼굴이 결합되는 실체로 바라보아야 한다.[19] 네이션은 실재하면서도real 구성되는constructed 것이다.[20]

---

16 Kathryn A. Manzo, *Creating Boundaries : The Politics of Race and Nation*, Lynne Rienner Publishers, 1996, p.30.
17 Ernest Gellner and Anthony D. Smith, op. cit., p.361.
18 Anthony D. Smith, *Ethno-symbolism and Nationalism*, p.41.
19 Otto Bauer, "The Nation", *Mapping the Nation*(Gopal Balakrishan ed.), Verso, 1996, p.76.
20 Miroslav Hroch, "Real and Constructed : The Nation of the Nation", *The State of the Nation*

르낭이 네이션을 '이념적 실재ideal reality'라 부른 것 역시 근대적 산물로 등장한 네이션의 두 얼굴 즉 의지와 자연의 결합을 강조한 것이었다.[21]

## 2. 실체와 가치의 딜레마

네이션/민족을 실재와 상상의 앙상블로 재평가하기 위해서는 네이션/민족을 바라보는 양극단의 관점을 극복해야 한다. 민족의 가치에 몰두하는 우리의 민족사학에서 '실재의 과잉'이 두드러졌다면, 맑스주의에서는 실재를 모두 허구화하는 '상상의 과잉'이 두드러졌다. 이러한 양극단에서 쟁점이 되는 것은 네이션/민족을 실재와 허구 사이의 대립의 틀에서 보느냐 아니면 실재와 상상 사이의 틀에서 보느냐의 문제가 될 것이다. 바꿔 말하면 상징성의 맥락을 허구적 가상의 실체로 보느냐 아니면 어떠한 사회적 실재를 반영하는 실체로 보느냐의 문제가 된다.

먼저 상상의 과잉으로서 네이션/민족의 실재를 부정하는 접근은 맑스에게서 나왔다. 기본적으로 맑스는 '허위의식'의 개념을 통해 네이션을 허구적 실체로 바라보았다. 맑스는 『독일 이데올로기』에서 네이션과 이것을 조장하는 이데올로기를 '허구illusion'로 평가했다.[22] 네이션과 민족정신의 실재를 인정한 헤겔과 달리 맑스는 이 둘 모두의 실재를 부정했다.

: *Ernest Gellner and the Theory of Nationalism*(John A. Hall ed.), Cambridge University Press, 1998.

21 Ernest Renan, "What is a Nation?", *Nation and Narration*(Homi K. Bhabha ed.), Routledge, 1990, p.20.

22 Karl Marx and Friedrich Engels, *The German Ideology,* International Publishers, 1970, p.39.

맑스는 『공산당선언』에서도 "노동자 계급에겐 조국이 없다. 우리가 자본가들이 갖고 있지 않은 것을 취할 수는 없는 것이다. 노동자 계급은 무엇보다도 정치적 우위에 있어야 하며 네이션의 주도 계급이 되어야 하고 그 자체로 네이션이 되어야 하기 때문에 그 자체로 민족적이어야 한다"고 주장했다.[23] 자본가 계급의 국가와 네이션이 가상적 허구이기 때문에 노동자 계급이 국가와 네이션을 쟁취하는 것은 궁극적인 목표가 될 수 없으며 따라서 네이션 자체가 노동자 계급이 타파하고 전유해야 할 실체가 되어야 한다는 것이다. 맑스는 네이션을 자본주의의 근대적 부수물로 바라보았고 네이션은 사회주의 혁명을 통해 곧 사라질 것이라고 예측했다. 그러나 맑스에게서 네이션은 없어져야 할 허구적 실체였지만 실제로는 일시적으로 존재하는 모순적인 실체였다. 더욱이 현실의 역사에서도 사라지지 않았다.

이러한 네이션의 딜레마는 레닌이 주창한 민족적 자결national self-determination과 스탈린이 주도한 러시아 민족주의로 극대화되었고 1989년 베를린 장벽의 붕괴와 1991년 소련의 해체로 종말을 고했다. 현실 사회주의의 역사적 종언은 맑스가 뿌린 딜레마의 씨앗을 반대로 실험했던 비극적 결과였다. 결국 맑스의 모순된 주장은 실재로서 존재하는 네이션이 허구로서 사라져야 한다는 상상의 과잉이었다. 혁명으로 소비에트 국가를 실현한 레닌이 반제국주의론을 들고 나와 제3세계 식민지 네이션의 민족주의를 옹호하며 맑스의 모순을 일시적으로 봉합했지만 그 이후 소련과 위성 사회주의 국가들의 행보는 맑스가 꿈꿨던 이상과는 정반대로 전개되

---

23 Karl Marx and Friedrich Engels, *The Communist Manifesto*, Penguin Books, 2002, p.241.

었다. 아이러니하게도 스탈린은 민족감정, 민족주의 등 네이션의 감정적, 이데올로기적 요소를 부정했지만 맑스와 달리 공통된 언어, 영토, 경제생활, 문화로 구성된 공동체로 네이션을 정의하며 그 실재성을 인정했다.[24] 현실 사회주의 국가들은 현실에서 존재하는 네이션의 실재를 부정할 수 없었던 것이다.

한편 혈통의 공유, 친족의 확장 혹은 문화적 공유, 종족적 질서를 내세우며 원초적, 영속적 네이션/민족을 강조하는 입장의 대부분은 네이션/민족의 실재론을 옹호한다.[25] 앤더슨의 상상의 공동체론을 비판하며 네이션/민족이 상상의 공동체가 아니라 실재의 공동체라고 주장한 신용하의 관점은 네이션/민족을 평가하는데서 실재의 과잉을 드러냈다. 신용하는 민족을 "언어 · 지역 · 혈연 · 문화 · 정치 · 경제생활 · 역사의 공동에 의하여 공고히 결합되고 그 기초 위에서 민족의식이 형성됨으로써 더욱 공고하게 결합된 역사적으로 형성된 인간 공동체"로 정의하면서 한민족이 객관적 요소로 구성되는 '즉자적 민족'과 민족의식으로 공고화되는 '대자적 민족'이 결합된 역사적 실재라고 주장했다.[26] 우리의 대중 속에서 뿌리내린 단군민족 이데올로기는 초역사화된 민족의 실재론을 반영하는 것이다.

이러한 실재와 상상의 과잉은 같은 실체를 두고 서로 다른 가치를 극단화한 것이었다. 실재의 과잉은 실재를 과거로 확장한 가치의 과잉이며 상상의 과잉은 실재를 부정한 가치의 과잉이다. 이 양극단을 극복하는 길은 실체에서 가치를 분리하면서 실체의 본질과 변화를 역사적으로 분석하는

---

**24** Joseph V. Stalin, op. cit., p.307.

**25** 아자 가트 · 알렉산더 야콥슨, 유나영 역, 『민족－정치적 종족성과 민족주의, 그 오랜 역사와 깊은 뿌리』, 교유서가, 2020; Steven Grosby, op. cit..

**26** 신용하, 「'민족'의 사회학적 설명과 '상상의 공동체론' 비판」, 33면.

것이다. 이와 관련해 앤더슨의 시각은 하나의 대안적인 시사점을 제시해 준다. 앤더슨은 네이션을 민족주의에 의해 구성되는 문화적 가공물cultural artefacts로 평가하면서 실재와 상상의 두 얼굴을 인식했다.[27] 앤더슨은 실제의 것이냐 허위적 산물이냐의 차원이 아니라 '상상되는 방식'에 따라 네이션을 평가해야 한다고 주장했다.[28] 이는 대면접촉의 원시 공동체를 넘어서는 모든 공동체는 상상되는 것이라는 주장이다. 논리적 이해를 확장해 보면 종족, 네이션, 국가 등 모든 공동체가 상상될 수 있다는 뜻이 된다. 이러한 상상은 허구적인 것이 아니라 '사회적으로 구성되는 것'을 의미한다. 자연적 본질의 실체를 인정한다고 할지라도 그 실체의 구성과 변화는 인위적, 사회적 맥락에 놓이게 되며 따라서 실체의 본질은 변화할 수밖에 없는 것이다.

따라서 앤더슨의 견지에서 보면 친족이 네이션으로 확장되었다고 보는 원초론의 주장 역시 논리적으로 불가능한 것은 아니다. 그러나 원초론의 관점은 자연적인 본질의 실체가 사회적인 구성에 의해 변형되는 과정을 간과했다. 자연적 본질의 실체와 이 실체가 사회적 기제에 의해 변형되는 과정을 구분하는 것이 중요하며 사회적으로 변형되는 과정에 대한 경험적인 분석이 뒤따라야 한다. 근대론의 관점 역시 사회적 변형이 모두 위로부터 조작된 것이라는 가치의 극단을 경계해야 한다. 상상의 과잉으로 평가될 만한 사례들에서도 그 방식과 정도를 비교하여 분석하는 것이 도구주의에 함몰된 경향을 갖는 민족주의 연구를 발전시키는 계기가 될 것이다.

이와 같이 네이션/민족의 실체와 가치에 관한 모든 유의미한 논의는 실

---

27 Benedict Anderson, op. cit., p.4.
28 Ibid., p.6.

재와 상상 사이에서 해명되어야 한다. 우리의 민족주의 연구에서 중요한 것은 네이션/민족의 개념과 실체가 근대적인 현상으로 나타났고 실재와 상상의 두 얼굴이 결합된 역사적 산물이었다는 것을 인식하는 것이다. 네이션/민족은 단순히 이데올로기적 도구도 아니며 초역사적이고 자연적인 실체도 아닌, 역사적 변화에 열려 있는 사회적 실재인 것이다.[29] 따라서 전근대적 관련성 혹은 근세 민족의식의 장기적 맥락과 민족국가의 제도적 측면에서 근대적 실체로서 네이션/민족을 포괄하여 분석해야 한다. 우리의 역사에서 민족 개념과 실체 또한 근대 국민국가를 형성하는 담론 투쟁과 맞물려 형성되었고 정치적 담론을 주도하는 엘리트들에 의해서 끊임없이 가공되었다. 이에 한국의 민족주의 연구는 보편적 준거틀과 분석적 합리성을 견지하면서 민족과 민족주의의 근대성을 중심으로 전근대의 사회적 변화와 함께 민족의식의 역사적 과정과 국민국가 형성의 제도적 과정을 분석해야 한다.

29 임지현, 『민족주의는 반역이다—신화와 허무의 민족주의 담론을 넘어서』, 소나무, 1999, 82면.

제3장

# 근원론과 근대론을 넘어서

근원론적 사고에서 원초적, 영속적 실체로 가정된 네이션/민족은 근대적 현상으로서 하나의 변수로 분석되어야 한다. 따라서 우리의 민족 정체성은 고정불변의 종족적 산물이 아니라 변화하는 근대성의 정치적 산물로 평가할 수 있다. 제3장은 전근대와 근대의 단속성斷續性을 중심으로 네이션/민족의 근대성과 전근대적 및 근세적 관련성을 검토하고 네이션/민족 연구에서 나타나는 동서의 이분법을 성찰한다.

## 1. 근원론과 근대론

- 허구illusion(Karl Marx and Friedrich Engels)
- 일반적으로 국가를 만드는 경향이 있는 감정 공동체(Max Weber)
- 언어, 영토, 경제생활, 공동문화로 발현되는 심리적 기질의 기초에서 발생하여 역사적으로 구성된 안정적인 인간 공동체(Joseph V. Stalin)
- 구성원들의 연대성, 공통문화, 민족의식에 의해 단결된 인간 공동체 (Hugh Seton-Watson)

- 공통된 의식에 의해 단결하고 주권국가를 지향하는 집단이며 정치적 사실에 대응하는 마음의 상태(Hans Kohn)
- 민족주의에 의해 창조된 것으로서 인간들의 확신, 충성, 연대의식의 가공물(Ernest Gellner)
- 내적 국가기구와 다른 국가들의 기구들에 의해 성찰적으로 감시되는 통합된 행정부에 종속되고 확실한 경계의 영토 안에서 존재하는 집단(Anthony Giddens)
- 자본주의의 문화적 가공물로서의 상상된 공동체(Benedict Anderson)
- 모든 구성원들을 위한 역사적 영토, 공통된 신화와 역사적 기억들, 공통된 공적인 대중문화, 공통된 경제 및 법적 권리와 의무를 가진 인간 공동체(Anthony Smith)

위의 내용은 민족주의 이론가들이 설명하는 네이션에 관한 정의들이다. 이 정의들이 보여주듯이 네이션/민족의 개념사적 간극과 실재와 상상의 딜레마에 이어 민족주의 연구에서 극복해야 할 주된 과제는 근원론과 근대론의 이분법을 넘어서는 것이다. 잘 알려져 있듯이 네이션/민족의 기원과 발전에 주목한 논쟁은 근원론적 관점과 근대론적 관점 사이에서 이루어졌고 한국의 민족과 민족주의에 관한 논쟁 역시 이러한 틀에서 다루어졌다.

먼저 근원론적 관점은 '원초론primordialism'과 '영속론perennialism'으로 세분화될 수 있다. 원초론은 네이션이 원시적, 친족적 네트워크가 확대된 결과로 나타난 것이라는 입장이며,[1] 영속론은 전근대의 종족적 실체가 지속

1 Steven Grosby, op. cit..

적, 반복적으로 생존하여 근대 네이션으로 이어졌다는 입장이다.[2] 원초론에서 근대 네이션은 '원초적 매듭primordial ties'의 발현,[3] 문화적 전통의 지속,[4] 친족kinship의 인적, 영토적 확장[5] 등으로 이해될 수 있다. 이에 비해 영속론은 생물학적 기원과 불변의 자연적 실체를 가정하는 원초론과 달리 네이션의 역사적 변화를 강조하는 것에서 차이가 있다. 네이션이 모두 원초적 형태에서 비롯된 것만은 아니라는 것이다. 따라서 원초론을 견지하는 이론가들이 대체로 영속론의 입장을 갖지만 영속론을 주장하는 이론가들이 반드시 원초론을 지지하는 것은 아니다. 또한 영속론은 민족주의를 근대적인 것으로 인정하지만 민족의식national consciousness을 전근대로 확장하여 네이션의 전근대성을 주장한다.[6]

따라서 원초론의 입장에서 네이션은 원초적 종족 혹은 친족 집단이 확장된 것이므로 근대적 실체 자체가 중요한 의미를 갖지 않는다. 영속론 역시 민족주의 이전에도 민족의식과 네이션이 존재하여 근대로 이어졌다는 입장이라는 점에서 근대에서 돌출한 네이션의 특성을 해명하는 데는 무력하다. 스미스가 지적했듯이 근원론적 접근은 자연주의, 근본주의, 회고적 민족주의의 함정에 빠져 네이션의 근대성을 간과한 것이다.[7] 근원론적 관점은 원초적, 친족적, 종족적 구성이 모든 것을 결정한다는 몰역사적인

2 John Armstrong, *Nations Before Nationalism*, University of North Carolina Press, 1982.
3 Edward Shils, "Primordial, Personal, Sacred and Civic Ties : Some Particular Observations on the Relationships of Sociological Research and Theory", *British Journal of Sociology* Vol.8, No.2, 1957.
4 Clifford Geertz, *The Interpretation of Cultures*, Basic Books, 1973.
5 Steven Grosby, op. cit..
6 네이션을 친족과 공통의 문화가 결합되는 종족의 정치적 결과로 해석하는 관점에서 네이션은 물론 민족주의까지 전근대의 산물로 이해될 수 있다(아자 가트·알렉산더 야콥슨, 유나영 역, 앞의 책, 35~43면).
7 Anthony D. Smith, *Ethno-symbolism and Nationalism*, p.8.

관점을 드러냈고 전근대의 종족적 실체가 근대에 들어 어떠한 기제에 의해 네이션으로 전환되었는가를 설득력 있게 해명하지 못했다.

여기서 쟁점은 네이션/민족이 근대적 산물이라는 관점이 일반적으로 인정될 수 있지만 한국과 같이 오랜 역사를 거쳐 종족과 민족의 경계가 거의 동일시된 사회나 전근대 종족으로부터 발전하여 근대 네이션/민족으로 전환된 것처럼 보이는 사회가 존재한다는 점이다. 정치적 공동체로서 네이션/민족이 근대적 현상으로 설명될 수 있지만 네이션/민족을 형성하는 의식은 과거로 거슬러 올라가 변화되어 온 것이라는 측면에서 네이션/민족을 단순히 불연속적인 근대적 산물로만 이해할 수 없다는 것이다.[8]

그러나 한국의 민족사학은 지나치게 과거로 소급한 '전근대 민족'의 개념을 내세우며 근대 이전의 민족을 당연시하고 이것의 범위를 신라의 삼국 통일로까지 끌어올렸다.[9] 던칸 역시 한국의 민족은 20세기의 구성물이 아니라 고려와 조선 시대에 형성된 집합적 정체성의 산물이라고 주장했다.[10] 그는 홉스봄이 근대 민족주의와 무관한 것으로 평가한 원형적 민족주의proto-nationalism를 한국 민족 형성의 근본적 토대로 인정하여 고려와 조선의 집합적 정체성이 민족을 구성하고 이것이 근대 민족으로 이어졌다고 평가했다. 이처럼 한국 민족의 특수성을 강조하며 근대 민족이 전근대 민족 혹은 종족으로부터 이어져 온 것이라는 주장은 여전히 한국사의 민족 개념을 설명하는 중요한 틀이 되고 있다.[11]

---

8 Walker Connor, "The Timelessness of Nations", *Nations and Nationalism* Vol.10, No.1/2, 2004.

9 신용하, 『한국민족의 형성과 민족사회학』; 국사편찬위원회, 『한국사』 1(총설), 국사편찬위원회, 2002; 노태돈, 「한국민족의 형성시기에 대한 검토」, 『역사비평』 19호, 역사비평사, 1992.

10 John Duncan, "Proto-Nationalism in Premodern Korea", *Perspectives on Korea*(Sang-Oak Lee and Duk-Soo Park eds.), Wild Peony Press, 1998.

미국의 철학자이자 역사학자인 한스 콘(Hans Kohn)은 네이션을 '핏줄의 외침'이 아니라 '이념의 힘'으로 정의한 바 있다. 근대 이념을 중심으로 네이션과 민족주의를 탐색한 콘의 연구는 18세기 프랑스 민족주의 기원론과 주관론적 네이션의 개념을 구체화하는 데 기여했다. 네오맑스주의를 포함한 근대론의 다양한 흐름 역시 이것에서 갈라져 나온 것이라 할 수 있다.

이러한 근원론적 접근과 달리 '도구주의', '구성주의'로도 불리는 근대론적 관점은 네이션을 민족주의에 의해 정치적으로 구성되는 근대적 산물로 이해한다.[12] 이에 대해 한스 콘은 민족주의의 핵심이 '핏줄의 외침call of blood'이 아니라 '이념의 힘power of idea'이라고 주장한 바 있다.[13] 이는 혈통이나 종족 등 원초적, 영속적 요소보다는 근대적 이념의 기제가 더 중요하다는 시각이다. 버더리가 주장했듯이 네이션은 고정불변의 사물thing이 아니라 사회적 관계와 권력에 의해 변화되는 상징적 구성물symbol인 것이다.[14]

이러한 근대론적 시각은 산업화, 자본주의, 국민국가 등의 맥락에서 복합적으로 이해될 수 있었는데 다양한 시각차에도 불구하고 공통된 주장은 네이션이 민족주의 또는 정치적 이념/운동에 의해 만들어졌다는 것이다. 겔너가 네이션이 산업화에 의해 촉발된 민족주의에 의해 구성된 역사적 산물이라고 주장한 것이 대표적인 예이다.[15] 케더리 역시 국가 엘리트가 주도한 이데올로기적 독트린에 의해 네이션이 만들어졌다고 주장했고,[16] 브

11 강종훈, 「최근 한국사 연구에 있어서 탈민족주의 경향에 대한 비판적 검토」, 『한국고대사연구』 52호, 한국고대사학회, 2008.

12 도구주의는 근원론과도 결합될 여지는 있지만 주로 근대론과 접합되어 왔다. 또한 스미스는 근대론의 핵심 주장을 사회학적 실재론(sociological realism), 역사적 연계성(historical embeddedness), 집합적인 정치적 행동으로 요약하고 이러한 근대론을 18세기를 강조하는 시계열적 근대론과 근대 공동체의 유형을 강조하는 구조적 근대론으로 분류했다(Anthony D. Smith, *Ethno-symbolism and Nationalism*, pp.8 · 10).

13 Hans Kohn, op. cit., p.16.

14 Katherine Verdery, op. cit., p.230.

15 Ernest Gellner, op. cit..

로일리는 국가의 정치운동을 통해 네이션이 형성되었다고 보았다.[17]

또한 맑스주의를 재구성한 이론가들은 네이션을 근대 자본주의의 구성물로 평가했다. 앤더슨은 네이션을 출판자본주의와 토착언어를 활용하는 민족주의 엘리트들의 '문화적 가공물'로 평가하고 맑스와 달리 네이션을 사회적인 구성물로 바라보았다. 홉스봄은 네이션을 '전통의 고안'으로 인식했고 네이션의 형성에서 국가에 의해 역사적 전통이 윤색, 각색되거나 때로는 전혀 다른 실체로 고안되었다고 주장했다.[18] 특히 민족주의를 '맑스주의의 실패'로 평가한 네언은 민족주의와 네이션을 '자본주의가 불균등하게 발전한 결과'라고 주장했다.[19] 이들 모두는 네이션의 실재성을 명확하게 인정하지 않았지만 맑스와 같이 네이션을 자본주의에 의해 만들어진 허구적 산물로 보지는 않았다.

이처럼 네이션을 '전통의 날조'로까지 극단화시켜 이해한 근대론적 관점은 네이션이 민족주의에 의해 만들어진 근대적 산물이란 입장을 나타냈다. 여기서 네이션과 민족주의 자체가 허구이거나 전통과 연계된 네이션이 이데올로기에 의해 단순히 날조된 것이라는 근대론의 한 극단은 네이션을 낳게 한 과거 종족과 전통의 유산을 모두 부정한다는 점에서 비판의 대상이 된다. 그러나 전근대 정체성의 장기지속성 및 근대 민족의식의 역사성에서 전근대와 근대의 연속성을 고려해야 하지만 민족주의에 의해 형성되어 민족국가로 합일되는 네이션의 근대성은 그 자체로 전근대와

---

16 Elie Kedourie, op. cit..

17 John Breuilly, *Nationalism and the State*(second edition), University of Chicago Press, 1994.

18 Eric Hobsbawm and Terence Ranger, eds. *The Invention of Tradition*, Cambridge University Press, 1983.

19 Tom Nairn, "The Modern Janus", *New Left Review* No.I/94, 1975, pp.4·8.

구분되는 특성이다.

따라서 네이션과 민족주의를 민족의식의 장기적 역사성에서 평가하거나[20] 네이션을 낳은 전근대적 혹은 유사 근대적 기제에 주목한 연구들의 성과[21]에도 불구하고 근대론의 기본적 함의는 간과될 수 없는 것이다. 이에 근원론적 관점이 지배했던 한국의 민족주의 연구와 역사 서술에서도 민족을 근대 민족주의의 산물로 평가하는 시각이 설득력을 얻고 있다.[22] 이러한 맥락에서 탈식민주의론, 식민지근대화론, 탈민족주의론 등을 거치며 근원론적 사고와 단일민족론에 기반한 한국의 민족 담론이 '정치적으로 구성된 신화'[23]이자 '지배의 정당성을 구축하는 반역'[24]으로 비판을 받았다.

이와 같이 네이션/민족의 원초적 뿌리와 영속적 실재를 강조하는 근원론이 근대성의 함의를 간과한 채 실재의 과잉을 추구했다면, 만들어진 네이션/민족에 대한 입장을 견지하는 근대론은 실재하는 네이션/민족과 그 역사를 소홀히 한 채 상상의 과잉을 추구했다. 민족사학과 근대론 간 논쟁에서도 한민족에 관한 역사 인식과 논쟁에서 과거의 전통과 종족에 기반하여 민족을 이해하는 흐름과 이를 정치적 신화로 몰아붙이는 흐름이 대립되었다. 따라서 우리는 실재와 상상의 총체로서 네이션/민족의 실체를 바라보면서 근원론과 근대론의 이분법을 넘어서야 한다.

---

20 Liah Greenfeld, op. cit.; Liah Greenfeld, *The Spirit of Capitalism : Nationalism and Economic Growth*, Harvard University Press, 2001.

21 John Armstrong, op. cit.; Anthony D. Smith, *The Ethnic Origins of Nations*.

22 임지현, 앞의 책; 박명규, 「네이션과 민족」; 박동천, 「민족의 실체성에 관한 철학적 검토」, 『한국정치학회보』 42집 3호, 한국정치학회, 2008; Andre Schmid, op. cit.; Gi-Wook Shin and Michael Robinson, eds., *Colonial Modernity in Korea*, Harvard University Press, 1999.

23 Henry H. Em, op. cit.; Roy R. Grinker, *Korea and its Future : Unification and the Unfinished War*, St. Martin's Press, 1998.

24 임지현, 앞의 책.

## 2. 전근대와 근대의 단속성

뒤르케임에 따르면 근대 사회로 이행하면서 노동분업에 의해 전근대적인 집합적 정체성이 자연스럽게 사라질 것이라 예측되었지만 실제로는 소멸된 것이 아니라 지속되거나 새롭게 변형되어 잔존했다.[25] 유사한 맥락에서 네이션/민족의 정체성 역시 과거의 집합적 정체성이 정치화되어 현대 사회에서 재구성된 것으로 평가할 수 있다. 이러한 맥락에서 근원론과 근대론 간 논쟁에서 핵심적 쟁점이 되는 것은 전근대와 근대의 연속성과 불연속성 즉 단속성斷續性을 성찰하는 것이다.

이와 관련하여 사제지간인 겔너와 스미스는 '네이션은 배꼽을 갖고 있는가'라는 논쟁을 통해 전근대-근대의 단속성의 측면에서 네이션과 민족주의를 다시 화두에 올렸다. 이 논쟁에서 스승인 겔너는 어떤 네이션은 고대의 배꼽을 가질 수 있었다고 인정하면서도 이것이 네이션과 민족주의의 중심 논제가 될 수는 없다고 강조했다.[26] 고대의 자연적 배꼽이 있다고 할지라도 그것은 예외적인 사례일 뿐이며 중요한 것은 근대성에 의해 만들어진 배꼽의 문제라는 것이다. 이러한 관점에서 보면 한국과 같은 사례에서 주장되고 있는 고대의 배꼽은 그것이 설령 역사적 사실로 검증된다고 할지라도 결국 하나의 예외적 사실일 뿐이라는 것이다.

이러한 논쟁이 우리의 역사 인식과 민족주의 연구에 시사하는 바는 민족의 개념과 실체가 기본적으로 근대성의 관점에서 논의되어야 하며 고대의 배꼽 문제는 또 다른 관점에서 근대성의 배꼽 문제와 연계되어야 할

---

25 Emile Durkheim, op. cit..

26 Ernest Gellner and Anthony D. Smith, op. cit., p.369.

문제라는 것이다. 우리의 사례에서는 근대의 배꼽 문제가 해결되지 않은 채 고대의 배꼽 문제를 보려 했거나 근대의 배꼽 문제를 고대의 배꼽 문제에서 찾으려 했던 오류들이 있었다. 따라서 전근대와 근대 정체성의 연속성을 단지 전근대 종족과 근대 네이션 간 집합적 정체성의 유사성으로만 설명하는 것[27]은 충분한 해명이 되지 못하는 것이다.

주지의 사실이듯이 한국의 사례에서 한민족의 집합적 정체성은 현대 사회에서도 강하게 힘을 발휘하고 있다. 이러한 민족 정체성이 전근대에서 근대로 이어져 온 것으로 믿게 된 근거는 다른 사례보다도 더욱 균일하고 영속적인 것으로 가정된 종족의 관념 때문이었다. 그러나 우리 민족이 더 균일하고 영속적인 특성을 갖는다고 할지라도 우리의 사례 안에서도 단일민족이라는 종족적 실체에 대한 믿음과 관념은 시대적으로 맥락과 정도가 달랐을 것이다.

우리의 역사학계에서 민족의 틀이 형성되면서 단일민족 의식이 대두되기 시작한 것은 신라가 삼국통일을 이룬 시점으로 보는 것이 일반적이며,[28] 단군이 민족의 시조라는 인식이 확신된 것 역시 고려 말, 조선 초로 보는 것이 보편적이다.[29] 이것은 고대에서 현재에 이르는 연속성에서 우리가 거의 확고한 진리로 믿고 있는 단일민족 개념이나 단군신화가 시대의 변화에 따라 인식의 정도가 달랐음을 방증한다. 전근대 혹은 근세 '민족체'[30]의 형

---

27 John Hutchinson, "Ethnicity and Modern Nations", *Ethnic and Racial Studies* Vol.23, No.4, 2000, p.655.

28 국사편찬위원회, 앞의 책, 111면.

29 서영대, 「전통시대의 단군인식」, 노태돈 편, 『단군과 고조선사』, 사계절, 2000, 168~169면.

30 우리의 사례에서 민족으로 이어지는 전근대의 집단 정체성을 '민족체'의 개념으로 이해할 수 있다. 서구의 'nationality'와 비견되는 민족체는 네이션/민족을 구성하는 객관적 요소에서 일정한 동질성을 확보한 집단을 의미한다(임지현, 앞의 책, 59면). 그러나 서구의 'nationality'가 16~17세기 즉 근세에 출현한 초기의 네이션을 의미하는 반면 우리의 민족체는 근세를 넘어 중

신용하(좌)는 민족의 원초론적, 영속론적 실재론을 주장하는 학자이며, 임지현(우)은 이를 비판하는 대표적인 근대론자이다. 네이션과 얽힌 복잡한 구도에서 이들의 논쟁은 여전히 평행선을 달리고 있다. 그러나 민족사학과 (탈)근대론 사이의 논쟁에서 간과되지 말아야 할 것은 민족은 하나의 사회적 실재라는 사실이다. 실재와 상상의 앙상블로서 민족은 고정불변의 존재도 아니지만 그렇다고 그 자체가 허구도 아닌 것이다.

성도 장기간의 흐름에 따라 역사적으로, 사회적으로 변화되어 온 것이다.[31] 민족이나 민족체는 어떠한 기원의 실체가 있다고 할지라도 그것의 형성과정 전반을 고려하면 그것이 나타내는 바는 실체적 동질성을 의미하는 것이라기보다는 우리가 스스로 투사한 우리의 모습에 더 가까운 것이다.[32] 친족, 부족, 종족 등에 대한 동족의식은 반드시 조상이 같기 때문에 형성되는 것은 아니며 같은 종족이라는 믿음은 순수한 종족적 연대감이라기보다는 이런 연대감을 만드는 정치적 과정에 의한 것이라고 평가할 수 있다.[33]

따라서 근대적 실체로서의 민족과 과거의 종족적 실체를 경험적으로 분석해야 하며 이 둘 사이의 단속성을 해명하는 것이 중요하다. 이러한 단속성과 관련하여 근원론과 근대론의 핵심 쟁점은 어디까지가 근대적 창조이며 어디까지가 과거의 유산이냐의 문제가 될 것이다. 영속론과 근대론을 연계하는 접근들[34]과 네이션과 민족의식의 역사성을 강조하는 접근들[35]

---

세의 시기로 확장되는 차이가 있다. 그럼에도 불구하고 두 개념 모두 근대 네이션/민족의 형성을 그 이전의 역사적 흐름과 관련시킨 것이다.

31 위의 책, 69면.

32 박동천, 「한국 민족주의와 민족 정체성－뉴질랜드와 대비하여」, 『한국정치외교사논총』 34권 2호, 한국정치외교사학회, 2013, 210면.

33 Max Weber, *Economy and Society*, p.389.

34 John Hutchinson, op. cit.; Anthony D. Smith, *The Ethnic Origins of Nations*.

35 Walker Connor, op. cit.; Hegen Schulze, op. cit.; Hugh Seton-Watson, op. cit.; Liah

에서 알 수 있듯이, 네이션/민족에 관한 실재의 인식과 상상의 과정은 근원론과 근대론 사이의 제한되지만 가능한 접합을 암시한다.

기본적으로 네이션은 근대성의 형성을 구조화하는 장기적이고 역동적인 역사적 집합체였다.[36] 근대론적 기조에 있는 콘 역시 네이션과 민족주의가 근대적인 현상임에도 불구하고 네이션의 특징, 관념, 문화 등은 고대에 뿌리를 둘 수 있다고 주장했다.[37] 고대 유대인들은 선택받은 종족의 관념, 종족적 역사의식, 종족적 메시아주의 등에서 민족주의의 역사적 뿌리를 드러냈다는 것이다. 근본적 뼈대는 아닐지라도 일정한 소재가 되는 기반은 제시했다는 것이다. 더욱이 슐츠에 따르면 영국과 프랑스는 중세 백년전쟁1337~1453에서 '우리'의 정체성을 확고히 하며 네이션의 정체성national identity을 형성하고 있었다.[38] 네이션을 중심으로 '우리'의 정체성을 궁극적으로 통합한 것은 18세기 이후 근대의 정치적 과정이었지만 그럼에도 불구하고 중세에서부터 역사적으로 진화되어 온 측면 역시 간과할 수 없다는 것이다.

이러한 예들을 고려하면 근대 네이션을 낳은 과거는 전통의 창조이든 그 자체로 전통의 계승이든 근대와의 역사적 연속성의 관점에서 일정 정도 파악될 수 있다. 또한 근대 네이션을 만든 이데올로기를 넘어서 과거의 전통, 신화, 종족의 역사를 회원하고 부활시킨 것은 위로부터뿐만 아니라 아래로부터도 가능한 것이었다. 따라서 구성원의 의식과 의지가 민족주의의 중요한 요소이며 과거를 계승하는 구성원들의 의지를 반영하는 민족주

---

Greenfeld, *Nationalism*; Liah Greenfeld, *The Spirit of Capitalism*.

36 John Hutchinson, op. cit., p.651.

37 Hans Kohn, op. cit., Ch.2.

38 Hegen Schulze, op. cit., Ch.6.

의가 종족 정체성과 긴밀히 연계되는 것이다.[39] 정치 엘리트의 동원에 의해 네이션의 기억이 시공간적으로 선택, 가공될 수 있지만, 대중의 감성에서도 '네이션에 대한 상상'은 지배 담론을 넘어 과거로 거슬러 올라갈 수 있는 것이다.[40] 이러한 측면에서 민족주의는 그 이전의 '사회적 의식social consciousness'에서 형성될 수 있었다.[41] 현재의 네이션을 있게 한 과거의 전통이 모두 이데올로기에 의해 날조된 것이 아니라 위로부터의 동원과 아래로부터의 참여에서 결합된 것이며 이러한 사회적 의식에서 민족의식이 발전해 온 것이다. 이 관점에서 네이션은 종족의 전통과 유산에 근거해 발전하면서 민족주의에 의해 새로운 근대적 실체가 된 것이다.[42]

이처럼 네이션과 민족의식/민족주의의 관계는 상호보완적인 측면이 있으며 네이션이 민족주의에 의해 일방적으로 창조된 것은 아니다.[43] 근대론에서는 네이션과 민족주의의 근대성에 얽매여 민족주의를 형성하는 민족의식의 장기적 역동성과 사회적 관계의 동학을 간과했다. 이에 대해 그린펠드는 주류의 평가를 거부하며 16세기 초 영국에서 민족주의가 형성되었다고 주장했다.[44] 민족주의는 프랑스 대혁명보다 두 세기 먼저 영국에서 등장한 사회적 의식의 특수한 형태였다는 것이다.[45] 기본적인 실재로서 네이션이 존재했고 네이션에서 민족의식과 민족운동이 대중화되어 근대의 네이션을 확립하고 민족국가를 수립했다는 것이다. 이러한 주장

39 Walker Connor, "Nation-Building or Nation-Destroying", *World Politics* Vol.24, No.3, 1972, p.336.
40 Walker Connor, "The Timelessness of Nations", p.15.
41 Liah Greenfeld, *The Spirit of Capitalism*.
42 한스 울리히 벨러, 이용일 역, 앞의 책, 38면.
43 Miroslav Hroch, "Real and Constructed", p.104.
44 Liah Greenfeld, *Nationalism*, p.42.
45 Liah Greenfeld, *The Spirit of Capitalism*, p.2.

은 프랑스의 민족국가가 중세에서 근대로 이어지는 과정에서 무에서 유를 창조한 결과로 나타난 것이 아니라 앙시앙 레짐의 과도기를 거쳐 형성되었다는 것을 드러내 준다. 중세 봉건제를 무너뜨린 절대왕정 체제가 근대 네이션을 낳은 것은 아니지만 그 모체가 된 것은 분명하다. 중요한 것은 에쓰니의 공동체이든 절대왕정의 체제이든 이것이 근대에 들어 정치적 과정을 거쳐 네이션과 민족국가로 변형되었다는 점이다.

따라서 엘리트와 민족주의가 과거의 전통을 모두 고안, 날조한 것이 아니라 전통에 기반해 발전한 근대의 통치 공동체가 대중적 공감 속에서 과거의 역사를 호명한 것이 중요한 의미를 갖는다.[46] 홉스봄의 주장처럼 네이션의 전통 창조는 없는 것을 있게 하거나 전혀 다른 것으로 만든 것뿐만 아니라 있는 것을 찾아 재구성한 측면 역시 존재한다. 이것은 근대적 구성물인 네이션을 전근대적 혹은 근세적 맥락의 장기적인 역사성에서 검토하는 작업과 관련된다. 전근대 혹은 근세에서 근대로 이어지는 연속성의 관점에서 혈통, 문화, 언어는 장기지속longue durée의 범주에 속하는 것인데,[47] 이것이 근대 민족주의와 어떠한 관련성을 갖는가를 해명하는 것이 관건이 될 것이다. 이 견지에서 보면 종족 그 자체가 네이션으로 이해될 수도 있고 때로 네이션은 전근대의 원초적 실체에 더 가까워지며 정치적 종족성을 구성하는 민족주의와 민족국가가 반드시 근대의 산물로만 인식되지 않는 것이다.[48] 전근대적 요소를 원형적 민족주의로 볼 수 없거나 볼 수 있다 해도 근대 민족주의와는 무관하다고 본 홉스봄의 연구와 토착언어가 출판

---

**46** 한스 울리히 벨러, 이용일 역, 앞의 책, 69면.
**47** John Armstrong, op. cit., pp.4~10.
**48** 아자 가트·알렉산더 야콥슨, 유나영 역, 앞의 책.

자본주의에 의해 활용되어 네이션을 창조했다고 주장한 앤더슨의 연구에서도 전근대적/근세적 요인들의 장기지속성이 중요한 의미를 가졌다.

이러한 작업의 일환으로 스미스는 '종족상징주의ethno-symbolism'를 제시하며 종족문화적 유산에서 네이션의 상징적, 사회적 특성들을 찾고자 했고 네이션으로 이어진 종족 자체도 신화적, 상징적인 속성을 갖는다고 주장했다.[49] 전근대와 근대 사이의 중요한 차이에도 불구하고 신화, 상징, 기억의 장기적인 문화적 산물들이 국가 등의 제도적 장치들에 의해 근대로 이어져 발전했다는 것이다.[50] 따라서 네이션은 전통의 유산에서 자유로울 수 없으며 이 연속성에서 네이션은 상상된 것이면서 실재하는 것이다.[51] 결국 민족주의는 근대적 산물이지만 네이션은 전근대와 근대의 복합물이란 것이다.[52] 스미스는 문화와 정치 사이 즉 에쓰니와 네이션 간 급진적인 근대적 변화를 인정하면서도 상징적, 정치적 목적을 위한 공동체의 확장이란 측면에서 에쓰니와 네이션의 연속성을 강조했다.[53] 에쓰니에 집착한 스미스의 오류에도 불구하고 근대성과 전근대성의 복합성을 이해하는 것은 민족주의 연구의 핵심적인 과제이다.

이와 같이 네이션/민족과 종족의 관련성을 밝히는 작업은 전근대-근대의 단속성을 해명하는 것과 직결된다. 한국의 사례에서도 근대 민족과 전근대 종족의 실체를 밝히고 두 정체성의 유사성과 차별성을 밝히는 것이 필수적인 과제가 될 것이다. 제8장에서 자세하게 다루어질 것이지만

49 Anthony D. Smith, *Ethno-symbolism and Nationalism*, p.46.
50 John Hutchinson, op. cit., p.661.
51 Ernest Gellner and Anthony D. Smith, op. cit., p.361.
52 John Hutchinson and Anthony Smith, *Nationalism : Critical Concepts in Political Science* Vol.I, Routledge, 2000, pp.xxxiv~xxxv.
53 Anthony D. Smith, *The Ethnic Origins of Nations*, pp.5 · 18 · 217.

한국의 근대 민족이 전근대 종족에서 이어진 것일지라도 민족 그 자체는 민족국가 수립의 과제와 결부된 종족적이면서도 정치적인 정체성이다. 이 같은 논쟁에서 근원론은 근대론의 사회적 기제를 반영하지 않았던 반면 근대론은 과거의 종족(성)을 진지하게 고려하지 않았다. 역사에 충실하려 했지만 이론적 성찰을 간과했던 근원론과 이론적 일반화에 집중했지만 상대적으로 역사적 분석에 소홀했던 근대론의 만남이 중요한 이유가 이 때문이다.

## 3. 네이션/민족과 동서의 이분법

마지막으로 민족주의 연구에서 검토되어야 할 문제는 동서의 이분법에 관한 것이다. 동서의 이분법은 서유럽과 동유럽 민족주의의 분화를 '합리적, 자유주의적 민족주의' 대 '비합리적, 배타적, 집단주의적 민족주의'로 구분한 콘[54]의 분류와 '시민적 민족주의civic nationalism' 대 '종족적 민족주의ethnic nationalism'로 구분한 그린필드[55]의 분류에서 전형적으로 나타났다. 그린필드는 콘의 분류를 이어받아 시민적 민족주의 대 종족적 민족주의라는 틀에서 '개인주의적-자유주의적, 시민적 민족주의'영국, 미국와 '집단주의적-권위주의적, 시민적 민족주의'프랑스 및 '집단주의적-권위주의적, 종족적 민족주의'러시아, 독일를 유형화했다. 그러나 유의미한 분석 결과에도 불구하고 동서의 이분법은 좋은 민족주의와 나쁜 민족주의라는 선

54 Hans Kohn, op. cit..
55 Liah Greenfeld, *Nationalism*, p.11.

악적 가치 평가로 비판을 받기도 했다.[56]

서유럽의 길과 동유럽의 길로 대표되는 주관론적 네이션과 객관론적 네이션의 이분법 역시 대표적인 예가 될 수 있다. 객관론적 접근은 대부분 동유럽과 아시아의 사례들에 해당되며 주관론적 접근은 서유럽의 사례들에 집중되어 있다. 프랑스와 독일의 '시민권과 국민성nationhood'에 관한 브루베이커의 비교 연구에서도 프랑스의 시민권의 정치는 '국가 중심적state-centered, 동화주의적, 정 치적 국민성'에 관한 이해를 반영한 반면 독일의 시민권의 정치는 '폴크 중심적Volk-centered, 분리주의적, 종족문화적 국민성'에 관한 이해를 반영했다.[57]

민족주의 연구에서 동서의 이분법은 근대 자본주의가 형성되면서 이미 예견된 것이었다. 산업화가 민족주의를 낳았다는 겔너의 분석에서 '산업화의 불균등 발전'에 따라 민족주의와 네이션은 각기 다른 특색을 가질 수밖에 없었다.[58] 이는 결은 다르지만 '자본주의의 불균등 발전'에 따른 결과로 민족주의와 네이션을 바라본 네언의 주장과도 통하는 것이다. 흐로흐의 연구에서는 비서구 유럽 국가들의 네이션은 자본주의와 계급구조

---

56 Benedict Anderson, "Introduction", *Mapping the Nation*(Gopal Balakrishan ed.), Verso, 1996, p.5.

57 Rogers Brubaker, *Citizenship and Nationhood in France and Germany*, Harvard University Press, 1992. 서구와 동구, 서구와 비서구의 이분법은 비단 민족주의 연구에서만 나타났던 것은 아니다. 동서양 간 근대성의 유무(Max Weber, *The Protestant Ethic and the Spirit of Capitalism*, Charles Scribner's Sons, 1958)로부터 네이션의 형성과 시민권(Reinhard Bendix, *Nation-Building and Citizenship : Studies of Our Changing Social Order*, University of California Press, 1977), 유럽 절대주의의 분화(Perry Anderson, *Lineages of the Absolutist State*, Verso, 1979), 브레너 논쟁과 자본주의 이행(T. Aston and C. Philpin, eds. *The Brenner Debate : Agrarian Class Structure and Economic Development in Pre-industrial Europe*, Cambridge University Press, 1987), 독재와 민주주의의 사회적 기원(Barrington Moor, *Social Origins of Dictatorship and Democracy : Lord and Peasant in the Making of the Modern World*, Beacon Press, 1993) 등에서 유럽 중심의 근대주의와 동서의 이분법은 수시로 도입되어 학문적 논쟁의 대상이 되었다.

58 Ernest Gellner, *Thought and Change*, Weidenfeld and Nicolson, 1964.

의 일방적인 관계보다는 사회조직과 계급구조의 다면적 결합 및 민족운동과 네이션의 상호관계에 의해 형성된 것으로 분석되었다. 18세기 말 서유럽의 대중적 민족주의보다 더 일찍 형성된 남미의 토착언어적 크레올 민족주의vernacular Creole nationalism가 여러 변이를 거쳐 전세계로 확산되었다고 주장한 앤더슨의 연구에서도 불균등한 출판자본주의가 토착언어와 결합하여 다양한 네이션을 형성했다.[59] 유럽의 식민주의에 대항한 토착언어적 민족주의가 실질적인 민족주의의 기원을 이루었고 이러한 크레올 민족주의는 다시 반동적인 관료적 민족주의로 변형되거나 제2차 세계대전 이후 제3세계 국가들에서 관료적 민족주의와 대중적 민족주의가 결합하는 양상으로 변화되었다는 것이다.[60]

특히 근대성의 부재와 이식된 변형으로 평가되어 온 한국과 같은 사례에서 민족의 정체성은 서구의 사례들과 대조되어 분석의 잔여범주나 예외적인 극단치로 치부되었다. 그러나 이러한 학문적 편향은 네이션/민족을 정도와 방식의 차이로 그려지는 하나의 함수로 이해할 때 비로소 극복될 수 있다. 또한 유럽 근대주의와 동서의 이분법을 넘어서는 것만큼 비서구를 특수화하는 오류 역시 극복해야 한다. 현대 사회에서 서구와 비서구 모두에서 시민적 민족주의와 경쟁했던 종족적 민족주의가 부활하고 있는 것 역시 이러한 이분법을 허물고 있다.[61]

따라서 현대 민족주의가 근대 민족주의의 힘을 발휘하지 못하며 쇠락할 것이라는 홉스봄의 주장[62]은 설득력이 떨어진다. 소비에트 시스템의

59 Benedict Anderson, *Imagined Communities*, p.76.
60 Ibid., pp.110 · 140.
61 Ernest Gellner and Anthony D. Smith, op. cit., pp.362~363.
62 Eric Hobsbawm, op. cit., p.192.

붕괴 이후 나타난 중동부 유럽의 네이션들과 민족주의의 원산지인 서구의 네이션들에서 벌어지는 정치적, 종족적 갈등들은 근대 민족주의와 결은 다르지만 여전히 생명력을 갖는 민족주의의 현상들이다.[63] 20세기의 종족적 민족주의는 19세기 유럽의 민족주의에서 종족적 부활을 통해 정치 공동체를 재구성한 것이었다.[64] 또한 장기적인 관점에서 20세기 후반 중동부 유럽의 민족주의는 종족(성)의 논리로 정치적 공간을 재구조화하는 원인과 결과였다.[65]

이와 같이 종족적 민족주의는 동서의 이분법을 넘어 시공간적 변이에 대응하는 네이션/민족의 함수적 관계와 민족주의의 역동성을 잘 드러내준다. 형식적으로 단일민족의 형상을 한 채 자주적인 네이션을 형성하지 못했던 우리의 사례에서는 종족적 민족주의가 더욱 강하게 드러나 다양한 모습으로 변형되었다. 한국의 종족적 민족주의는 종족적 순수성을 바탕으로 독립적인 네이션을 지향하며 일제의 식민주의에 대항했고 단일민족이 둘로 쪼개진 분단체제에서는 단일민족의 종족성을 무기로 적성국가를 악마화하는 이념적 수단으로 변질되었다.[66]

---

63 Anthony D. Smith, *Nations and Nationalism in a Global Era*, Polity Press, 1995.

64 Anthony D. Smith, *The Ethnic Revival*, Cambridge University Press, 1981.

65 Rogers Brubaker, *Nationalism Reframed : Nationalism and the National Question in the New Europe*, Cambridge University Press, 1996, p.4.

66 Gi-Wook Shin, James Freda, and Gihong Yi, "The Politics of Ethnic Nationalism in Divided Korea", *Nations and Nationalism* Vol.5, No.4, 1999.

제2부

# 근대성과 민족주의

제2부에서는 정치적, 경제적 근대성의 관점에서 민족주의를 분석하고 네이션/민족, 종족, 인종, 계급의 관점에서 근대성과 민족주의를 탐색한다. 정치적 근대성의 관점에서 민족주의는 관념론과 이데올로기, 근대 이념과 국가의 정치운동 및 네이션/민족과 민족의식의 변증법에서 재평가되었고, 경제적 근대성의 맥락에서는 산업화/자본주의와 민족주의의 인과관계 및 자본주의와 민족운동의 상관관계에서 분석되었다. 또한 네이션/민족의 정치에서 전근대적 실체를 종족의 관점에서 해석하는 것과 네이션/민족에 의해 종족, 인종이 사회적으로 재구성되고 계급이 이것에 미치는 영향력이 중요한 관심사가 되었다. 근대 공동체를 상상하는 과정에서 종족과 인종은 공통의 조상을 가정하며 각기 다른 방식에서 정치화되었고, 정치와 경제의 복합물로서 민족주의가 구성하는 네이션/민족은 계급과 타정체성에 의해 영향을 받으면서도 이를 압도하는 정체성으로 발전했다.

제4장

# 정치적 근대성과 민족주의

독일의 관념론과 맑스의 이데올로기론 사이에서 네이션/민족과 민족의식은 실재와 허구의 극단에서 대비될 수 있었다. 근대의 계몽사상과 사회운동에서 태동한 민족주의는 정치적 이념 및 엘리트의 이데올로기적 독트린으로 이해되거나 이념적 차원을 넘어 국가의 정치운동으로 평가되었다. 이러한 민족주의는 근세의 사회적 의식 및 네이션/민족과 민족의식의 상호작용에서 재평가되었고, 근대의 시공간적 성찰에서 탈민족주의론에 의해 네이션/민족의 본질주의적 담론이 비판을 받았다.

## 1. 관념론과 이데올로기

- 부르주아 이데올로기(Karl Marx and Friedrich Engels)
- 나의 의식을 그룹 의식에 통합하여 우리 의식과 그들 의식을 결정하는 마음의 상태이자 의식의 행동(Hans Kohn)
- 정치적 단위와 네이션의 단위가 일치해야 하는 정치적 원리(Ernest Gellner)
- 상상의 공동체를 만들어내는 자본주의의 이데올로기적, 문화적 구성물

(Benedict Anderson)

- 자본주의 발전의 지속적인 기능이자 대중적 감성과 이념의 집합체(Tom Nairn)
- 19세기 초 유럽 민족주의자들에 의해 만들어진 독트린이자 이데올로기 (Elie Kedourie)
- 실재적 혹은 잠재적 네이션을 구성하고자 일부 구성원들이 전체 인구의 자율성, 단일성, 정체성을 실현, 유지하기 위해 벌이는 이데올로기적 운동 (Anthony Smith)
- 사회적 의식의 형태로서 현실의 인지적, 도덕적 조직화의 방식(Liah Greenfeld)

위의 정의들이 보여주는 것처럼 민족주의는 자본주의의 허구적 이데올로기 또는 문화적 구성물, 산업화를 통해 근대 사회를 구성하는 정치적 원리, 엘리트의 정치적 이념 혹은 독트린, 국가와 네이션을 추구하는 사회운동 등으로 평가되었다.

이러한 논쟁은 헤겔의 관념론과 맑스의 이데올기론 간 논쟁에 그 뿌리를 두고 있다. 헤겔은 『역사철학강의』, 『법철학』 등에서 관념론에 입각해 국가와 민족정신을 논했다. 헤겔에 따르면 이성이 역사의 주체이자 발전의 원동력이며 역사의 발전 과정에서 정신을 실현하는 것이다. 세계에서 역사의 실체를 이루는 것은 자유를 추구하는 정신의 발전이 된다.[1] 또한 현실에서 정신의 완전한 실현 형태가 되는 것이 국가이다.[2]

1 게오르크 빌헬름 프리드리히 헤겔, 권기철 역, 『역사철학강의』, 동서문화사, 2008, 26·29면.
2 위의 책, 47면.

따라서 헤겔은 "세계사란 정신이 스스로를 자유라고 의식하는 자유의식의 발전 과정과 이 의식에 의해서 산출되는 자유의 실현 과정을 나타낸 것"이라고 주장했다.[3] 세계사는 이성, 정신, 자유의식의 궁극적 작품이며 세계사에서 구현되는 정신은 민족정신과 국가의 존폐를 결정하는 최고 법정인 것이다.[4] 이와 함께 헤겔은 세계사에서 민족정신은 국가를 정신의 완전한 실현 형태로 만드는 바탕이 되며 국가를 형성한 민족정신만이 보편적 원리를 간직하는 세계사적 존재가 된다고 주장했다.[5] 헤겔의 철학은 정신의 관점에서 국가의 발전을 정당화하고 국가의 토대로서 네이션과 민족정신을 설명했으며 국가(정신)와의 관계에서 네이션과 민족정신의 실재를 모두 인정했다.

이에 대해 맑스는 1843년 「헤겔법철학 비판 서문」에서 시민사회가 만들어낸 국가/네이션의 정체성을 종교와 같은 허구적 산물로 묘사하며 헤겔의 관념론을 반박했다.[6] 헤겔이 주장한 네이션과 민족정신을 모두 부정한 것이다. 맑스는 1844년 『독일 이데올로기』에서도 독일 이데올로기를 '허위의식'으로 규정했다.[7] 국가는 시민사회의 옆과 밖에 존재하는 분리된 실체로서 부르주아 계급의 내외적 목적을 위해 활용되는 조직일 뿐인 것이다.[8] 시민사회가 대내적으로 국가를 구성하고 국가가 대외적 관계에서 자신을 표현할 때 네이션으로 치장한다는 것이다.[9] 또한 맑스는 1848

3 위의 책, 71면.
4 게오르크 빌헬름 프리드리히 헤겔, 임석진 역, 『법철학』, 한길사, 2008, 579면.
5 게오르크 빌헬름 프리드리히 헤겔, 권기철 역, 앞의 책, 61·71·82면.
6 Karl Marx, "A Contribution to the Critique of Hegel's Philosophy of Right, Introduction", *Karl Marx : Early Writings*, Vintage Books, 1975, p.244.
7 Karl Marx and Friedrich Engels, *The German Ideology*, p.41.
8 Ibid., p.80.
9 Ibid., p.57.

년 『공산당선언』에서 부르주아 이데올로기인 민족주의를 통해 상상된 네이션은 곧 사라질 것이라고 주장했다.[10] 맑스의 민족주의론은 네이션과 민족주의를 계급 지배의 도구이자 허구의 이데올로기로 해석한 것이다.

그러나 역사적으로 사회주의 국가에서 네이션/민족의 정체성과 민족주의가 강하게 드러나는 등 현실은 맑스의 예측과는 정반대로 흘러갔다. 맑스 자신의 역사적 관찰에서도 나폴레옹 3세의 통치에서 국가/네이션의 자율성이 발견되었고, 레닌은 맑스와 달리 반제국주의를 내세우며 제3세계의 민족적 자결을 옹호했다. 네이션의 실재에 좀 더 다가선 그람시 역시 민족주의를 민중들의 집합의지를 산출하는 자본주의 국가의 헤게모니hegemony로 평가했다.[11] 이와 관련해 스탈린은 민족의식을 부정하는 대신 네이션의 실재를 인정하며 맑스와는 다른 견해를 제시했다.

이처럼 국가와 네이션의 개념은 유럽의 지성사에서 커다란 쟁점이 되었다. 이에 대해 헤르더는 네이션Volk을 언어 집단과 동일시하여 국가를 '인공적 산물'로, 네이션을 '자연의 산물'로 간주했고 정치 공동체인 민족국가Volk-state는 자연과 인간의 정치가 만난 자연적 필요의 산물로 평가했다.[12] 네이션/민족은 기본적으로 혈통을 중심으로 하는 문화적 산물인 것이다. 피히테 역시 1807년 나폴레옹 보나파르트나폴레옹 1세의 독일 점령에 항거하며 「독일 네이션에 고함」이란 연설에서 혈통과 언어를 중심으로 네이션을 옹호하고 이를 바탕으로 독일 네이션의 역사적 존엄성을 강조했다.[13]

---

10 Karl Marx and Friedrich Engels, *The Communist Manifesto*, p.241.

11 Antonio Gramsci, *Further Selections from the Prison Notebooks*, University of Minnesota Press, 1995.

12 박의경, 「헤르더(Herder)의 문화민족주의-열린 민족주의를 위한 시론」, 『한국정치학회보』 29집 1호, 한국정치학회, 1995, 337면.

13 요한 고틀리프 피히테, 황문수 역, 『독일 국민에게 고함』, 범우사, 1987.

나폴레옹 전쟁에서 패한 프로이센의 위기에 대응하여 독일의 철학자 요한 고틀리프 피히테(Johann Gottlieb Fichte)는 1807년 12월부터 이듬해 3월까지 베를린학사원 강당에서 '독일 네이션에 고함'이라는 주제로 강연했다. 이 강연에서 피히테는 독일 네이션의 역사적 순수성과 존엄성을 강조하며 연령, 직업, 계급과 관계없이 온 국민을 네이션으로 통합하는 민족주의를 고취했다. 실제로 프로이센-프랑스 전쟁에서 승리한 프로이센은 1871년 빌헬름 1세를 독일 제국의 황제로, 비스마르크를 총리로 추대했다. 빌헬름 1세가 베르사유 궁전의 거울방에서 독일 제국을 선포한 것은 1807년 프랑스의 프로이센 점령을 설욕한 것이었다.

반면 「네이션이란 무엇인가」라는 글에서 르낭은 순수한 인종/종족race은 존재하지 않는다며 혈통의 관점에서 네이션을 이해하는 것은 완전히 허구라고 주장했다.[14] 순수 혈통의 국가로 인식되는 영국과 프랑스가 오히려 피가 가장 많이 섞였으며 독일 역시 예외는 아니었다는 것이다. 르낭은 '언어=종족=네이션'이라는 피히테의 명제를 반박하며 다음과 같이 네이션에 관해 설명했다.

> 인간은 인종의 노예도, 언어의 노예도, 종교의 노예도, 강물의 흐름과 산맥의 방향에 종속된 노예도 아니다. 건전한 정신과 뜨거운 심장을 갖는 인간들의 대결집이 우리가 네이션이라 부르는 도덕적 양심의 종류를 창조하는 것이다. 이 도덕적 의식이 공동체의 이익 속으로 개인을 포기하게 만드는 희생을 관철하고 자신의 힘을 증명한다면 그것은 정당하고 존재할 권리를 갖는다.[15]

르낭의 시각에서 네이션은 혈통, 인종, 언어, 종교와 같은 자연의 산물이 아니라 인간의 의지에 의해 만들어지는 정치 공동체이다. 네이션은 영원히 존재하는 자연의 공동체가 아니라 개인이 '매일의 국민투표'에서 자신의 정체성을 확인하는 의지의 산물인 것이다.[16]

14 Ernest Renan, op. cit., p.14.
15 Ibid., p.20.
16 Ibid., p.19.

## 2. 근대 이념과 민족주의

에드워드 카는 유럽의 민족주의가 근세의 절대왕정과 중상주의에서 영향을 받은 후 18세기 후반부터 대중적, 민주주의적, 자유무역주의의 특성을 드러냈고 19세기 후반 이후에는 민족국가 체제를 형성하며 경제적 민족주의로 이어져 세계대전을 낳았다고 주장했다.[17] 카도 부분적으로 언급했듯이 민족주의는 근대 서구, 특히 18세기 말 프랑스 대혁명에서 시작되었다고 보는 것이 일반적인 평가이다. 민족주의는 중세의 폐쇄적인 종교적 담론에서 벗어나 계몽사상의 전파 속에서 인간 이성의 합리적 능력과 역사적 진보를 성취하는 이념으로 자리를 잡았던 것이다.[18]

이처럼 1789년 프랑스 대혁명을 기폭제로 하여 개인의 자유와 권리를 민족국가로 통합하려는 민족주의의 역사적 흐름이 형성되었다. 1789년 7월 14일 바스티유 감옥의 습격으로 점화된 프랑스 대혁명은 1793년 1월 21일 루이 16세가 단두대의 이슬로 사라지며 정점에 올랐다. 앙시앙 레짐을 붕괴시킨 대혁명은 자유, 평등, 형제애를 표출한 민주주의와 개인을 네이션으로 통합시킨 민족주의의 이념을 창출한 것이다. 또한 맑스가 프랑스 대혁명을 '부르주아 혁명'으로 일컬었듯이 자본주의가 성장하여 노동자 계급이 이에 저항하는 계급갈등이 표출하기 시작했다.

여기서 근대성의 산물로 등장한 민족주의는 루소가 말한 '일반의지general will'의 개념에서 설명될 수 있다. 개인의 자유와 권리가 공동체의 통합

17 Edward H. Carr, *Nationalism and After*, Macmillan, 1945.

18 민족주의의 기원을 놓고 16세기 영국 기원론과 18세기 프랑스 기원론이 논쟁이 되었다. 그러나 두 국가 모두 민주주의, 산업혁명과 함께 시민적 민족주의를 발전시켰다는 측면에서 유사성을 갖는다.

프랑스 대혁명은 1789년 5월 5일 삼부회의 소집으로부터 1799년 11월 9일 나폴레옹(아래 좌)의 브뤼메르 쿠데타에 의해 제1공화국이 붕괴된 시점까지 일어난 혁명을 가리킨다. 대혁명은 1789년 7월 14일 바스티유 감옥 습격(위)으로 점화되어 8월 26일 인권선언 채택, 10월 5일 베르사유 궁전 행진에 이어 1793년 1월 21일 루이 16세의 처형(아래 우)에 이르러 정점에 달했다. 앙시앙 레짐을 무너뜨린 대혁명은 민족주의의 확산에 커다란 영향을 미쳤다. 국민교육을 강화한 나폴레옹의 통치를 통해 프랑스의 민족주의는 1830년 7월 혁명과 나폴레옹 3세의 제정을 거쳐 유럽 전역으로 확산되었다.

과 모순적인 관계에 놓일 때 개인을 네이션에 통합시키는 일반의지로서의 민족주의가 작동한다는 것이다.[19] 프랑스는 1789년 대혁명, 1792년 공화정, 1804년 나폴레옹 1세의 제정, 1852년 나폴레옹 3세의 제정으로 이어진 역사적 과정에서 국민교육을 강화하며 민족국가 체제를 수립했고 이로써 민족주의의 이념은 유럽 전역으로 확산되었다.

프랑스 대혁명 이후 민족주의가 확산된 역사적 변화를 성찰하며 콘은 민족주의를 "나의 의식이 그룹의 의식에 통합되어 우리 의식과 그들의 의식을 구분하는 마음의 상태이자 의식의 행동"으로 규정했다.[20] 1789년 가을 프랑스 대혁명의 국민방위군National Guard이 '당신은 네이션의 일원입니까'라는 암호를 사용하며 적군과 아군을 구분했던 예가 바로 그러한 민족주의의 특성을 드러내 준다.[21] 새로운 정치적 공동체를 만드는 과정에서 우리와 그들을 가르는 인위적 과정은 불가피한 정치적 선택의 과정이었고 이것은 비단 프랑스에 국한되지 않고 유럽 전역과 제3세계로 확산되었다.

이러한 변화를 두고 콘은 민족주의를 '이념의 힘'이라고 강조한 바 있다. 민족주의는 자연의 현상이나 영속적이고 자연스러운 법칙의 산물이 아니라 역사적, 사회적, 지적 요인들이 결합한 산물이라는 것이다.[22] 또한 네이션은 허구적인 산물이 아니라 공통된 의식이 주권국가를 구성한 역사적 실재인 것이다. 근대 이념 즉 정치 공동체를 지향하는 구성원의 의지

---

19 장 자크 루소, 이재형 역, 『사회계약론』, 문예출판사, 2013.
20 Hans Kohn, op. cit., pp.10~11.
21 Lynn Hunt, *Politics, Culture and Class in the French Revolution*, University of California Press, 1984, p.20.
22 Hans Kohn, op. cit., p.6.

와 단결을 강조한 콘의 시각은 18세기 프랑스 민족주의 기원론 및 주관론적 네이션의 개념을 근대론과 결합시킨 측면에서 큰 의의를 갖고 있다.

콘의 연구가 근대의 이념적, 사회적 변화가 구성원의 정체성에 영향을 끼친 측면을 강조한 것이라면 케더리의 연구는 정치 엘리트에 의해 창조된 이데올로기를 강조한 것이다. 케더리는 민족주의를 19세기 초에 유럽에서 창조된invented 하나의 '독트린doctrine'으로 평가했다.[23] 민족주의는 프랑스 대혁명 이후 등장한 근대 유럽의 정치적 이데올로기이며 민족적 자결에서 형성된 네이션의 공동체에서 개인과 국가가 통합된 것이다.[24] 민족주의는 개인을 주권적 국가를 구성하는 네이션으로 통합시키는 자기 결정의 이데올로기였던 것이다.

그러나 케더리의 민족주의론은 맑스주의자들이 민족주의를 부르주아 이데올로기 혹은 자본주의의 구성물로 환원했듯이 반대급부로 민족주의를 엘리트의 정치 이데올로기로 귀속시켰다. 중요한 것은 정치 엘리트의 교의와 담론들이 대중들에게 수용되는 측면이며, 따라서 정치 공동체를 중심으로 단결하는 사회의 집합적인 힘이 민족주의의 핵심을 가르게 된다. 이러한 측면에서 단순한 계급 혹은 자본주의 구조가 아니라 엘리트, 지식인과 대중이 결합하는 동학에서 민족의식을 만드는 사회운동이 중요한 의미를 가질 것이다.

23 Elie Kedourie, op. cit., p.1.
24 Ibid., pp.xiii · 23.

## 3. 국가의 정치운동과 민족주의

틸리는 15세기 말부터 20세기 말까지 유럽의 국가 형성과 민족주의를 국가가 주도하는 민족주의state-led nationalism와 국가를 추구하는 민족주의 state-seeking nationalism가 결합된 역사적 과정이라고 평가했다.[25] 서유럽의 다수 민족국가들은 경제적, 군사적 경쟁 과정에서 형성되었고 19세기 이후의 민족주의에서 민족국가 체제가 확립되었다는 것이다.[26] 틸리와 유사하게 만 역시 근대국가의 정치적, 군사적 발전 과정에서 민족주의와 네이션이 형성되었다고 보았다.[27]

틸리와 만이 근대국가가 전쟁과 징세를 수행하는 과정에서 민족주의와 네이션이 형성되었다고 주장한 반면, 기든스와 브로일리는 근대국가의 영토적 주권성과 행정적 통제가 확립되는 과정에서 민족주의와 네이션이 형성되었다고 평가했다. 기든스는 국가가 주권적 영토에 대한 통일된 행정적 통제를 달성했을 때 민족주의가 작동한다고 보았고 국가에 의해 주권, 시민권, 민족주의가 결합된다고 주장했다.[28] 기본적으로 민족주의는 국가의 정치적 산물이며 근대 민족국가의 확립과 궤를 같이 한다는 것이다.

근대국가의 역할을 강조하며 민족주의를 근대국가의 정치운동에서 파악한 것은 브로일리였다. 브로일리는 국가가 라이벌 경쟁을 통해 정치운

---

25 Charles Tilly, "States and Nationalism in Europe 1492~1992", *Theory and Society* Vol.23, No.1, 1994.

26 Charles Tilly, *Coercion, Capital, and European States, AD 990-1990*, Basil Blackwell, 1990.

27 Michael Mann, *The Sources of Social Power : The Rise of Classes and Nation-States, 1760-1914* Vol.II, Cambridge University Press, 1993, pp.730~736.

28 Anthony Giddens, *The Nation-State and Violence*, University of California Press, 1985, p.212.

동을 주도하는 관점에서 민족주의를 이해했다. 국가 및 정치운동 중심의 근대론을 견지한 브로일리의 입장에서 민족주의는 지식인의 정치적 독트린이나 대중적 민족의식의 표현과 같은 마음의 상태가 아니다. 정치적 교의나 대중적 민족의식 역시 국가가 존재하고 정치운동을 벌여야 가능하기 때문이다. 따라서 민족주의는 이념이 아닌 '운동'을 민족주의화한 과정과 결과이며 이데올로기가 아니라 '정치'의 산물인 것이다.[29] 민족주의는 분리, 개혁, 통일의 형태로 국가를 형성, 재구성하는 정치운동으로서 일반적인 근대론자들이 주장하듯이 네이션nationality을 추구하는 민족주의와는 결이 다른 것이다.[30]

브로일리는 이데올로기와 결합된 정치운동의 형태로 민족주의를 폭넓게 이해하면서 네이션과 민족국가가 아닌 근대국가의 형성 과정에서 민족주의를 분석했다. 여기서 민족주의를 정치의 형태로 구성하는 근대국가가 핵심적 위치와 역할을 담당하며 국가의 정치는 계급이나 지식인의 정치와는 구분되는 것이다. 이러한 시각은 이념 및 이데올로기 중심의 민족주의론과 달리 정치운동을 강조하고 자본주의의 구성물로 보는 민족주의론과 달리 국가의 중심적 역할을 강조한 것이다.

29 John Breuilly, op. cit., p.8.
30 Ibid., pp.9·398.

## 4. 네이션/민족과 민족의식의 변증법

네이션/민족과 민족국가 체제는 18세기 후반에 시작하여 19세기에 형성되었다고 보는 것이 일반적인 평가이다. 근대론은 이 시기에 민족주의가 네이션/민족을 창조했다고 평가하며 산업화나 자본주의가 발전의 원동력이 되었다고 주장한다. 그러나 네이션/민족과 민족주의의 발전은 그 이전의 시기로 거슬러 올라가 좀 더 장기적인 맥락에서 파악될 수 있다. 슐츠에 따르면, 국가와 네이션은 중세부터 현재에 이르기까지 상호 관련되어 왔고 이 과정에서 네이션은 군주에 종속된 개인들의 집합체에서 주권적 공동체를 실현한 전체 인민의 집합체라는 의미로 변화되었다. 이러한 측면에서 궁극적으로 민족주의가 네이션/민족을 창조하는 인과관계가 성립한다고 할지라도 그 과정 전반을 고려하면 네이션/민족과 민족주의는 변증법적 발전의 과정에 놓이는 것이다. 네이션/민족과 상호작용하는 민족의식의 장기적 역사성이 중요한 것은 이 때문이다.

이에 대해 그린필드는 16세기 초 영국에서 민족주의가 형성되었고 사회적 의식으로서의 민족주의가 네이션과 상호작용하며 민족국가 체제를 확립했다고 주장했다. 그린필드의 정의에 따르면, 민족주의는 '사회적 의식social consciousness'의 형태로서 근대성의 구성적 요소이자 조직화의 원리로 작동하여 도덕적 질서, 가치의 근원, 네이션의 정체성 및 사회적 통합을 이끈 인식적, 도덕적 조직화의 방식이다.[31] 영국은 16세기 초에 시작된 종교개혁에 이어 1688년 명예혁명과 1689년 권리장전 등의 정치 및 사회개혁을 통해 민주주의와 개인주의의 원리를 민족주의에 통합시키

---

31 Liah Greenfeld, *The Spirit of Capitalism*, p.24.

려 노력했다. 중세 로마 교황의 권위에 도전한 종교개혁은 국민적 주권national sovereignty의 원리를 가능하게 했고 정치적, 사회적 개혁들과 함께 개인주의, 자유주의, 민주주의의 가치를 민족주의로 통합시켰다.[32]

그린필드의 시각에서 민족주의는 도덕적 조직화의 방식을 낳는 사회의식으로 평가되는 것이며 이러한 사회적 기능에 의해 민족주의와 네이션의 관계는 인과적인 것이 아니라 상호작용의 관계에 놓이는 것이다. 민족주의가 네이션을 일방적으로 창조한 것이 아니라 근세의 시기로부터 사회의식의 형태로 발전한 민족의식/민족주의가 사회개혁과 국가경쟁의 상황에서 네이션과 맞물려 상호 변화되어 왔다는 것이다. 따라서 16~17세기 영국의 민족주의는 대영제국의 국민적 주권의 논리를 확대해 간 과정이었다. 이러한 민족주의는 사회적, 도덕적 통합을 견인하는 장기적인 의식의 형태로서 18세기 중반~19세기 초반의 산업혁명을 이끈 견인차가 될 수 있었다. 이로써 영국의 민족주의는 종교개혁, 민주주의, 주권의 경쟁을 통해 민족의식의 정치사회화를 촉진하고 과학의 발달과 함께 자본주의의 정신을 낳았던 것이다.

그린필드가 근세의 시기에서 민족주의와 네이션의 상관관계를 분석했다면, 흐로흐는 18세기에서 20세기에 걸쳐 진행된 민족운동과 네이션의 상관관계를 분석했다. 주변부 유럽 국가들에서는 18세기에 지적 관심의 민족운동이 일어났고 19세기 이후 애국적 고취의 민족운동이 대중적 민족운동으로 발전하여 근대 네이션이 확립되었다는 것이다. 흐로흐가 분석한 것은 네이션이 자본주의 또는 계급적 구조에 의해 획일적으로 영향

32 Liah Greenfeld, *Nationalism : A Short History*, Brookings Institution Press, 2019, pp.20 · 29.

을 받거나 민족운동을 지향하는 이념 혹은 민족주의에 의해 단순히 창조된 것이 아니라 민족의식과 객관적 관계의 변증법적 산물로 나타났다는 것이다.[33] 근대적 실재로서 초기의 네이션이 존재했고 19세기를 거쳐 민족운동의 사회적 관계와 의식이 발전하여 근대 네이션이 확립되었다는 것이다. 따라서 네이션은 민족주의의 일방적인 결과가 아니라 민족의식과 계급구조가 상호작용하는 민족운동에 의해 다양하게 구성되는 실재가 되는 것이다.[34]

## 5. 근대의 시공간과 민족주의

콘과 케더리 등 다수의 근대론적 이론가들은 민족주의를 프랑스 대혁명의 역사적 산물로 인식했다. 그러나 그린필드는 서유럽 민족주의의 기원을 16세기의 영국에서 찾았으며 흐로흐는 19세기 비서구 유럽의 민족운동에 주목하여 근대 네이션과 민족주의의 복합성을 드러냈다.

앤더슨 역시 민족주의의 기원을 18세기 말부터 시작되어 19세기에 확산된 유럽의 민족주의가 아니라 스페인의 식민지였던 라틴 아메리카의 18세기 크레올 민족주의에서 찾았다. 18세기 후반 크레올 민족주의가 유럽의 대중적 민족주의에 선행하여 나타나 19세기 이후 유럽의 토착언어적 민족주의와 관료적 민족주의에 영향을 미쳤고,[35] 관료적 민족주의와 함께 제2차 세계대전 이후 아시아, 아프리카 등 제3세계의 민족주의로

33 Miroslav Hroch, *Social Preconditions of National Revival in Europe*, pp.26 · 178.
34 Ibid., p.3; Miroslav Hroch, "Real and Constructed", p.104.
35 Benedict Anderson, *Imagined Communities*, pp.46 · 50 · 81 · 86.

전파되었다는 것이다.[36] 18세기 말 유럽의 대중적 민족주의는 아직 토착언어적 민족주의와 결합된 것이 아니었고 19세기에 비로소 대중적, 토착언어적인 민족주의를 형성했다는 것이다. 또한 제3세계의 민족주의는 관료적 민족주의와 토착언어적, 대중적 민족주의가 융합되어 나타난 결과였다.[37]

이처럼 앤더슨은 민족주의의 기원을 서구 유럽이 아닌 남미의 식민국가에서 찾았고 크레올 민족주의를 낳은 것은 자본주의 인쇄기술과 토착언어가 결합된 결과라고 설명했다. 그러나 프랑스 대혁명에서 비롯된 서구의 대중적 민족주의가 관료적 민족주의와 유럽 식민지의 크레올 민족주의에 끼친 영향을 간과했고 자본주의 인쇄술과 함께 한 크레올 민족주의의 세계적 확산을 과장한 측면이 없지 않았다. 그럼에도 불구하고 앤더슨의 분석은 민족주의에 관한 동서의 이분법을 극복하고 제3세계 민족주의의 특수성을 설명하는데 기여한 바가 크다. 식민지 조선의 민족주의 역시 앤더슨의 견지에서 관료적 민족주의의 아시아적 변형으로 설명되었는데, 근대화와 민족국가를 지향하는 대중적 민족주의에 대한 반동으로 일제의 관료적 민족주의가 관철되었다는 것이다.[38]

그러나 앤더슨은 크레올 민족주의와 성격이 다른 제3세계의 식민지 민족주의를 깊게 고려하지는 못했다. 신대륙의 식민지 민족주의와 제3세계의 식민지 민족주의는 다시 누가, 어떻게 네이션을 상상하는가의 문제를 곱씹게 한다. 제국, 식민국가, 크레올, 토착 엘리트 등 누가 어떻게 상상하

---

36 Ibid., pp.59 · 139~140.
37 Ibid., pp.114 · 140.
38 Ibid., p.110.

는가에 따라 네이션의 정체성은 다른 역사적, 사회적 의미를 갖게 되며 그 형성의 과정 역시 더욱 복합적이고 파편화될 수 있는 것이다.[39]

비서구 민족주의의 특수성은 이미 맑스로부터 예견된 것이었다. 일찍이 맑스는 제3세계 민족주의의 변형에서 영국 자본주의가 사회주의 혁명으로 가기 위해서는 아일랜드가 독립하는 것보다 프롤레타리아 국제주의로 통합되는 것이 더 바람직하다고 주장했다. 또한 영국의 식민주의를 비판하면서도 이것이 인도를 아시아적 생산약식에서 자본주의로 인도할 것이라고 예측했다. 민족주의를 부르주아 이데올로기로 평가한 맑스는 피억압 네이션의 해방에서 레닌과 같이 민족적 자결을 주장하기보다는 역사 발전에 따른 프롤레타리아 국제주의의 원칙을 고수했던 것이다. 맑스는 아일랜드, 인도 등의 식민지 해방에서 일부 긍정성을 가진 민족주의의 양가성을 인식했음에도 불구하고 이것을 자본주의에서 사회주의로 이행하는 과정에서 드러나는 불가피한 예외로만 평가했다.

이렇듯 아시아적 생산양식에서 평가된 제3세계의 민족주의는 근대 서구가 낳았던 진보와 반진보의 야누스를 더욱 심화시켰다. 민족국가의 주권을 형성하며 민주주의를 옹호하면서도 제국주의와 식민주의로 왜곡된 서구 민족주의의 이중성은 아메리카와 제3세계의 식민지 국가에서 더욱 복잡한 형태로 변형되었다. 제3세계 피억압 네이션/민족은 서구 제국의 침탈에 대항해 민족적 자결을 옹호하는 진보의 얼굴을 드러냈지만 민족국가 수립 이후에는 내부의 이단자를 억압하는 반동의 역사를 기록했다. 포스트식민주의의 과정에서 신생독립국의 민족주의는 또 다른 얼굴의 식

39 Partha Chatterjee, *The Nation and Its Fragments : Colonial and Postcolonial Histories*, Princeton University Press, 1993.

민주의를 형성했던 것이다.[40] 한국의 사례에서는 메이지 유신으로 서구의 근대화를 모방한 일제의 식민주의에 대항하여 종족적 민족주의가 모색되었고 이것은 해방 이후 남과 북의 분단체제를 형성하며 각기 다른 색깔의 권위주의 체제를 옹호했다.

이처럼 식민주의와 맞닥뜨리고 포스트식민주의의 굴절을 경험한 제3세계의 민족주의는 서구는 물론 동구의 민족주의와도 다른 양상으로 발전했고 포스트식민주의의 과정에서 다양하게 변형되었다. 콘과 그린펠드가 주장했듯이 서구의 민족주의는 개인주의, 자유주의, 민주주의와 결합되었던 반면 비서구의 민족주의는 다분히 집단주의, 권위주의와 결합되었다. 20세기 제3세계의 민족주의는 반식민주의와 사회주의 이념 속에서 민족국가 체제를 수립했지만 이후 포스트식민주의와 포스트사회주의의 과정에서 다시 변형되었다. 여기서 스미스는 제2차 세계대전과 사회주의 몰락 이후 등장한 민족국가 체제의 이합집산과 재편의 과정을 종족적 민족주의의 관점에서 파악했지만 종족적 갈등을 중심으로 한 신민족주의에서 세계화에 따른 자본주의와 계급의 문제를 고려하지 못했다. 이에 대해 홉스봄은 20세기 후반 이후 세계화와 자본주의의 확산에서 민족주의의 시대가 저물고 있다고 진단했지만 네이션과 민족주의는 사라지는 것이 아니라 내외적 균열과 함께 다양한 얼굴로 재구성되고 있는 것이다.

따라서 시공간의 맥락에서 네이션/민족이 재구성되고 특히 내적으로 균열되는 것과 관련하여 민족주의를 다시 성찰할 필요가 있다. '담론적 구성체'로서의 네이션/민족 개념 역시 이러한 배경에서 등장한 것이다.

---

40 로버트 영, 김택현 역, 『포스트식민주의 또는 트리컨티넨탈리즘』, 박종철출판사, 2005.

이 시각은 기본적으로 네이션/민족의 본질을 해체하고 네이션/민족을 사회적 구성의 맥락을 넘어 담론적 질서의 산물로 바라본 것이다.

대표적으로 바바는 네이션의 서사에서 나타나는 단일하고 균질적인 시공간의 근대성을 비판하며 '균열된 네이션dissemiNation'의 개념을 통해 포스트식민주의의 과정에서 상이한 시공간에 위치하는 네이션이 내적으로 균열, 해체되는 과정을 분석했다. 바바는 '이산'과 '혼성'의 맥락과 문화적 근대성의 경계성liminality에서 네이션의 시공간적 근대성을 해체시키고자 했다.[41] 진보의 목적론, 공동체의 동일한 공간, 사회적 서사의 동질적 시간에서 파악된 네이션의 문화적 근대성은 이중적 시간성에 의해 해체되고,[42] 우리와 그들 사이에 낀in-between 네이션의 정체성은 문화적 차이와 이질적인 역사의 공간에서 재구성되는 것이다.[43] 이러한 해체와 재구성에서 네이션은 '동일성 내부의 타자성'으로 존재하는 '혼종성hybridity'의 정체성이 되는 것이다.[44] 이러한 관점에서 바바는 앤더슨이 '자의적인 기표arbitrary sign'의 이질적인 시간을 상상된 공동체의 민족주의화된 공간에 위치시키는 데 실패했다고 지적했다.[45] 결국 바바의 시각에서 앤더슨이 분석한 네이션은 동질적인 시간에 위치하는 본질주의적 서사와 이것에서 구성되는 사회학적인 단결체를 의미하는 것이었다.[46]

이와 같이 바바는 포스트식민주의, 세계화, 이산의 과정에서 경계적 소수집단이 경험하는 네이션의 재구성된 정체성을 보여주었다. 유사한 견

---

41 Homi K. Bhabha, op. cit., pp.292 · 312.
42 Ibid., p.294.
43 Ibid., p.299.
44 Ibid., pp.301 · 312.
45 Ibid., p.311.
46 Ibid., pp.308~309.

지에서 홀 역시 종족성ethnicity은 본질적인 것이 아니라 역사와 문화의 담론에 의해 재구성되는 것이라고 주장했다.[47] 문화적 정체성의 문제는 끊임없이 변화, 재구성되는 실체로 파악되어야 한다는 것이다.[48] 이러한 맥락에서 민족주의는 본질주의화된 주체와 권력을 추출하는 이데올로기가 아니라 모순적, 파편적, 혼성적인 서사에서 재구성되는 권력을 의미하는 것이다.[49] 바바의 탈민족주의론은 네이션/민족의 본질적 실재에 기댄 근원론적 시각을 부정하는 것이며 여전히 네이션/민족의 단일적, 동질적 실체를 가정하는 근대론적 구성주의 또한 넘어서는 것이다. 근대의 민족주의는 20세기의 변형을 거쳐 탈근대의 맥락으로 진입한 것이다.

---

47 Stuart Hall, "Question of Cultural Identity", *Modernity : An Introduction to Modern Societies*(Stuart Hall, David Held, Don Hubert, and Kenneth Thompson eds.), Wiley-Blackwell, 1996, p.617.

48 Stuart Hall, "Introduction : Who Needs 'Identity'?", *Questions of Cultural Identity*(Stuart Hall and Paul du Gay eds.), Sage, 1996, p.2.

49 Jyoti Puri, op. cit., pp.60~61.

제5장

# 경제적 근대성과 민족주의

정치적 근대성에 이어 네이션/민족과 민족주의의 관계에서 중요한 것은 경제적 근대성의 문제이다. 겔너는 산업화가 민족주의를 낳고 민족주의가 네이션을 창조한 것으로 평가했고, 네오맑스주의자들은 전통의 창조, 상상의 공동체, 자본주의의 불균등 발전 등의 맥락에서 자본주의가 민족주의와 네이션을 형성한 것으로 분석했다. 한편 민족주의가 자본주의를 낳은 역의 관계나 네이션과 민족주의, 자본주의와 민족운동의 상관관계에서 민족주의가 재평가되었다. 근대의 정치경제적 구성물로서 민족주의는 근세 민족의식과의 관련성에서 재평가될 수 있으며 민족주의에 의해 형성된 네이션/민족은 계급적 정체성과 상호작용하면서도 이를 압도하는 것으로 이해할 수 있다.

## 1. 산업화와 민족주의

민족주의를 낳은 근대화의 기제에는 다양한 맥락이 존재한다. 여기서 근대화와 민족주의의 관계를 산업화의 관점에서 풀어 낸 것은 체코 출신

사진은 어니스트 겔너(Ernest Gellner)의 『민족과 민족주의』이다. '산업화가 민족주의를 낳았다'는 유명한 명제를 남긴 겔너는 콘과 함께 민족주의 연구의 선구자로 일컬어진다.

영국의 철학자, 사회인류학자 어니스트 겔너였다. 겔너는 『네이션과 민족주의』에서 민족주의를 정치적 정당성의 이론으로서 "정치적이고 민족적인national 단위가 일치해야 한다고 주장하는 정치적 원리"로 정의했다.[1] 이러한 민족주의가 네이션을 만드는 것이며 네이션은 인간의 확신과 충성심 및 연대성의 가공물artefacts이 되는 것이다.[2] 다분히 베버에게서 영향을 받은 겔너의 견지에서 네이션은 민족주의에 의해 가공된 산물이자 근대 민족국가로 수렴되는 실재이다.[3] 여기서 민족주의가 네이션을 창조한다는 것은 국가와 문화가 상호작용하는 것을 의미하며 단순히 정치적 독트린이나 도구적 발명에 의해 네이션이 창조된다는 것을 뜻하지 않는다. 겔너는 민족주의를 이데올로기적 가공물로 바라보면서도 허위의식이 아닌 '사회적 현상'으로 평가했다.[4] 따라서 이데올로기적 현상인 민족주의에 의해 근대 민족국가로 수렴되는 네이션은 의지will, 문화culture, 정체polity가 결합되는 것이다.[5]

무엇보다도 겔너는 네이션을 낳은 민족주의의 근원을 산업화에서 찾았고 이 산업화를 근대화의 핵심으로 보았다. 근대화의 핵심적 요인이 산업

1 Ernest Gellner, *Nations and Nationalism*, p.1.
2 Ibid., p.2.
3 Ibid., pp.142~143.
4 Ibid., pp.56 · 124~125.
5 Ibid., p.55.

화이며 산업화가 국가가 주도하는 민족주의의 정치적, 사회적 과정을 확산시켰고 민족주의가 민족국가와 합일되는 네이션을 형성했다는 것이다. '산업화→민족주의'의 인과관계가 전근대 농업사회에서 근대 산업사회로 이행하는 과정에서 설명된 것이다. 기술과 생산력의 발전에 바탕을 둔 '산업화'가 문자해독의 교육, 직업적 유동성을 낳은 '노동분업 및 커뮤니케이션'의 확장을 통해 고도문화high culture의 '산업사회/민족주의'를 낳은 것이다. 이러한 과정을 도식화하면 다음과 같다.

산업화와 민족주의의 관계

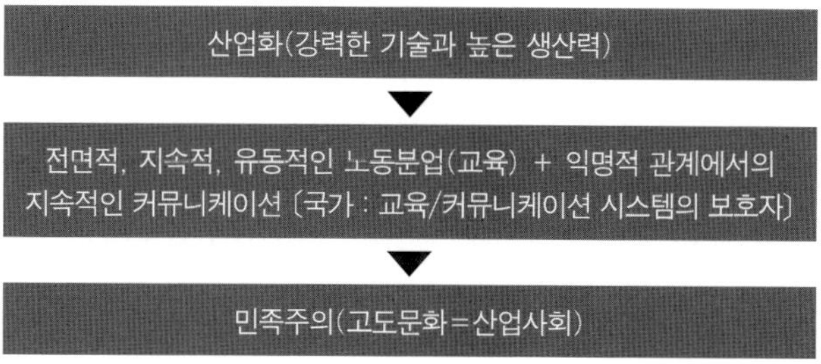


이처럼 고도문화의 산업사회는 국가에 의해 주도되는 교육 및 노동분업, 커뮤니케이션의 확장을 통해 형성되었고 민족주의는 이 과정에 걸쳐 있는 산업화의 결과인 것이다. 이러한 설명은 도이치가 전근대 사회를 균질적으로 근대화시킨 커뮤니케이션을 민족주의와 관련지은 것과 통하는 면이 있다.[6] 겔너와 도이치는 교육, 커뮤니케이션 등에 의한 민족주의의 발전에서 균질적인 근대화를 가정한 것에서 유사했다. 그러나 겔너는 문자해독 능력을 중심으로 교육제도에서 국가가 사회를 동원하는 것에 주

6 Karl W. Deutsch, *Nationalism and Social Communication : An Inquiry into the Foundations of Nationality*, MIT Press, 1966, p.190.

목했다. 국가가 주도하는 교육이 결국 네이션과 민족국가의 정치적 단위를 구성하는 핵심으로 작동했기 때문이다.

**산업화, 민족주의, 네이션(민족국가)의 관계**

따라서 산업사회의 발전은 교육/커뮤니케이션 시스템의 보호자로서 국가가 주도하는 민족주의와 같은 여정을 달리며 이러한 민족주의가 네이션을 창조하고 네이션은 민족국가로 발전하는 것이다. 이러한 인과관계에서 산업사회는 동질성, 문명성, 익명성을 특징짓는 민족주의를 반영하는 것이다.[7] 이로써 산업화에 의한 민족주의가 유럽을 중심으로 네이션을 창조하고 민족국가 체제를 확산시킨 것이다.

이와 같이 겔너의 이론은 기존의 민족주의 이론과 비교해 여러 유의미한 성과를 제시했다. 자유주의와 맑스주의 모두 산업화가 민족주의를 사라지게 할 것이라 예측했고 뒤르케임 역시 근대 사회에서 민족주의와 같은 집합의식은 사라지고 노동분업에 의해 새로운 사회적 연대가 강화될 것이라고 주장했다. 여기서 전근대적 집합적 정체성을 이데올로기적으로 호명한 민족주의가 근대 사회에서 확산되었다는 점을 고려하면 산업화가 민족주의를 낳았다는 겔너의 이론은 기본적으로 설득력이 있다. 민족주의란 '공동사회Gemeinschaft'의 닫힌 특성을 활용하는 '이익사회Gesellschaft'

7 Ernest Gellner, *Nations and Nationalism*, p.138.

의 현상이 될 수 있는 것이다.[8]

그러나 겔너의 탁월한 연구 역시 몇 가지 문제점을 안고 있다. 먼저 농업사회와 산업사회를 하위문화와 고도문화로 구분하면서 민족주의의 발전을 근대적 낙관론과 기능주의에서 설명하고 있다는 점이다.[9] 산업화에 의한 민족주의의 형성이라는 그의 주장은 많은 학자들로부터 민족주의의 자유주의적, 근대주의적 해석이란 비판을 받았고, 산업화와 민족주의의 인과관계에서 나타나는 노동분업과 커뮤니케이션에 관한 기능주의적 접근 역시 비판을 받았다. 산업화 자체가 아니라 노동분업과 커뮤니케이션 즉 산업화의 기능에 의해 민족주의가 형성된 것이라면 산업화와 민족주의의 인과관계는 그만큼 적실성이 떨어질 수밖에 없는 것이다.

또한 산업화 이전에 민족주의가 태동한 측면이나 20세기 비서구의 민족주의에서 산업화를 동반하지 않은 민족주의가 있었다는 사실은 겔너의 분석에 대한 중요한 반례가 될 것이다.[10] 이것은 산업화와 민족주의의 균질적 확산에 관한 겔너의 논리를 공박하는 것이다. 겔너는 기본적으로 산업화에 따른 민족주의의 확산에서 보편적 동질성을 전제했지만 산업화와 산업화에 의해 민족주의가 확산된 측면은 강조한 반면 민족주의가 불균등하게 발전한 측면은 충분히 고려하지 못했다. 이에 대해 겔너는 『사상과 변화』란 초기의 저서에서 "민족주의는 산업화 또는 근대화와 관련된 현상이기보다는 그것의 불균등한 확산uneven diffusion과 관련된 현상"이라

8 Ernest Gellner, *Nationalism*, New York University Press, 1997, p.74.
9 Tom Nairn, "The Curse of Rurality : Limits of Modernisation Theory", *The State of the Nation : Ernest Gellner and the Theory of Nationalism*(John A. Hall ed.), Cambridge University Press, 1998.
10 한스 울리히 벨러, 이용일 역, 앞의 책, 54면.

고 지적했다.[11] 겔너는 서구에서 산업화와 민족주의가 확산하고 이것이 비서구에서 불균등하게 발전한 것을 분석했지만 서구 자체에서도 산업화와 민족주의가 균열하는 것에 주목하지 못했다. 결국 산업화의 결과로서 민족주의가 확산되었지만 비서구는 물론 서구에서도 민족주의의 확산은 산업화 못지않게 불균등했던 것이다.

마지막으로 인간의 확신, 충성, 연대의 가공물인 네이션에 관한 것이다. 겔너는 네이션을 '감정 공동체'로 보는 베버의 이론에 의해 영향을 받았다. 그러나 이 감정 공동체는 신대륙 또는 제3세계에서 드러나듯이 식민주의에 대항하는 민족주의가 만들어낸 저항과 기억의 상징적 실재라기보다는 민족주의가 기획하는 교육과 소통의 장에서 인위적으로 구성되는 상징적 실재에 가까운 것이다. 무엇보다도 겔너의 이론에는 인간의 확신, 충성, 연대를 가능하게 하는 감정 공동체의 원천이 배제되어 있다.[12] 이러한 전제에서 민족주의에 의해 가공된 네이션과 제도적 국가라는 두 우연의 실체가 만나 근대 민족국가가 탄생한 것이다. 이와 관련해 네이션을 실제적 범주practical category, 제도화된 형태, 우연적 사건의 구성물로 정의한 브루베이커의 견지에서 보면,[13] 겔너는 네이션을 제도화된 국가로 수렴되는 우연한 사건이자 상징적 실재로 바라본 것이다.

11 Ernest Gellner, *Thought and Change*, p.166.

12 James G. Kellas, *The Politics of Nationalism and Ethnicity*(second edition), Macmillan, 1998, p.53.

13 Rogers Brubaker, *Nationalism Reframed*, p.7.

## 2. 자본주의와 민족주의

겔너가 산업화를 통한 민족주의의 성장을 논한 것이라면 홉스봄, 앤더슨, 네언의 연구들은 각기 다른 특색을 가지면서도 18~19세기 이후 자본주의의 구성물로 형성된 민족주의와 네이션을 탐색했다. 네오맑스주의 이론가들은 맑스의 도구주의적 민족주의론을 극복하며 새로운 민족주의 이론을 제시했다.

### 1) **홉스봄** - 부르주아 네이션과 전통의 창조

영국의 맑스주의 역사학자 에릭 홉스봄은 『1780년 이후의 네이션과 민족주의』에서 겔너의 민족주의 개념을 수용하며 민족주의가 창조한 네이션이 근대 민족국가 형성과 궤를 같이 한 것으로 평가했다.[14] 그러나 홉스봄은 18세기 후반 프랑스 대혁명이 낳은 자유주의가 아니라 19세기 중반 '부르주아적 자유주의'가 근대 민족주의와 네이션을 형성했다고 주장했다.[15] 이러한 평가는 프랑스 대혁명을 민족주의의 이념적, 사회적 기원으로 보는 기존의 시각과는 다른 것이다.

기본적으로 홉스봄은 프랑스 대혁명을 부르주아 민주주의로 규정한 맑스의 계급론적 관점을 계승했다. 또한 근원론에서 주로 다루어지는 언어, 종족, 종교, 정체의 소속감을 '원형적 민족주의proto-nationalism'와 관련지어 평가하고 이 요인들이 근대 네이션과 민족주의를 형성하는 것에 큰 영향을 끼치지 못했다고 주장했다.[16] 이러한 네 가지 요소가 항시 원형민족주

---

14 Eric Hobsbawm, op. cit., pp.9~10.
15 Ibid., p.38.

의적 성격을 갖는 것도 아니며 이것이 네이션과 민족주의에 어느 정도 기초를 제공한다고 할지라도 그 근본적인 배경이 될 수 없다는 것이다. 홉스봄은 앤더슨이 상상된 공동체를 낳은 요인으로 제시한 토착언어에 대해서도 원형민족주의적 요소로 볼 여지가 있음에도 불구하고 이것이 궁극적으로 네이션과 민족주의를 낳은 것은 아니라고 평가했다.

이처럼 계급론적 근대론에 입각해 홉스봄은 18세기의 자유주의와 대중적 민족주의가 아니라 1830년대부터 1870년대까지 형성된 부르주아적 자유주의를 민족주의의 기원으로 간주했다. 홉스봄의 관심은 민족주의적 프로그램이 대중적 운동으로 이행하는 단계에 있었는데, 이것은 흐로흐의 분석틀[17]에서 말하자면 애국적 고취의 B국면에서 대중적 민족주의 운동이 활성화되는 C국면으로 이행하는 과정이었다. 이후 1870년부터 1918년까지 19세기 '네이션nationality의 원리'에 따라 수립된 민족국가들의 민족주의가 대중동원의 정치와 함께 신민족주의 체제를 열었다는 것이다. 제1차 세계대전이 끝나는 1918년부터 제2차 세계대전이 끝나는 1950년까지는 윌슨-레닌주의에 기반하여 '부르주아 네이션'의 민족주의가 최고조에 이르렀고 이러한 민족주의의 변형 또는 대응으로서 파시즘과 소비에트 사회주의 체제가 형성되었다.

다음의 그림에서처럼 홉스봄은 19세기 민족국가 체제를 낳은 부르주아적 민족주의를 민족주의의 기원으로 보았고 이것이 19세기 후반부터 20세기 초반에 걸쳐 확립된 것이라고 평가했다. 또한 맑스의 관점을 계승하여 자본주의의 역사적 산물로서 민족주의가 세계화의 물결에서 과거의

---

16 Ibid., pp.76~78.

17 Miroslav Hroch, *Social Preconditions of National Revival in Europe*, p.23.

**민족주의의 역사적 발전**

1789년 이후 자유주의적 민족주의 형성

▼

1830~1870년 부르주아적 자유주의와 민족주의, 민족국가 체제 형성

▼

1870~1918년 부르주아적 자유주의와 민족주의, 민족국가 체제 확립

▼

1918~1950년 부르주아적 자유주의와 민족주의의 전성기

▼

1950년 이후 민족주의의 쇠퇴

힘을 상실하고 있다고 진단했다.

홉스봄은 『전통의 고안』이란 또 다른 저서에서도 전통을 창조하여 민족국가를 정당화하는 민족주의를 분석했다. 홉스봄에 따르면, '고안된 전통invented tradition'은 공공연하거나 암묵적인 규칙들의 반복을 통해 과거와의 지속성을 암시하는 가치와 규범들을 구성하는 행위, 의식 또는 상징적 본성의 세트를 의미한다.[18] 과거 역사와의 지속성은 대부분 꾸며낸factitious 것이며 과거와 관련된 형태를 취하거나 거의 의무적인 반복에 의해 과거를 설정하는 새로운 상황을 만들어 내는 것이다.[19] 이렇게 고안된 전통은 단순한 관습custom이나 진정한 전통과 구분된다. 또한 '영국의 국민찬가 제창'이나 '미국 학교의 국기의례'에서 애국심을 고취하는 고안된 관례practices는 오래된 관례와 비교해 유사성을 갖지만 다분히 의무적이

18 Eric Hobsbawm and Terence Ranger, op. cit., p.1.
19 Ibid., p.2.

고 고안적인 특성에 의해 구분될 수 있다. 따라서 산업화 이후 고안된 전통은 ① 실제적 혹은 인위적 공동체의 사회적 응집 및 소속감을 확립하거나 상징화하는 전통, ② 조직, 지위, 권위의 관계를 확립하거나 정당화하는 전통, ③ 주된 목적이 사회화 즉 신념, 가치 체계, 행위의 관례를 주입하는 전통으로 유형화될 수 있으며 이 유형들은 많은 경우 서로 겹쳐지는 특성이 있었다.[20] 중요한 것은 산업화와 프랑스 대혁명 이후 민족국가와 시민권의 정치에서 나타난 전통들은 역사적으로 새로운 것이었으며 대부분 고안되었다는 것이다.

예를 들어 씨족을 표시하는 격자무늬의 천으로 짠 킬트를 입고 백파이프의 악기를 다루는 스코틀랜드인의 전통은 고대로부터 존재했던 것이 아니라 근대에 들어 인위적으로 발명된 것에 불과했다는 것이다.[21] 이 전통은 대부분의 스코틀랜드인들이 야만적 문화로 간주했던 고지대Highland의 문화를 본 딴 것이었다. 스코틀랜드는 잉글랜드와의 통합 시기에 야만적으로 보이는 고지대의 전통을 스코틀랜드 전체 집단의 정체성으로 둔갑시켰다는 것이다. 18세기 말에서 19세기 초에 들어 독립적인 고지대의 전통이 만들어졌고 새 전통이 외형적 상징물들과 함께 스코틀랜드의 네이션 전체를 상징하게 되었다는 것이다.[22]

이러한 전통의 창조는 19세기 후반 이후 영국 군주정의 의례문화에서도 찾아볼 수 있다. 대중에게서 외면 받았던 왕실의 기념식은 빅토리아 여

---

20 Ibid., p.9.
21 Huge Trevor-Roper, "The Invention of Tradition : The Highland Tradition of Scotland", *The Invention of Tradition*(Eric Hobsbawm and Terence Ranger eds.), Cambridge University Press, 1983, p.15.
22 Ibid., p.16.

민족주의에 대한 맑스주의적 관점을 가장 충실히 계승한 학자는 『전통의 고안』을 편저한 영국의 역사학자 에릭 홉스봄(Eric Hobsbawm)이다. 이 저서에서 '전통의 창조'로 자주 언급되는 스코틀랜드의 전통의상 킬트는 세로로 주름이 잡혀 있는 스커트형의 남성 하의를 말하는데, 이것은 1707년 스코틀랜드와 잉글랜드의 합병 시기에 스코틀랜드인들이 고지대 사람들의 플레이디 복장을 하층민들의 작업복으로 변형시킨 것이었다. 홉스봄과 그의 동료들에 따르면 18세기에 들어 고지대의 전통의상이 스코틀랜드의 전통의상으로 둔갑했다는 것이다.

왕이 '네이션의 어버이'로 숭배되면서 대중적인 행사로 변화되었다.[23] 이것은 산업화의 진전에 따른 계급 갈등과 사회 분열이 가속화되면서 민족국가의 통합이 모색되어야 했던 당대의 정치적 상황에서 기인하는 바가

---

23 David Cannadine, "The Context, Performance and Meaning of Ritual : The British Monarchy and the 'Invention of Tradition', c. 1820~1977", *The Invention of Tradition*(Eric Hobsbawm and Terence Ranger eds.), Cambridge University Press, 1983, pp.120~122.

켰다. 이후 대중매체와 교육의 주도적 역할에서 네이션을 상징하는 왕실 의례의 전통은 끊임없이 (재)창조되며 대중들에게 전파되었다.[24]

이러한 관점에서 홉스봄은 부르주아적 자유주의가 민족국가 체제를 확립하는 1870~1914년 유럽의 대량 생산되는 전통에 관해 분석했다. 부르주아적 자유주의와 민족주의에 의해 민족국가 체제가 확립되는 이 시기에 선거 민주주의 등을 통해 대량 생산되는 전통이 만들어졌고 이것은 국가의 공식적, 정치적인 전통이 비공식적, 사회적인 전통과 연계된 과정이었다.[25] 그야말로 네이션의 담론이 대중적으로 확산된 정치적 결과였고 국가, 네이션, 사회가 수렴되는 과정이었다. 대혁명 이후 80년간 세 차례의 입헌군주정, 두 차례의 짧은 공화정을 안정시킨 프랑스의 3공화정1870~1940은 종교의 세속적 등가물의 발전, 공공의례들의 고안, 공공기념물의 대중적 생산을 추구했고, 프로이센-프랑스 전쟁 승리를 기념하여 독일의 빌헬름 2세 역시 1895~1896년 동안 민족국가의 다양한 의례의 전통을 창조했다. 유럽 민족국가들의 역사적인 우표들이 처음 만들어진 것도 이 시기였다.

대량 생산되는 전통의 창조는 국가가 대중들의 스포츠를 확산시킨 과정에서도 두드러졌는데 스포츠를 통한 대량생산의 전통 창조는 국가가 정치적 전통과 사회적 전통을 연계하여 대중을 사회적으로 응집시킨 과정이었다.[26] 현대 사회의 월드컵 축제에서도 새롭게 고안된 전통들이 국가에 의해 주도되듯이 홉스봄의 전통 창조와 민족주의에 관한 연구는 현대 사회에서 민족주의가 재생산되는 과정에 대한 유의미한 분석을 제시해 준다.

---

24 Ibid., pp.133 · 137 · 160.

25 Eric Hobsbawm and Terence Ranger, op. cit., pp.264 · 267~268.

26 Ibid., pp.283 · 300 · 303.

그러나 홉스봄은 전통 창조 등에서 민족국가의 자율성을 강하게 제시하면서도 민족국가를 '부르주아 네이션'으로 환원하여 평가하는 한계를 드러냈다. 홉스봄이 민족주의를 부르주아 네이션과 같은 것으로 보는 등 맑스의 도구론적 근대론을 계승하고 있지만 그가 분석한 민족국가의 모습은 단순히 '부르주아 계급의 집행위원회'로 기능했던 것은 아니었다. 실제로 대중적 스포츠 등 전통의 고안을 주도한 민족국가의 위상은 브로일리가 정치운동의 주체로 묘사한 근대국가의 모습과 크게 다르지 않았다.

또한 홉스봄이 언급했듯이 전통의 고안이 아래로부터의 자발적 생성과 어떻게 구별되는가도 논쟁적이다.[27] 스코틀랜드 고지대 전통의 고안된 사례 역시 전통 그 자체가 역사적으로 오랫동안 존재했던 것이 사실이며 이것이 근대에 들어 확산된 과정이 인위적이었을 뿐이라는 점에서 모든 전통이 날조된 것이라는 평가는 지나친 것이라 할 수 있다. 따라서 위로부터의 기획과 조작을 넘어서 아래로부터 만들어지고 확산되는 전통의 요소를 어떻게 평가할 것인가가 문제가 되며 이러한 대중적 전통을 국가가 어떻게 재구성했는가가 중요한 관심사가 될 것이다. 깃발, 스포츠, 국가 상징, 화폐 등 네이션의 일상적 재현에서 평범한 사람들이 스스로 자신의 공동체를 상상하는 현대 사회의 '평범한 민족주의banal nationalism'가 이를 반영해 준다.[28] 커너가 민족주의에 의해 네이션이 창조되었으나 대중의 감성과 인식에서 네이션은 과거로 더 멀리 날아갈 수 있다고 지적했듯이 모든 것을 위로부터 동원한 결과로 평가하는 도구주의는 재고되어야 한다.

---

27 Ibid., p.307.

28 Michael Billig, *Banal Nationalism*, Sage, 1995.

### 2) 앤더슨 - 출판자본주의와 상상의 공동체

홉스봄이 자본주의의 허구적 산물인 네이션과 민족주의를 논한 것과 달리 미국의 인류학자 베네딕트 앤더슨은 네이션을 허구적인 것으로 보지는 않았다. 이는 '민족주의가 네이션을 창조한다'는 겔너의 명제에서 창조invention의 의미가 날조fabrication 또는 허위falsity의 개념에 가깝다고 비판한 그의 주장에서 잘 드러난다.[29] 라틴아메리카의 저항적 크레올 민족주의에서 민족주의의 기원을 찾은 앤더슨은 출판자본주의에 의해 분출되는 문화적 가공물이자 역사적 실재로서의 '상상의 공동체'에 주목했다. 따라서 앤더슨의 '상상'은 맑스의 '허위의식'과는 명백히 구분되며 겔너의 '창조'와도 비교되는 측면이 있다.

사진은 베네딕트 앤더슨(Benedict Anderson)의 『상상된 공동체—민족주의의 기원과 전파에 관한 성찰』이다. '상상의 공동체'란 말을 유행시킨 이 책은 민족주의에 대한 맑스주의적 대응의 산물이라 할 수 있다. 앤더슨은 라틴 아메리카에서 출판자본주의가 토착언어적 크레올 민족주의를 통해 네이션을 창조했고 이러한 크레올 민족주의가 서유럽의 토착언어적 민족주의에 영향을 끼친 후 동유럽, 아시아의 관료적 민족주의와 제3세계의 민족주의로 변형, 확산되었다고 주장했다.

앤더슨의 비유적 표현에 따르면, 18세기 말에 형성된 자본주의의의 가공물들은 '분리된 역사적 힘들의 복합적인 교차점의 자발적인 증류물distillation'이다.[30] 증류물이란 것이 액체를 증발시킨 후 다시 냉각시켜 만든 액체라는 점에서 단순히 증발된 액체와 같은 허위의식과는 구분되는 것이다. 그럼에도 불구하고 앤더슨의 관점은 민족주의에 의해 네이션이 창조되고 네이션이 민족국가로 실재화한다는 측면

---

29 Benedict Anderson, *Imagined Communities*, p.6.
30 Ibid., p.4.

에서 겔너와 큰 차별성을 보이지는 않는다. 아마도 겔너와 앤더슨은 네이션과 민족주의를 허구로 보는 극단적 도구주의를 경계하면서 네이션을 이데올로기에 의해 구성되는 사회적 실재로 보고 있다고 해석하는 것이 좀 더 합리적일 것이다.

기본적으로 앤더슨은 네이션과 민족주의를 자본주의의 문화적 가공물로 평가했고 '자본주의', '인쇄기술', '언어적 다양성'의 요소가 결합되는 과정에서 민족주의에 의해 네이션이 만들어졌다고 보았다.[31] '자본주의→민족주의→네이션'의 관계에서 자본주의의 영향력이 전제되는 가운데 민족주의가 네이션을 구성하며 다양한 민족국가를 형성했다는 것이다. 이러한 정치적 과정에서 네이션은 "내적으로 제한되고 주권적인 것으로 상상되는 하나의 정치적 공동체"가 되는 것이다.[32] 여기서 홉스봄과 비교되는 것은 앤더슨이 네이션을 자본주의의 구성물로 바라보면서도 이것을 '영토', '주권', '공동체'로 상상되는 사회적 실재로 평가했다는 점이다.[33] 자본주의적 뿌리를 제외하고는 베버가 말한 국가의 정의와 크게 다르지 않은 것이다. 무엇보다도 앤더슨은 네이션이 진짜real와 가짜false의 이분법이 아니라 '상상되는 방식'에 따라 평가되어야 한다고 지적했다. 이는 대면접촉의 원시 공동체를 넘어서는 모든 공동체는 상상된다는 주장이며 어떻게 사회적으로 구성되느냐가 공동체의 구성과 운명을 가른다는 것이다.

이처럼 맑스주의에서 한 걸음 더 나아간 앤더슨의 연구는 네이션을 '구성적 실재'로 바라보면서 실재와 상상의 다양한 결합으로 네이션을 해석

---

31 Ibid., p.4.
32 Ibid., p.6.
33 Ibid., p.7.

하는 틀을 제시해 준다. 또한 그의 연구는 민족주의가 라틴 아메리카에서 기원했던 과정을 보여줌으로써 민족주의 연구의 서구 중심주의를 타파한 것에서도 기여했다. 이에 대해 앤더슨은 다음과 같이 주장했다.

> 오늘날 스스로를 네이션으로 인식하는 거의 모든 근대 네이션들과 민족국가들이 '국민적 출판언어'를 갖고 있다는 것은 명백하다. 그 네이션들 중 다수는 공통적으로 이러한 언어를 갖고 있지만 다른 네이션들에서는 인구의 극소수만이 대화와 인쇄물에서 국민적 언어를 사용한다. 스페인이 지배한 아메리카의 민족국가들 혹은 앵글로-색슨족의 민족국가들은 전자의 두드러진 예이며 특별히 아프리카에 있는 많은 과거 식민지 국가들은 후자의 예에 속한다. 다시 말하면 현대 민족국가들의 구체적인 형성은 특정한 출판언어들이 결정적으로 기여했던 결과로 나타난 것은 아니다. 출판언어, 민족의식, 민족국가 사이의 연계에서 나타나는 불일치를 설명하기 위해서는 1776년과 1838년 사이에 서반구 아메리카 대륙에서 기원했던 정치적 실체들(브라질과 같은 흥미로운 예외와 함께 이들 모두는 스스로 자신을 네이션과 비왕조적 공화국으로 인식, 규정했다)의 커다란 무리로 돌아갈 필요가 있다. 왜냐하면 그 실체들은 역사적으로 세계무대에서 그러한 방식으로 등장한 첫번째 국가들이었고 따라서 불가피하게 그 국가들이 무엇과 같아야 하는지를 보여주는 최초의 실제적 모델을 제시했을 뿐만 아니라 이 국가들의 수와 현대적 탄생이 비교조사를 위한 충실한 근거를 제시하고 있기 때문이다.[34]

---

34 Ibid., p.46.

일반적인 관점에서 서유럽이 특권화된 종교적 언어/문자, 권위적이고 집중화된 군주제, 우주와 역사의 동일한 시간성의 개념을 해체한 민족주의의 문화적 뿌리로 이해될 수 있다. 그러나 앤더슨의 시각에서 자본주의 인쇄술에 기반한 국민적 출판언어가 민족의식을 확산시킨 것은 18세기 후반 이후 라틴 아메리카에서였다. 앤더슨의 견지에서 민족주의의 기원은 서유럽 제국의 식민주의에 대항한 라틴 아메리카 국가들의 민족의식에서 비롯되었고 이것은 자본주의와 결합된 대중적 출판언어가 만들어낸 상상의 결과였다.[35] 신대륙의 식민지에서 크레올 엘리트가 주도하는 출판자본주의는 식민국가에 새로운 언어적 소통 공간을 제시하고 대중들에게 새로운 네이션을 상상할 수 있게 했던 것이다.

이와 같이 홉스봄의 연구가 맑스의 논리를 좇아 유럽 중심의 부르주아 민족국가 체제가 확산된 것에 초점을 맞춘 것이라면, 앤더슨의 연구는 아메리카 신대륙의 출판자본주의에 기반을 둔 토착언어적 크레올 민족주의가 유럽 및 제3세계로 전파된 것을 강조한 것이었다. 자본주의의 구성과 확산이라는 측면에서 유사하지만 홉스봄은 19세기 유럽의 부르주아적 자유주의를 민족주의의 기원으로 보았던 반면 앤더슨은 18세기 신대륙의 민족주의를 그 기원으로 보았다.

그러나 이러한 의의에도 불구하고 앤더슨이 민족주의를 낳은 출판자본주의가 민족주의와 우연히 결합한 것으로 평가한 것은 역으로 민족주의를 낳은 사회적 조건과 관계를 밝히는 것에서 일정한 한계로 남는다.[36] 특

35 Ibid., p.43.

36 Neil Davidson, "Reimagined Commnities", *International Socialism* No.117, 2008. https://www.marxists.org/history/etol/writers/davidson/2008/xx/reimagined.html.

히 자본주의가 더 일찍 형성된 서유럽이 아메리카 식민지보다 더 늦게 민족주의가 형성된 것으로 평가한 것은 여전히 논란의 여지가 있다. 서유럽의 민족주의에 영향을 끼친 크레올 민족주의가 프랑스와 미국의 앞선 모델을 본 뜬 것이라고 한 앤더슨의 주장이 바로 그것이다.[37] 18세기 후반 라틴 아메리카에서 자본주의, 인쇄술, 언어의 숙명적 다양성이 민족의식과 결합한 것은 크레올 선구자들의 민족운동에서 잘 드러났다. 그러나 앤더슨이 지적했듯이 1776~1838년 서반구 라틴 아메리카의 민족의식은 민족주의의 문화적 근원인 18세기 서유럽의 출판자본주의가 이식된 결과였다는 것에 유의할 필요가 있다.[38] 앤더슨은 신대륙에서 자본주의 인쇄술과 숙명적 토착언어가 결합하는 민족의식의 정치화를 분석했지만 출판자본주의의 원산지인 서유럽에서 더 오랫동안 점진적으로 때론 폭발적으로 성장했던 민족의식을 간과했다고 볼 수 있다.

### 3) 네언 - 자본주의의 불균등 발전

자본주의가 낳은 민족주의를 분석하면서도 홉스봄, 앤더슨과 다른 시각을 제시한 것은 영국의 정치학자 톰 네언이었다. 네언은 민족주의를 산업화의 결과로 설명한 겔너의 주장을 반박하며 근대성의 핵심적 주제는 산업화가 아니라 민족주의라고 강조했다.[39] 그러면서 네언은 민족주의를 맑스주의가 실패한 아킬레스건으로 평가하고 자본주의의 불균등 발전의 산물로 설명했다.[40] 이 관점은 자본주의의 균등 발전을 공통적으로 강조

37 Benedict Anderson, *Imagined Communities*, p.81.
38 Ibid., p.36.
39 Tom Nairn, *Faces of Nationalism : Janus Revisited*, Verso, 1997, p.17.
40 Tom Nairn, "The Modern Janus", pp.4 · 8.

하고 있는 자유주의와 맑스주의를 모두 겨냥한 것이었다. 산업화나 자본주의가 균등하게 발전하는 민족주의를 낳는 것도 아니며 반대로 민족주의를 무력화한 것도 아니라는 것이다.

네언의 시각에서 민족주의는 불균등 발전하는 자본주의에 그 태생적 원인이 존재하며 이 틀에서 자본의 확장을 노리는 중심부 국가의 제국주의적 침략과 이에 대응하는 주변부 국가의 저항이 민족주의의 두 얼굴을 낳은 것이다.[41] 많은 제3세계의 신생독립국들은 서구 열강의 식민주의에 대항하는 민족주의를 통해 대중들의 지지를 받았던 반면 포스트식민주의의 과정에서 반대파와 이단자를 억압하는 독재를 행사했다. 또한 독일, 이탈리아, 일본 등 반주변부 후발 중심국들의 민족주의는 집단주의적 동원과 함께 인종 학살과 파시즘으로 극단화되기도 했다. 산업화와 민주주의를 촉진한 유럽 중심부 국가의 민족주의가 제국주의를 정당화하는 것으로 왜곡되었다면, 주변부 및 반주변부 국가의 민족주의는 중심부의 침략에 저항하면서도 자신의 발전을 위해 이율배반적으로 중심부를 모방하고 이 모방적 발전에서 독재로 변화했다는 것이다.

> 간단히 말해서 그 자체로 민족주의의 실체는 도덕적, 정치적, 인간적으로 애매모호하다. 이것은 민족주의를 찬양하든 질책하든 이 현상을 평가하는 도덕적 시각들이 왜 항상 실패하는가를 보여준다. 그러한 시각들은 단순히 민족주의라는 창조물에 나타나는 양면의 어느 한 쪽만을 본 것이며 양쪽을 결합시키는 공통의 머리가 있다는 것을 받아들이지 않을 것이다. 그러나 이러한 의미에

41 Ibid., pp.11~15.

> 서 민족주의는 한 얼굴은 앞을 향하고 또 다른 얼굴은 뒤를 향한 채 입구 위에 서 있는 고대 로마의 야누스Janus 신과 같은 것으로 묘사될 수 있다. 따라서 민족주의는 인간 사회를 향한 근대성의 통로를 넘어 서 있는 것이다. 인류가 곤경의 입구로 내몰려질 때 민족주의는 '발전'의 시련을 위해 가능하다면 언제든지 힘을 모으기 위해 필사적으로 과거 속으로 되돌아가야만 하는 것이다.[42]

네언의 관점에서 민족주의의 본성은 진보적이면서 퇴보적인 것, 선하면서도 악한 것, 미래를 향하면서도 과거로 후퇴하는 '야누스'를 상징한다. 이 야누스는 제3세계 주변부 사회주의 국가들에게 더 치명적인 결과를 안겨주었다. 사회를 억압하는 독재의 얼굴을 드러낸 것 이외에도 현실사회주의 국가들은 불균등 발전에 따른 열등한 저발전을 극복하기 위해 자본주의의 발전 노선을 차용했던 것이다. 이는 기어츠가 제3세계 신생독립국들이 근대화를 추구하며 드러냈던 민족주의의 비합리성을 지적한 것과 통하는 면이 있다.[43] 그러나 기어츠가 민족주의의 비합리성을 전통사회의 원초적 유대가 근대에서 재구성된 결과로 본 반면 네언은 이 자체를 민족주의가 갖는 근대성의 근본적 특질로 본 것이다.

이와 함께 네언은 자본주의의 불균등 발전과 그로 인한 민족주의의 야누스적 특성이 더욱 강화되어 왔다고 지적했다. 야누스의 민족주의와 불균등 발전에 관한 네언의 민족주의론은 『영국의 붕괴』라는 그의 저서에서 더욱 확장되었다. 네언에 따르면 제2차 세계대전과 신자유주의의 확대에서 나타난 영국의 정치적 붕괴는 자본주의 국가의 역사적 특성에 기인

42 Ibid., p.18.
43 Clifford Geertz, op. cit., p.243.

하는 것이었다. 영국은 19세기 중반 이후 산업혁명의 약화에 따른 자본주의의 실패뿐만 아니라 귀족국가에 연원하는 신자유주의의 경찰국가적 특성에 의해 쇠퇴했다는 것이다.[44] 영국의 민족주의는 계급구조에서 자유롭지 못했고 산업혁명 이후 발전한 신자유주의적 자본주의가 계급국가를 쇠퇴시켰던 것이다.[45] 이러한 영국적 특성에 대해 네언이 강조한 것은 19~20세기 영국 자본주의의 본성이었던 내적인 불균등 발전이었다. 특히 주변부로서 스코틀랜드는 불균등 발전과 정치적 민족주의의 부재 속에서 영국의 쇠퇴를 가속화했다.[46] 자본주의의 불균등 발전에서 주변부의 정치적 민족주의가 부재하는 가운데 영국의 국가는 스코틀랜드, 웨일즈 등의 저발전 및 저항과 함께 쇠퇴했다는 것이다.

이 연구들에서 네언은 민족주의를 '자본주의 발전의 지속적인 기능이자 대중적 감성과 이념의 집합체'로 평가했다.[47] 민족주의가 역사적 우연이나 단순한 고안의 산물이 아니라 '긴장과 압박 하에 놓인 인간 사회의 골절 라인fracture line'이라고 본 것이다.[48] 이러한 평가는 맑스의 경제결정론, 산업화의 기능주의, 도구주의적 근대론을 넘어서는 점에서 큰 의의를 지닌다. 또한 자본주의의 불균등 발전과 민족주의의 발전을 세계정치경제의 동학에서 분석했다는 점 역시 평가할 만하다. 그러나 이러한 탁견에도 불구하고 네언의 민족주의는 여전히 자본주의의 부수적 현상 안에 머무른다. 또한 자본주의의 불균등 발전이 초국가적 단위와 국가적 단위라

44 Tom Nairn, *The Break-Up of Britain : Crisis and Neo-nationalism*, Common Ground Publishing, 2015, pp.9 · 14.
45 Ibid., pp.30 · 53.
46 Ibid., pp.90 · 146.
47 Ibid., p.276.
48 Ibid., p.277.

는 상이한 층위에서 작동한 측면에 대한 부가적 설명이 필요해 보인다. 무엇보다도 영국 쇠퇴의 주원인이 자본주의의 불균등 발전 때문인지 아니면 국가의 역사적 특성 때문인지가 불분명하다. 그의 저서에서 중심부 국가인 영국이 쇠퇴한 주된 요인은 민족주의를 강하게 주도하지 못한 귀족국가의 특성과 이런 유산을 계승한 계급국가의 특성 그 자체에 있었다. 계급국가, 정치적 민족주의의 부재, 주변부의 종족 갈등이 영국의 쇠퇴를 낳은 것이라면 자본주의의 불균등 발전이 근본적 요인이었는가는 좀 더 면밀한 분석이 필요할 것이다.

이와 같이 홉스봄, 앤더슨, 네언의 연구는 맑스의 민족주의론을 넘어 민족주의의 다원화된 분석을 낳는 데 기여했다. 그럼에도 불구하고 이들에게서 자본주의가 민족주의를 낳았다는 것에는 이견이 없다. 겔너 역시 자본주의가 아닌 산업화를 핵심 요인으로 취했지만 이것이 민족주의의 원인이었지 그 결과는 아니었다. 이에 반해 그린펠드는 민족주의에 의해 정의되는 근대성에 천착했고 기존의 인과관계를 뒤집어 민족주의가 '자본주의의 정신'으로 기능했다고 주장했다. 그린펠드는 자본주의를 형성한 민족주의가 16세기 초 영국에서 시작되어 미국으로 확대되었고 18세기 프랑스와 러시아로 확대된 이후 19~20세기 동안 나머지 유럽과 제3세계로 전파되었다고 주장했다.[49] 이러한 주장은 이데올로기가 아니라 도덕적, 사회적 통합을 추구하는 사회의식의 관점에서 민족주의를 이해한 것으로서 민족주의가 자본주의를 낳은 근대성의 독립변수로 끌어 올려진 것이다.

---

49 Liah Greenfeld, *The Spirit of Capitalism*, pp.2 · 4.

## 3. 자본주의, 민족운동, 네이션

근대성의 측면에서 홉스봄, 앤더슨, 네언은 자본주의에 의해 구성되는 민족주의와 네이션에 주목했다. 이에 반해 그린펠드는 이들의 명제를 뒤집어 민족주의가 자본주의를 낳았다고 주장했다. 이러한 대척점에서 흐로흐는 19세기 중후반을 중심으로 대중적 민족운동이 활성화되는 유럽 주변부 국가의 네이션을 분석하며 민족주의와 네이션, 민족의식과 계급구조의 상관관계에 주목했다. 흐로흐는 민족운동의 사회구조에 천착하여 자본주의 발전과 연계되는 계급구조와 사회적 관계의 측면에서 유럽 주변부 작은 네이션들small nations의 민족운동과 근대 네이션의 확립 과정을 추적한 것이다. 흐로흐는 자본주의 및 민족운동의 성장과 근대 네이션의 확립 과정을 다음과 같이 유형화했다.

자본주의, 민족운동, 네이션의 확립[50]

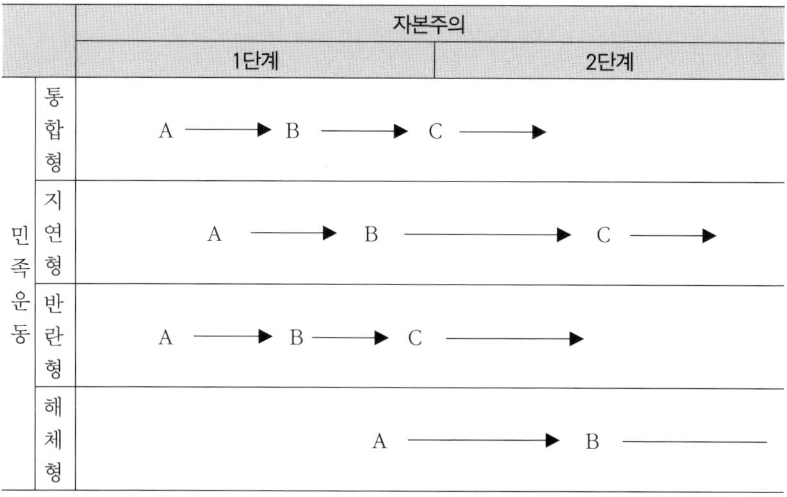


50 Miroslav Hroch, *Social Preconditions of National Revival in Europe*, p.26.

흐로흐의 연구에서 '지적 관심scholarly interest'(A국면), '애국적 고취patriotic agitation'(B국면), '대중적 민족운동mass national movement'(C국면)으로 이어지는 민족운동은 반절대주의 투쟁, 산업혁명 및 부르주아 혁명과 함께 자본주의가 등장하는 시기1단계와 노동운동의 등장과 함께 자본주의가 확립된 시기2단계에서 평가되었다. 특히 B국면에서 C국면으로 이행하는 특성에 따라 민족운동은 통합형integrated type, 지연형belated type, 반란형insurrectional type, 해체형disintegrated type으로 유형화되었다. B국면에서 C국면으로의 전환에서 민족운동이 자본주의 발전, 계급관계의 변화와 통합되는 유형, 사회개혁 이후에 지연되어 나타난 유형, 반란운동으로 이어진 유형, 종국엔 해체되는 유형으로 구분되었다.

구체적으로 첫번째 노르웨이 민족운동, 보헤미아에서의 체코 민족운동, 핀란드 민족운동이 해당되는 통합형은 민족운동이 산업혁명 및 부르주아 혁명과 함께 진행되어 통합된 유형이다. 이 유형에서는 B국면의 애국적 고취가 이미 활성화된 가운데 C국면의 대중적 민족운동이 산업혁명과 부르주아 혁명을 끼고 진행되었으며 조직화된 노동운동은 근대 네이션이 형성된 이후에 진행되었다. 두번째 리투아니아 민족운동과 슬로바키아 민족운동이 해당되는 지연형은 B국면이 정치혁명과 산업혁명 이전에 드러났지만 C국면으로의 이행이 지연된 상태에서 노동운동이 조직화되었거나 노동운동이 조직화된 이후에 C국면으로 이행한 유형이다. 이에 따라 근대 네이션의 형성 역시 지연될 수밖에 없었다. 세번째 불가리아-마케도니아 민족운동, 독일 북부 슐레스비히의 덴마크 소수종족이 해당될 수 있는 반란형은 자본주의 사회가 확립되기 이전에 민족운동의 대중적 특성이 나타났고 B국면에서 C국면으로의 이행이 지배층의 네이션에 대항하는 무장투쟁을 거쳤던 유형이다. 마지막으로 플랑드르Flemish 운동이 해당되는 해체형은 B국면이 부르주아 혁명과 산업혁명 이후 즉 자본주의 사회와 자유주의적 헌정체제에서 시작한 유형이다. C국면이 아주 늦거나 존재하지 않은 경우로서 궁극적으로 민족운동이 해체되는 경향을 드러냈다.

민족국가로 발전하지 못한 소수종족의 정치화 역시 네이션의 범주로 포괄한 흐로흐의 분석에서 주된 관심은 기본적으로 '민족적 부활national revival'로 평가될 수 있는 B국면에 있었으며 또한 이것이 어떻게 민족운동이 대중화되는 C국면을 거쳐 네이션을 확립했는가의 문제에 있었다. 민족운동과 자본주의의 관계에서 대부분의 A국면이 자본주의의 1단계에서 형성되었지만 B국면에서 C국면으로의 이행은 1단계와 2단계로 나뉘어져 분포되었다. 이 결과는 민족운동의 형성이 자본주의의 발전에 의해 일방적으로 규정될 수 없다는 것을 보여준다. 또한 B국면에서 애국적 고취가 모두 성공한 것은 아니었으며 일부의 경우 C국면으로 이행하지 못했다.[51] 궁극적으로 민족운동과 네이션의 관계에서는 대부분의 네이션이 B국면에서 C국면을 거쳐 확립되었지만 일부의 경우 C국면 이후에 형성되거나 C국면으로 가지 못하고 해체되었다.

이와 같이 유럽 주변부의 작은 네이션들은 자본주의의 발전 과정에서 18세기 지적 관심의 국면을 거쳐 19세기에 애국적 고취의 국면으로 이어진 뒤 다수의 경우 대중적 민족운동의 국면으로 이행하며 근대 네이션을 확립했다. 무엇보다도 흐로흐의 관심은 애국적 고취가 대중적 민족운동으로 이행하는 시기에 민족운동을 이끌며 근대 네이션을 형성했던 사회

51 Ibid., pp.23~24.

조직의 동학과 사회구조의 특성에 있었다. 핵심은 민족의식이 본격화되는 B국면에서 특정한 계급구조나 사회조직이 민족운동에 큰 영향을 끼치지 못했다는 것이다.[52] B국면에서 민족운동이 대중적으로 성장한 배경에는 사회적 유동성과 커뮤니케이션이 중요한 요인으로 작동했고 농업혁명, 산업화, 도시화 등을 포괄하는 근대성이 영향을 미쳤다는 것이다.[53] 산업화와 자본주의의 폭 넓은 사회구조의 변동에서 정치경제적 위협에 직면한 지역 엘리트들의 민족의식이 타계층과의 연대 및 사회적 유동성에 힘입어 대중적 민족운동으로 확산된 것이다. 이처럼 사회적 의식과 관계/조건의 변증법에서 근대 네이션은 자본주의나 계급구조의 일방적 관계 또는 민족주의의 일방적 규정에 의해 형성되는 것이 아니라 산업화/자본주의의 구조 변동에서 엘리트와 대중들의 민족운동이 결합함으로써 확립된 것이었다.

## 4. 정치경제적 근대성과 민족주의

이상과 같이 제4장과 제5장의 논의는 프랑스 대혁명의 정치적 변화와 자본주의의 발전을 중심으로 근대성과 민족주의를 탐색했다. 그러나 이는 다분히 근대 유럽 중심주의에서 벗어나지 못한 한계를 안고 있다. 흐로흐의 주변부 유럽의 민족운동 연구나 앤더슨의 라틴 아메리카 크레올 민족주의 연구 역시 이 틀에서 크게 자유로운 것은 아니었다. 기존의 민족주

52 Ibid., pp.129 · 155.
53 Ibid., pp.178 · 183.

의 연구들은 민족주의를 낳은 요인을 분석하는 것에서 정치와 경제가 상호 교차하는 특성을 간과했고 정치적, 경제적 근대성의 이분법적 틀에 얽매여 때때로 도구주의적 결정론을 낳기도 했다. 이는 산업화, 자본주의가 민족주의를 낳은 것이냐 아니면 이념, 이데올로기적 독트린, 국가의 정치운동 등 정치적 요인이 민족주의를 낳은 것이냐의 논쟁으로 대변될 수 있다. 이 논쟁에서 근대의 정치적 이념을 중시하는 입장은 18세기 프랑스 기원론에 기반을 두었던 반면 네오맑스주의 이론가들은 18~19세기의 자본주의를 민족주의의 조건적 배경으로 전제했다.

그러나 두 흐름 모두 동전의 한 면만을 설명했다고 할 수 있다. 먼저 18~19세기 자본주의의 구성물로서 민족주의를 평가하는 시각은 부분적인 정합성을 갖고 있음에도 불구하고 장기적으로 변화해 온 민족주의의 다양성을 간과했다. 제4장과 제5장에서 분석되었듯이, 적지 않은 경우 민족주의가 산업혁명과 자본주의가 형성되기 이전에 발생했거나 자본주의가 발전한 이후에도 국가와 엘리트의 정치운동이 민족주의를 창출했기 때문이다. 프롤레타리아 국제주의와 계급적 정체성을 내세운 20세기의 사회주의 체제가 오히려 국가적 정체성을 강화하며 민족주의를 창궐시켰던 것 역시 또 다른 반례가 될 것이다.

정치적 근대성을 강조하는 입장 역시 자본주의가 형성된 이후는 물론 그 이전에도 계급이 민족주의에 끼친 영향을 충분히 고려하지 못했다. 예를 들어 폴란드의 농민들이 19세기에 봉건귀족이 일으킨 민족주의 운동에 냉담했던 반면 제2차 세계대전의 빨치산 투쟁에는 적극적으로 참여했던 사례는 정치와 계급의 정체성이 교차하는 복합성을 드러내 준다.[54] 19세기 폴란드 농민들에게는 민족주의의 정치적 이념보다는 봉건귀족에게서 해방되는 계급적 정체성이 더 크게 작동했던 것이다. 이것은 프랑스 대혁명의 역사적 전개 과정에서도 발견될 수 있었다. 18세기 말 대혁명에서 '네이션=인민'이란 등식이 등장하여 계급적 정체성이 부르주아 민족주의와 인민주권의 논리 사이에서 강조되었다면, 19세기 후반 나폴레옹 3세의 통치에서는 '네이션=국가'라는 등식으로 전환되어 계급을 넘어 민족국가의 정체성이 강화되었다.[55]

단군신화가 문자화되었던 고려 후기의 민족체와 종족의식 역시 전근대에서 작동했던 정치와 계급 정체성의 상관관계를 잘 보여준다. 13세기 고려의 대몽항쟁에서 팔만대장경 조판, 삼별초의 항쟁 등에도 불구하고 농민들의 광범위한 투몽 현상이 일어났던 것은 전근대의 민족체 의식이 강화되면서도 계급적 착취에 분노한 농민들의 민심 이반 역시 작지 않았다는 것을 보여준다. 고려 후기의 민족체 의식은 근대 네이션/민족 및 민족주의와 동떨어진 것은 물론 계급갈등으로 인해 그 자체의 힘도 견고하지 못했던 것이다.[56]

따라서 다양한 양상에도 불구하고 민족주의를 바라보는 근대론의 대척점에는 정치와 경제의 동학이 얽혀 있다. 이것은 베버리언, 국가 중심적 접근과 맑스주의적, 사회 중심적 접근이 대립한 국가론의 빛바랜 논쟁을 반영하는 것이기도 하다. 나폴레옹 3세의 국가 자율성을 발견한 맑스의 분석에서 민족국가는 신기루처럼 사라지는 실체라기보다는 정치권력과 자본주의가 만나 구성된 복합물로서 자본주의 구조에 의해 제한되면서도

54 임지현, 앞의 책, 70~71면.
55 브라이언 젠킨스, 김인중·마은지 역, 앞의 책, 59·84~85면.
56 임지현, 앞의 책, 75면.

자신의 자율성을 구사하는 행위자였다.[57] 자본주의 국가의 자율성 역시 자본주의와 국가가 결합된 근대성의 복합성을 드러내며, 국가/네이션을 바라보는 맑스와 베버의 상이한 시각은 '실재와 상상의 앙상블'이란 관점에서 수렴될 수 있다.[58] 실재와 상상의 앙상블로서 민족국가로 발전하는 네이션/민족의 동학은 정치경제적 근대성의 복합성에서 설명될 수 있는 것이다.

이러한 맥락에서 산업화와 국가 교육, 출판자본주의와 크레올의 사회동원, 중심국의 제국주의적 침략은 정치경제적 동학이 맞물려 진행된 역사적 과정이었다. 정치적 근대성에서 강조된 국가와 엘리트의 정치운동, 독트린, 이데올로기는 자본주의 혹은 경제적 근대성과 떼어서 생각할 수 없으며 그 역도 마찬가지이다. 배링턴 무어가 지적했듯이, 정치적인 것을 정치적인 것으로만 평가하고 경제적인 것을 경제적인 것으로만 본다면 근대성의 복합적 세계에 다가설 수 없을 것이다.[59] 이러한 관점에서 민족주의의 역사적 기원으로 불리는 프랑스 대혁명은 앙시앙 레짐에 대한 시민계급의 국민적 저항이자 부르주아 계급의 경제적 도약으로 평가될 수 있다. 프랑스 대혁명을 정치적인 시민혁명으로 보는 관점은 대혁명이 자본주의의 발전에서 파리코뮌 등 계급갈등을 낳은 측면을 간과하는 것이다. 신대륙의 크레올 민족주의 역시 서유럽의 인쇄술이 이식된 자본주의의 구조와 크레올 엘리트의 정치운동이 대중의 지지와 맞닿았기에 가능한 것이었다. 대영제국의 쇠퇴라는 역사적 변화 또한 자본주의의 불균등

57 Karl Marx, *The Eighteenth Brumaire of Louis Bonaparte*, International Publishers, 1963.
58 강진웅, 「민족의 사회학」, 293~296면.
59 Barrington Moor, op. cit..

발전과 정치적 민족주의의 부재가 얽혀 서서히 진행된 것이었다. 따라서 이 모든 것을 자본주의가 결정한 것으로 보는 것은 지나친 일반화라 할 수 있다. 더욱이 그 기원을 근세로 확장하면 자본주의 결정론의 가설은 쉽게 허물어진다. 그럼에도 불구하고 자본주의와 계급의 동학이 민족주의를 이끌 수 없다고 단정할 수는 없다. 민족주의의 많은 사례들에서 자본주의적, 계급적 요인에 의해 정치적 요인들이 사장, 희석된 경우들을 쉽게 찾아 볼 수 있기 때문이다.

결론적으로 현대 사회로 이어지는 근대성의 중요한 측면으로서 민족주의는 정치혁명과 자본주의 등 근대의 정치경제적 변동을 통해 다양한 방식에서 민족국가의 정치 공동체를 창출한 이념이자 운동으로 이해할 수 있다. 자본주의와 계급의 정체성은 이 사회운동에 직간접으로 영향을 끼치는 제도적 조건과 배경이 되는 것이다. 따라서 민족주의가 하나의 정체를 형성하는 정치적 이념과 운동일 때 이를 이끄는 국가와 엘리트의 사회운동을 평가해야 하며 이것에 영향을 미치는 자본주의와 계급의 동학을 고려해야 한다. 식민지 근대성과 분단체제를 경험한 한국의 사례에서도 민족주의의 정치경제적 복합성에 대한 성찰은 예외가 될 수 없다. 우리는 개별 사례에서 나타나는 특수성을 인정하는 동시에 전체의 분석틀에서 정치와 경제의 근대적 복합물로 등장하여 타정체성과 연계되어 발전하는 민족주의의 역동성에 주목해야 한다.

제6장

# 네이션/민족과 종족

근원론에서 원초주의는 네이션/민족을 원초적 종족의 확장된 형태로 평가하고, 영속주의는 사회적 경계에서 형성되는 종족 공동체가 신화와 상징을 구성하며 발전한 것으로 이해했다. 한편 영속론과 근대론을 결합한 종족상징주의는 사회적, 상징적 구성의 관점에서 전근대 에쓰니가 근대 네이션/민족으로 변형된 것으로 평가했다. 이처럼 근대론과의 대척점에서 근원론은 네이션/민족의 원초성을 강조하거나 종족과 네이션/민족의 연계성을 강조했다. 그러나 근대 민족주의와 현대 사회에서 종족의 정체성은 네이션/민족을 재구성하는 수단으로 활용되어 왔다.

## 1. 네이션/민족의 원초성

근원론에서 원초주의는 혈통, 언어, 종족과 같은 자연적 요소를 강조하여 네이션/민족을 원초적 종족 또는 친족의 확장된 형태로 평가하거나 문화적 관점에서 종족의 전통이 계승, 재구성되는 것으로 보았다. 네이션/민족의 뿌리로 원초적 종족의 실체를 전제하고 이것이 시공간의 확장에서 네이션/민족으로 발전한 것으로 평가했다.

일찍이 헤르더는 폴크Volk를 자연의 산물로 간주했다. 네이션과 겹쳐지는 폴크는 유일한 문화, 공동체적 연대성, 공유된 정체성을 갖는 종족의 산물이었다는 것이다.[1] 이 시각에서는 문화가 종족과 그 정체성을 규정하고 지속시키는 힘을 갖는다. 이러한 문화적 원초주의는 퇴니스의 공동사회와 이익사회의 이분법을 비판한 쉴즈에게서도 발견된다. 쉴즈는 1차 집단을 구성하는 경향과 정치적 지향 간 친화성, 1차 집단의 문화에 의존하는 2차 집단의 조합적 효율성, 사회구조의 1차 집단화와 이를 통한 구성원들의 통합을 주장하며 현대 사회에서 작동하는 '원초적 연계primordial ties'를 강조했다.[2] 이는 전통의 변화와 지속에서 전근대성이 근대성을 재구성하는 현상을 보여준 것이며 사회의 집단 정체성을 원초적 집단과 문화의 관점에서 해석한 것이다.

쉴즈의 원초론적 관점에서 네이션은 원초적 집단의 근본적 구조와 관계에서 발전한 것으로 이해할 수 있다. 이러한 원초주의를 상징의 의미 체계가 문화적으로 전승된 과정으로 해석한 것은 미국의 문화인류학자 기어츠였다. 기어츠는 문화를 "상징에서 구현된 의미가 역사적으로 전승된 양식"[3] 혹은 "인간의 경험을 해석하고 인간의 행동을 이끄는 관점과 관련되는 의미의 형태"[4]로 정의했다. 혈통, 언어, 종족과 같은 원초성은 인간의 경험과 행동을 해석하는 상징적 의미의 구조이자 이 의미가 역사적으

1 Andreas Wimmer, *Ethnic Boundary Making : Institutions, Power, Networks*, Oxford University Press, 2013, pp.16~17.
2 Edward Shils, op. cit., pp.136~137.
3 Clifford Geertz, op. cit., p.89.
4 Ibid., p.145.

클리퍼드 기어츠(Clifford Geertz)의 저서 『네가라—19세기 발리의 극장국가』의 표지 그림은 전근대적 의례문화가 만들어낸 장관의 국가 권력을 상징한다. 기어츠는 인도네시아 등 현대 남부 아시아 국가들에서 계승, 재구성된 전통과 문화를 탐색하여 네이션의 원초적 특성을 밝혀냈다.

로 계승된 양식 즉 문화에 의해서 평가되는 것이다. 따라서 과거의 전통에서 구현된 상징의 의미가 문화적 체계를 형성하며 현대 사회의 구조에 영향을 미치는 것이다. 기어츠는 현대 사회에서 작동하는 '원초적 애착primordial attachment'을 다음과 같이 설명했다.

> 원초적 애착은 사회적 존재로서 '주어진 것' 즉 좀 더 정확히 말하자면 문화가 불가피하게 그러한 문제와 관련될 때 가정되는 '주어진 것'으로 주로 직접적인 인접성과 친족적인 연계를 의미하는 것이지만 이것을 넘어 특수한 언어 또는 심지어 방언을 말하기도 하며 특수한 사회적 관행들을 따르고 특수한 종

교적 공동체에 뿌리를 두고 있는 전제를 의미한다. 이러한 혈통, 언어, 관습 등의 통합들은 그 안에서 그 자체로 형언할 수 없고 때때로 아주 강력한 강제성을 갖는 것으로 평가된다.[5]

기어츠의 관점에서 원초적 애착은 혈통, 언어, 관습 등이 조화와 통합을 이루는 강력한 정체성을 형성한다. 이것은 생물학적으로 주어진 것이 아니라 사회적 상호작용에 의해 구성되는 문화적 과정이다. 따라서 문화가 역사적으로 계승된 상징적 의미의 체계로 작동할 때 원초적 애착은 근대 네이션의 시민정치에서 지속될 수 있었다.[6] 예를 들어 남부 아시아와 아프리카의 신생 독립국가들에서 과거의 전통과 문화가 계승되어 네이션의 정치적 변화에 반영되었다. 인도네시아의 지역, 말라야의 인종, 인도의 언어, 레바논의 종교, 모로코의 관습, 나이지리아의 친족관계 등에서 나타난 원초적 유대의 사회구조는 시민국가라 불리는 근대의 네이션에 통합되었던 것이다. 이들 국가에서 나타난 '원초적 연대primordial solidarity'는 근대의 시민정치에서 원초적 애착이 발현된 결과였다는 것이다.[7] 19세기 인도네시아 발리의 네가라Negara를 '극장국가theatre state'로 명명한 기어츠의 또 다른 연구에서도 현대 국가에서 재현되고 있는 전근대 국가의 문화권력이 발견될 수 있다.[8]

이와 같이 기어츠는 근대 사회에서 이익사회 혹은 유기적 연대가 일방

---

5 Ibid., p.259.
6 Ibid., pp.268~269.
7 Ibid., p.307.
8 Clifford Geertz, *Negara : The Theatre State in Nineteenth-Century Bali*, Princeton University Press, 1980.

적으로 지배하는 것이 아니라 전통의 질서가 근대 사회구조를 재구성하는 것이라고 주장했다. 이 관점에서 네이션/민족은 종족의 정치화된 결과로 볼 수도 있고,[9] 혈연적 집단의 원류인 친족 조직이 인적, 영토적으로 확장된 것으로 볼 수도 있다.[10] 네이션/민족을 부족, 종족의 정치적 결과로 보든 친족의 확대된 형태로 보든 근원론적 관점에서 전근대의 실체가 네이션/민족으로 발전한 것이며 그 정체성의 핵심은 종족이다.

여기서 베버는 원초주의의 뿌리가 되는 혈연 공동체를 어떤 구체성을 갖는 친족과 공통된 조상에 대한 믿음을 인위적으로 구성하는 부족, 종족으로 구분해 평가했다.[11] 그러나 친족이나 부족, 종족이 네이션/민족으로 발전한 과정은 모두 네이션/민족의 원초적 형태를 가정하는 것이며 그 발전 과정에는 기원의 본질에서 변화하는 불가피한 인위적 과정이 놓여 있다. 한국사에서 한민족의 뿌리로 고조선족과 같은 '원민족'의 개념이 제시된 것 역시 민족의 원초적 정체성과 혈연적, 문화적 연속성을 강조하는 것이지만, 원민족의 개념을 친족, 씨족, 부족 등 어느 집단으로 이해하든 집단 정체성의 확장에서 발견되는 정치사회적 변형은 불가피한 것이며 근대적 변형에서는 더욱 그러하다.

문화적 원초주의가 원초적 공동체의 질서와 문화가 계승되는 관점에서 종족을 이해한 것이라면, 바쓰가 주장하는 '경계주의'는 집단들의 사회적 경계에서 구성되는 종족 정체성을 강조한 것이다. 이 관점에서 종족은 우리와 그들의 경계가 만들어지는 과정boundary making process에서 형성되는

9 아자 가트 · 알렉산더 야콥슨, 유나영 역, 앞의 책.
10 Steven Grosby, op. cit..
11 Max Weber, *Economy and Society*, p.389.

사회 집단이다.[12] 종족의 정체성은 이미 받아들여진 문화적 차이에 의해 규정되는 것이 아니라 집단 간 경계에서의 사회적 상호작용에 의해 구성되는 것이다. 따라서 사회적 경계에서 종족이 다양한 형태로 존재하고 변형될 수 있다. 바쓰의 경계주의는 문화가 종족을 규정하는 것이 아니라 종족이 문화를 규정하는 것이라는 점에서 문화적 원초주의와 구분된다.[13] 그러나 바쓰의 분석에서도 사회적 경계에서 만들어진 종족이 네이션으로 어떻게 발전했는가에 대한 해명은 뚜렷하게 제시되지 못했다.

이에 대해 고대로부터 19세기에 이르는 네이션의 영속적 발전을 분석한 암스트롱은 종족의 본질주의적 해석을 거부하고 신화, 상징, 커뮤니케이션이 결합되는 '상징적 경계의 기제symbolic boundary mechanism'를 통해 종족이 발전한다고 주장했다.[14] 종족이 '장기지속longue durée'의 특성을 드러내면서 상징적 커뮤니케이션을 통해 자신의 정치문화를 구성하며 네이션으로 발전한다는 것이다. 네이션으로 지속되는 종족에서 중요한 것은 신화와 상징의 원초적 모습이 아니라 공통된 역사적 운명에 대한 구성원들의 지속된 자각이라는 것이다.[15] 이러한 배경에서 암스트롱은 경계주의와 영속주의의 결합을 통해 네이션으로 연착륙하는 종족의 사회적 구성과 영속성을 강조했다. 세튼-왓슨이 로마제국의 붕괴 이후 발전한 유럽의 네이션 체제를 '오래 지속된 네이션들old continuous nations'로 부른 것도 이런 맥락에 있었다.[16]

---

12 Fredrick Barth, op. cit., pp.13 · 15.
13 Ibid., p.38.
14 John Armstrong, op. cit., pp.7~8 · 291.
15 Ibid., pp.8~9.
16 Hugh Seton-Watson, op. cit., p.15.

이와 같이 영속주의적 관점은 원초적 종족의 개념을 극복하고 상징적, 사회적 경계에서 구성되는 종족의 개념과 그 역사성을 밝히는 데 주력했다. 그러나 이 접근은 영속화하는 신화와 상징을 근본적으로 재구성하며 네이션/민족을 창조한 근대 정치권력의 측면을 간과했다. 신화와 상징을 지속하는 것은 중세와 근대의 연속성을 설명해 주는 중요한 영역이지만 신화와 상징을 가공하는 시대적 차이를 간과할 수 없는 것이다.

## 2. 종족과 네이션/민족

종족을 원초적 공동체의 확장과 문화적 계승으로 바라보는 원초주의와 장기지속하는 역사적 산물로 평가하는 영속주의는 네이션/민족의 전근대적 실체를 밝히는 것에 기여한 반면 근대 공동체의 변화를 설명하는 것에는 무기력했다. 이러한 한계에서 영속론과 근대론을 연계하며 전근대 종족과 근대 네이션의 역사적 연속성을 설명한 것은 영국의 사회학자 앤소니 스미스였다.

스미스는 초기의 저서 『종족적 부활』에서 에쓰니ethnie와 네이션의 관계를 분석하며 네이션의 전근대적 특성에 주목했다. 스미스에 따르면, 민족주의에 의해 종족 집단이 정치적 범주인 네이션으로 전환되었고 네이션이 다시 국가성의 유일한 기준으로 확립되었다.[17] 이러한 정체성의 연속성에는 근대 세계의 사회적, 정치적 변화를 이끈 '종족성ethnicity'이 전제되었다. 이 전제에서 '영토적 민족주의territorial nationalism'와 '종족적 민

17 Anthony D. Smith, *The Ethnic Revival*, p.xii.

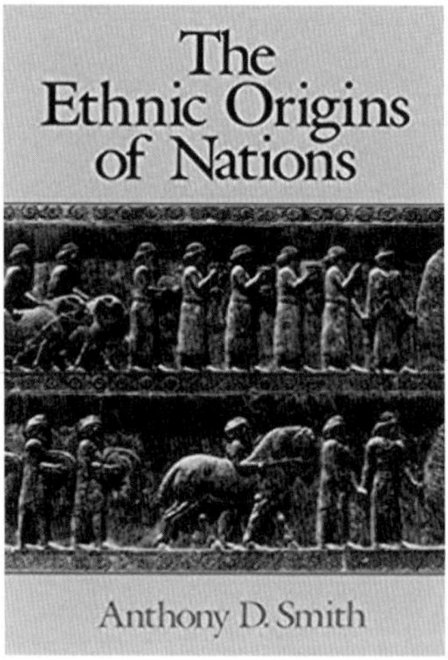

사진은 앤소니 스미스(Anthony Smith)의 『네이션의 종족적 기원』이다. 스미스는 종족(에쓰니)의 기억이 근대 네이션에서 재구성됨으로써 전근대와 근대가 연속성을 갖는다고 주장했다.

족주의ethnic nationalism'의 두 가지 방식이 네이션을 형성했고 특히 종족적 민족주의가 종족(성)에 새로운 의식과 정치적 원리를 부여했다는 것이다.[18] 이에 따라 네이션은 존재하는 문화적 표출에서 구축된 인공적인 산물이 되는 것이다. 스미스 역시 근대론자들과 마찬가지로 네이션, 민족주의가 유럽의 근대적 산물이라는 점을 인정했지만 네이션을 구성한 민족주의에서 종족의 역사적 연속성이 그 토대를 이루었다고 평가했다.

스미스는 『네이션의 종족적 기원』에서도 에쓰니의 개념과 분석을 정교화하며 에쓰니와 네이션 간 공동체의 '목적적 연속성'을 강조했다.[19] 스미스에 따르면, 전근대 사회에서 에쓰니의 '신화-상징 복합체myth-symbol complex'가 공동체 정체성의 핵심과 '구성적인 정치적 신화mythomoteur'를 제공하고 이 신화-상징 복합체와 정치적 신화가 다양한 유형의 에쓰니를 만들었다.[20] 신화와 상징의 복합체인 에쓰니가 근대 네이션으로 이어

18 Ibid., pp.18~20.

19 초기에 스미스는 대다수의 종족적 민족주의가 전근대적이며 근대적인 두 얼굴을 갖는다고 주장했다(Anthony D. Smith, *Theories of Nationalism*(second edition), Duckworth, 1983, p.256). 그러나 『네이션의 종족적 기원』에서는 네이션과 민족주의를 온전히 근대적인 현상으로 평가했다(Anthony D. Smith, *The Ethnic Origins of Nations*, p.18).

20 에쓰니는 '수평적, 귀족적 에쓰니'와 '수직적, 평민적 에쓰니'로 구분될 수 있다. 북부 인도의 아리아인들에서 볼 수 있는 수평적, 귀족적 에쓰니는 유동적이고 개방적이지만 계급 중심적 특성으로 인해 공동체의 단합이 약했던 반면 도시국가 동맹, 경계 에쓰니, 부족연맹, 디아스포라 종파에서 나타나는 수직적, 평민적 에쓰니는 외적에 대항하며 견고한 종족적 단결성을 보여주었다. 두 유형의 에쓰니는 상호 고착된 것이 아니라 유기적인 상관관계에서 발전했으며 어떠한

졌고 근대 동서유럽의 분화에도 불구하고 에쓰니의 근간인 종족적 특성이 그 토대를 이루었다는 것이다. 서유럽의 영토적 네이션과 동유럽의 종족적 네이션이 구분될 수 있지만 서유럽의 영토적 네이션에서도 종족적 특성이 전근대로부터 이어져 왔다는 것이다. 네이션에 대한 정치적 충성심과 에쓰니의 사회문화적 단결성이 겹쳐지는 과정 즉 에쓰니가 네이션으로 전환하는 근대적 과정에서 네이션의 공동체적 의미는 에쓰니를 확장, 심화, 능률화한 결과인 것이다.[21] 그러나 전근대적 연속성에서 설명된 네이션에 관한 시각은 이 연속성에서 돌출되는 근대적 불연속성을 설명하기 어렵게 만든다. 스미스 역시 에쓰니와 네이션의 두 실체가 정체성 그 자체에서 같은 것은 아니라고 설명했다.[22] 그러나 정체성을 구성하는 목적이 같다는 측면에서 두 실체는 결국 같은 것이 되어 버리는 자기모순에 빠지게 된다.

> 에쓰니와 네이션 사이에서 목적의 연속성은 단결성과 재생산에 대한 기본적인 자극으로 확장된다. 종족적 정체성과 이 운명의 수호자들은 때때로 외부의 위협에 대한 더 큰 사회적 응집과 조화를 추구했다. 그들은 자신의 공동체 구성원들에게 더 큰 자존감을 주입하고 이상화된 과거로 회귀하며 공동체에 관한 존엄의 정신을 회복할 필요를 느꼈다. 그들은 또한 공동체의 다른 분파들로 하여금 현재의 공동체보다 더 큰 집단의 형제애로 뭉치게 하는 이상을 상기시켰다. 응집, 사회적 조화, 자존감, 존엄, 형제애는 모든 민족주의자들이 추구한

---

형태에서든 종족적 정체성은 지속되면서도 변화하는 특성을 가졌다(Anthony D. Smith, *The Ethnic Origins of Nations*, p.87).

21 Ibid., p.215.

22 Ibid., p.216.

목표였고 모든 네이션의 이상이었다. 그 규모와 맥락 역시 변화해 왔으며 민족주의자들이 활용한 수단들은 더욱 더 '과학적'이고 효과적이었다. 그러나 이러한 변화는 수단에서의 변화이지 목적에서의 변화는 아니었다. 네이션과 민족주의가 추구해 온 것은 자신의 목적을 정치적 자율성 및 경제적 독립과 연계시킴으로써 그 목적을 확장하고 이 목적에 더 큰 맥락을 부여하는 것이다. 그 결과는 오늘날 네이션 자신의 존엄을 복구하고 문화를 갱신하는 작업이 전근대 시대와는 완전히 다른 질서와 규모를 추구하는 임무가 되었다는 것이다. 그러한 목적은 단결성과 재생산의 폭넓은 맥락에서 이전과 유사한 목적에 도달하기 위한 것으로 이해되며 문화와 정치 사이의 관계는 물론 국가 간 정치질서의 종족-국민적ethno-national 구성요소들 사이의 관계에서 나타나는 급진적인 변화와 관련되는 것이다.[23]

스미스는 전근대 에쓰니와 근대 네이션 사이의 연속성에서 수단의 변화는 근본적으로 일어났지만 목적 그 자체의 큰 변화는 없었다고 지적하고 네이션이 정치적 자율성과 경제적 독립을 위한 더 큰 내용과 목적에서 에쓰니를 확장한 것이라고 주장했다. 한마디로 말하면 네이션과 에쓰니는 정체성은 다르지만 연속성을 가졌다는 것이다. 여기서 스미스는 종족성의 지속과 새로운 정치성의 결합이라는 이중적 모순을 종족적 핵심과 문화가 확대된 것으로 봉합했다. 그러나 에쓰니와 네이션의 연속성에서 '목적의 유사한 확장'과 '수단의 근본적 변화'가 상충된 측면에 대한 설명은 여전히 논쟁점으로 남아 있다. 이것은 네이션을 정치성과 종족성이 결

23 Ibid., pp.216~217.

합된 결과로 보는 그의 설명과도 모순된 것처럼 보인다. 스미스가 말하는 목적의 일관성 역시 문화와 정치 사이의 근본적인 변화를 설명하지 못했고 이질적인 정체성에서 연속성이 갖는 의미를 충분히 해명하지 못했다.

후기에 들어 스미스는 과거의 분석들을 정교화하며 『종족상징주의와 민족주의』라는 저서에서 에쓰니와 네이션의 가교가 되는 '종족상징주의 ethno-symbolism'를 대안적 모델로 제시했다. 스미스는 이데올로기적 특성의 근대론과 암스트롱의 영속론적 관점을 결합하여 종족문화가 전근대에서 근대로 여러 변형을 거쳐 영속화될 수 있었다고 주장했다. 스미스가 일관되게 주장한 것은 조상에 대한 신화와 상징에 관한 기억에 의해 에쓰니가 네이션으로 전환될 수 있었다는 것이다. 근대론적 포장에도 불구하고 여전히 과거에 대한 기억이 네이션을 만드는 토대가 된다는 것이다. 이 주장은 베버의 '정치적 기억'이나 앤더슨의 '상상'과 유사한 부분이 있지만 스미스가 강조하는 것은 네이션은 제도적 필요에 의해 창조되는 것이 아니라 전근대의 뿌리에서 이어지는 종족의 기억들로 구성된다는 것이다.

그러나 이러한 논점에서도 스미스는 에쓰니가 네이션을 낳은 근본적인 요인이지만 그것을 낳은 충분조건은 될 수 없다고 주장했다.[24] 여기서 네이션에는 존재하나 에쓰니에는 결핍된 정치적 요소가 다시 걸림돌이 된다. 신화와 상징의 정치에서 발전한 종족을 근본적으로 변화시킨 '근대의 정치'가 자리하는 것이다. 종족과 네이션/민족 모두 우리와 그들의 이분법에 기반하는 유사성을 갖지만 종족의 이분법은 네이션/민족의 이분법에서 강조되는 주권적 정치성에 기반하지 않는다는 것에 차이가 있다.[25] 따라서

24 Anthony D. Smith, *Ethno-symbolism and Nationalism*, pp.28~29 · 111.
25 김광억 외, 앞의 책, 21면.

우리와 그들을 가르는 네이션/민족의 정체성은 문화를 통해 정치적 변화를 낳은 것이 아니라 정치를 통해 문화를 변화시킨 것이라 할 수 있다.

## 3. 네이션/민족과 종족

근대성의 맥락에서 종족과 네이션의 역사적 관계에 대한 논쟁이 활발히 전개되었지만 근원론과 근대론 간 평행선에서 종족의 사회적 의미와 네이션/민족과의 관련성이 충분히 해명되지 못했다. 근대론이 주장하듯이 18세기 이후 근대 민족주의가 힘을 발휘하며 민족국가 체제를 형성했고 네이션/민족의 정치는 인종과 더불어 종족의 정체성을 다양한 방식으로 활용해 왔다. 그럼에도 불구하고 종족이 민족주의와 어떠한 연관성을 갖는가에 대해서는 여전히 많은 분석적 과제가 남아 있다. 20세기 이후의 민족주의를 '부르주아 민족주의의 쇠퇴' 혹은 '종족적 민족주의의 부활'로 평가하는 시각차 역시 이러한 논쟁점을 반영한다.

이러한 배경에서 근대 이후 발전한 네이션/민족과 종족의 관계는 두 가지 상호 관련된 측면에서 평가되어야 한다. 한편으로 근대 이후 네이션/민족에 의해 종족 정체성이 활용되어 온 측면은 현대 사회에서도 그대로 이어지고 있다. 구소련 지역 등의 종족 분쟁들에 의해 민족국가 체제가 변화되었던 이른바 종족적 민족주의의 부활에서도 종족 그 자체가 아닌 종족을 활용하는 민족주의가 가동되었다. 다른 한편으로는 민족국가 체제가 굳어진 19세기 이후 양차 세계대전, 사회주의 붕괴, 자본주의 세계화를 거치면서 민족국가 체제가 약화되거나 이 과정에서 종족 갈등의 의미가

축소된 것으로 볼 여지가 있다. 그러나 사회주의가 몰락한 이후 세계화의 물결에도 불구하고 민족국가는 강하게 잔존했고 이 체제에서 종족의 이합집산 역시 가속화되었다. 구소련 붕괴 후 16개 신생독립국의 등장, 아프리카의 수많은 종족 갈등, 아랍 민족주의의 분출, 보스니아, 동티모르, 티벳, 북아일랜드, 퀘벡 등에서 나타난 다양한 종족 분쟁들이 그것이다.

이 같은 역사적 현상들을 고려하면 종족은 정치적, 사회적 갈등을 낳으며 끊임없이 변화하는 실체이고 이러한 변화에는 네이션/민족과 민족주의의 힘이 작동하고 있다. 동화, 격리, 자치, 분리 등의 형태로 다양하게 나타나는 현대 사회의 종족 갈등들에서 이를 확인할 수 있다. 예를 들어 미국의 아메리카 원주민은 무력 탄압을 받은 격리 형태의 대표적인 사례인 반면 캐나다의 원주민은 격리의 의미보다는 억압적인 동화의 형태에 가깝다. 중국의 티벳족, 영국의 스코틀랜드, 캐나다의 퀘백주는 주류 종족으로부터 분리 독립을 지향하는 형태이며, 북아일랜드, 동티모르 등은 같은 종족에서 분리 독립한 형태이다. 다문화 국가인 캐나다의 사례에서는 원주민의 동화와 퀘백주의 자치가 이루어졌고 현재에 와서 시들해졌지만 퀘백주의 분리 독립이 사회적 갈등을 일으키고 있다. 이 모두 종족을 소재와 배경으로 하지만 종족을 가르고 동원하는 동화, 격리, 자치, 분리의 정치에는 네이션/민족의 정체성이 자리하고 있다.

이러한 가운데 네이션/민족의 형성에 영향을 주었듯이 자본주의와 계급이 다른 정체성과 연계되어 종족 갈등을 심화시켜 왔다. 식민유산에 연원한 아프리카 국가들의 종족 갈등들은 종교, 문화, 계급 등이 복잡하게 얽혀 있는 것이 사실이다. 그러나 종족 분쟁을 낳고 이끈 핵심은 정치 공동체를 (재)구성하는 민족주의였고 종족은 네이션/민족을 (재)구성하는 수단으로 기능했다.

이러한 네이션/민족의 정치에서 종족은 인종과 맞물려 더욱 복잡한 양상을 드러낸다. 르완다의 종족 갈등은 네이션을 재구성하는 것에서 식민 유산에서 비롯된 인종 갈등을 재생산했고, 미국, 남아프리카공화국, 브라질의 민족국가 형성은 인종 갈등에 더 깊이 관련되었다. 네이션/민족의 정치는 종족과 함께 인종을 다양한 방식에서 활용할 수 있었다. 따라서 현대 사회의 네이션/민족과 민족주의에 관한 연구는 계급과의 관련성에서 종족과 인종을 어떻게 활용해 왔는가의 문제로 확장되어야 한다.

제7장

# 네이션/민족과 인종, 종족, 계급

근본적으로 네이션/민족, 종족, 인종은 본질적 실체와는 무관하게 공통의 조상에 대한 상상을 바탕으로 근대에서 형성되었거나 변형된 정체성이다. 종족이 인적, 영토적 경계가 보다 분명하고 인종이 신체적, 유전적 특성을 더욱 자의적으로 활용하는 차이점이 있지만, 일란성 쌍생아로서 두 정체성은 네이션/민족에 의해 서로 다른 방식에서 활용되는 것이다. 한국의 단일민족론과 르완다의 제노사이드는 물론 남아프리카공화국의 아파르트헤이트, 미국의 흑백 갈등, 브라질의 인종적 민주주의 등에서 민족주의는 종족과 인종을 활용하여 끊임없이 네이션/민족을 재구성했으며 네이션/민족은 계급 등에 의해 영향을 받으면서도 이를 압도해 왔다.

## 1. 인종과 인종주의

베네딕트는 인종을 유전적 형질을 바탕으로 한 분류체계로 정의했다.[1] 그러나 인종은 신체적, 생리적 특성들의 차이에 기초하면서 사회적 특성

1 Ruth Benedict, *Race and Racism*, Routledge and Kegan Paul, 1942, p.2.

한나 아렌트(Hannah Arendt)는 『전체주의의 기원』에서 반유대주의를 제국주의와 연계시키며 스탈린주의와 나치즘/파시즘을 하나로 묶어 전체주의로 규정했다. 전체주의는 인종적 증오를 활용하여 전체 인민의 개인적 자유를 말살하는 절대악의 총체적 지배 시스템이었다는 것이다.

에 의해 좌우되는 이중성을 갖는다. 따라서 분류 자체와 이를 활용하는 것은 인위적인 과정에 놓이며 인종 담론 역시 우리와 그들을 구분 짓는 정치적 문제가 되는 것이다.[2] 이러한 맥락에서 인종은 생물학적 정체성이 아니라 사회적, 정치적 정체성으로 이해할 수 있다.[3] 공통된 조상을 기원으로 하여 우리와 그들을 유전적 형질로 구분하는 것은 정치적으로 상상하는 이데올로기일 수밖에 없으며 쉽게 극단화될 수 있는 것이다. 히틀러가 과학적 정의를 내세워 유대인과 아리안 인종의 형질적 특성을 만들어 낸 것 역시 이를 극명하게 드러내 준다.

역사적으로 1537년 교황 바오로 3세는 교서를 내려 그 동안 인간과 유인원의 중간 정도로 인식되었던 흑인과 인디언을 인간의 범주로 인정했다. 이로써 백인종Caucasoid, 흑인종Negroid, 황인종Mongoloid의 생물학적 구분이 만들어졌다. 그러나 이 구분은 우월한 인종의 지배와 열등한 인종의 타자화를 위한 정치적, 담론적 과정을 촉진시켰다. 예를 들어 고비노는

2 Roxanne Doty, "The Bounds of 'Race' in International Relations", *Millennium* Vol.22, No.3, 1993, pp.443~445.

3 Stuart Hall, "Question of Cultural Identity"; Zygmunt Bauman, *Modernity and Holocaust*, Cornell University Press, 1991; Anthony W. Marx, *Making Race and Nation : A Comparison of the United States, South Africa, and Brazil*, Cambridge University Press, 1998; Michael Omi and Howard Winant, *Racial Formation in the United States*, Routledge, 1994.

1853년에 쓴 『인종불평등론』에서 세계 문명은 백색 인종이 창조한 것이며 혼혈화는 문명의 몰락을 초래할 것이라고 경고했다. 19세기 후반 스펜서 등 서구의 학자들 역시 '인간의 생물학적 특성이 운명을 결정한다'는 명제를 내세우며 인종의 위계질서를 정당화하기도 했다. 앵글로-색슨족의 유럽인이 우월한 인종으로 군림하며 기타 열등한 인종들이 피라미드 아래쪽에 위치하게 되는 것이다.

이처럼 18~19세기에 등장한 인종 개념과 담론은 지극히 근대적인 현상이었다.[4] 근대적인 현상으로서 인종 정체성은 정치권력에 의해 이데올로기화될 수 있었고 인종주의로 극단화되어 수많은 갈등과 폭력을 양산했다. 인종주의의 공격 대상 또한 자의적이고 다양했다. 미국의 흑백 차별이나 남아프리카공화국의 흑백분리 정책에서는 흑인에 대한 인종주의가 득세했고 영국과 미국에서는 백인종인 아일랜드인에 대한 인종차별이 광범위하게 존재했다. 또한 유대인, 슬라브족 등 약 천만 명 이상의 인종청소를 단행한 나치의 홀로코스트Holocaust는 정치적 국가가 폭력 수단을 통해 일상에 잠재된 시민들의 인종적 증오를 유발해 학살을 저지른 비도덕적 행위의 사회적 생산이었다.[5] 이는 서구의 근대화를 받아들여 대동아공영권을 건설하려 한 일본의 신제국주의가 조선인, 만주인, 타이완인을 제국의 신민으로 삼아 종족적, 인종적으로 차별한 것과 통하는 것이었다.

인종주의의 대상은 물론 그 원인 역시 다양한 관점에서 해석될 수 있다. 예를 들어 바우어는 1843년 『유대인 문제』에서 유대인들은 경제적 부를

---

4 Hannah Arendt, *The Origins of Totalitarianism*, Harcourt, Brace, Jovanovich, 1973; Etienne Balibar, "Racism and Nationalism", *Race, Nation, and Class : Ambiguous Identities*(Etienne Balibar and Immanuel Wallerstein eds.), Verso, 1991.

5 Zygmunt Bauman, op. cit., pp.xiii · 169.

성취했지만 사회적으로 차별받기에 자신들의 종교적 양심을 포기할 때에만 정치적으로 해방될 수 있다고 주장했다. 이는 종교적 관점에서 유대인에 대한 인종주의를 해석한 것이었다. 그러나 맑스는 1844년 「유대인 문제에 대하여」라는 글에서 세속적 국가에서 종교가 행사하는 역할을 평가절하했다.[6] 유대교의 물질적 기반인 자본주의가 오히려 유대교의 종교적 기능을 약화시켰다는 것으로 계급의 관점에서 유대인에 대한 인종주의를 평가했다.

프랑스 대혁명의 이념에 영향을 받아 독립전쟁1775~1783을 거쳐 민족국가를 세운 미국 역시 노예제와 흑인 차별의 역사에서 인종주의의 대표적인 사례가 될 수 있다. 일찍이 뒤 보아는 『흑인들의 영혼』이란 저서에서 미국의 노예로 이주한 흑인들의 비참한 삶을 묘사하며 백인의 권력에 의해 흑인의 인권이 붕괴되었다고 비판했다.[7] 계급적 갈등이 깔려 있는 미국의 인종 갈등은 대서양 노예무역의 종식과 함께 18세기 말부터 19세기 초까지 미국 대부분의 주에서 노예해방법이 통과되면서 점화되었다. 노예제는 농업이 주력 산업이었던 미국 남부 주에서 핵심적인 경제제도로 존속했고 이에 따라 노예해방을 둘러싼 정치적 갈등이 남북의 내전으로 이어졌다. 인종주의를 둘러싼 정치적 갈등이자 경제적 계급의 논리가 지배한 내전이었다. 노예해방을 지지한 북부의 승리에도 불구하고 남부를 비롯한 대부분의 주는 '짐 크로우 법Jim Crow laws'을 시행하여 흑백 간 제도적 차별을 정당화했고 흑인을 노예로 삼지는 않았지만 여전히 백인의

6 Karl Marx, "On the Jewish Question", *Karl Marx : Early Writings*, Vintage Books, 1975, pp.218~219.
7 W. E. B. Du Bois, *The Souls of Black Folks*, Blue Heron Books, 1953.

하층에 위치시킨 인종차별을 공고화했다.

이러한 인종주의는 식민주의에서 포스트식민주의에 걸쳐 다양한 시공간에서 광범위하게 행사되었다. 식민주의와 포스트식민주의의 과정에서 어떻게 서양의 지배 담론이 동양의 주체들을 열등한 타자로 재구성했는가를 분석한 사이드의 『오리엔탈리즘』에서도 인종주의의 근원을 평가할 수 있다.

> 영화나 텔레비전에서 아랍인은 호색한이거나 피에 굶주린 악한을 연상시킨다. 곧 아랍인은 성욕과다의 변태자이고, 부정한 음모에 능란하며, 본질적으로 사디스트이고, 믿을 수 없는 하등 인간으로서 나타난다. 노예상인, 낙타를 타는 사람, 환전상, 화려한 불한당, 이러한 것들이 영화에 나타나는 전통적인 아랍인의 역할이다. (…중략…) 이러한 화면이 보여주고 있는 것은 대부분 군중의 분노와 비참함 또는 비이성적인(그러므로 희망이 없을 정도로 기괴한) 몸짓이다. 이 이미지 전체에 숨어 있는 것은 '지하드'의 위협이고, 이로써 이슬람교도(내지 아랍인)가 세계를 정복하는 것은 아닌가 하는 공포가 생겨난다.[8]

식민주의와 포스트식민주의의 과정에서 서구의 권력과 담론이 기획한 오리엔탈리즘은 열등한 동양을 타자화하고 동양의 인종을 억압한 이데올로기였다. 오리엔탈리즘에서 혐오의 대상은 비서구 식민지의 원주민에 머문 것이 아니라 현대 사회의 아랍인, 사회주의 적성국가의 시민 등으로 확대될 수 있었다. 인종주의는 오리엔탈리즘의 담론적 수준을 넘어 다양한 방식에서 미시적인 사회 영역들로 스며들었던 것이다. 더욱이 르완다

8 Edward W. Said, *Orientalism*, Vintage Books, 1979, p.287.

의 제노사이드에서 볼 수 있듯이 서구가 열등한 것으로 본 제3세계의 집단들 내에서도 인종주의는 재생산될 수 있었다.

## 2. 네이션/민족, 종족, 인종

왈러스타인은 인종을 유전적으로 지속되는 집단, 종족을 문화적인 집단, 네이션을 역사적, 사회정치적 집단으로 규정하고 세 정체성 모두 인간 공동체의 구성물, 과거의 고안물, 현대의 정치적 현상이란 특성을 공유한다고 지적했다.[9] 이와 관련해 베버는 공통의 조상에 대한 신념을 기반으로 하여 인종과 종족의 정체성이 정치적으로 구성되어 네이션으로 발전했다고 주장했다.[10] 베버의 시각에서 네이션, 인종, 종족의 정체성은 공통의 조상에 대한 믿음을 근거로 한 인위적인 산물이며 인종과 종족은 근대의 정치 공동체인 네이션에 의해서 재구성되는 것이다.

조상에 대한 정치적 기억을 중심에 놓고 네이션, 종족, 인종의 정체성을 평가한 베버의 이론은 대면접촉을 넘어서는 모든 공동체는 상상된다는 앤더슨의 명제를 곱씹게 한다. 기본적으로 공통된 조상의 기원과 이에 대한 믿음을 근거로 상상한다는 측면에서 네이션/민족, 종족, 인종은 개념적으로 같은 상상의 뿌리에서 나와 다른 방식에서 정치화된 것이라 할 수 있다. 상상되는 방식에 따라 그 정체성이 구별되는 것일 때 각 정체성

9 Immanuel Wallerstein, "The Construction of Peoplehood : Racism, Nationalism, Ethnicity", *Race, Nation, and Class : Ambiguous Identities*(Etienne Balibar and Immanuel Wallerstein eds.), Verso, 1991, pp.78~79.

10 Max Weber, *Economy and Society*, pp.385 · 389 · 398.

사진은 실화를 배경으로 2004년 제작된 영화 〈호텔 르완다〉의 영상물 표지이다. 1994년 4월 6일 후투족 출신 르완다 대통령 하브자리마나가 비행기 격추로 사망하자 후투족은 4월 7일부터 7월 중순까지 투치족과 온건 후투족을 집단적으로 학살했다. 이 학살에서 당시 600만 명 인구 중 3분의 1이 희생당한 것으로 알려져 있으며, 매년 4월 7일이면 세계 곳곳에서 학살 피해자를 위한 '크위부카(Kwibuka)' 추모 행사가 개최된다. 크위부카는 르완다의 토속어로 '기억하다'를 의미하며 이는 대학살을 역사적 교훈으로 삼으려는 르완다 국민의 열망을 담고 있다.

은 역사적 과정에 놓인 정치적 맥락에 따라 차별화되는 것이다. 따라서 네이션/민족의 정치에서 활용되는 종족과 인종은 근본적으로 일란성 쌍생아라 할 수 있지만 원시적 정체성에서 벗어난 상상의 과정에서 종족은 씨족, 친족을 넘어 동족의 경계를 구성하는 경향을 가졌던 반면 인종은 유전적 형질을 중심으로 더욱 자의적으로 가공되는 경향을 드러냈다. 이러한 의미에서 인종은 더욱 정치적, 담론적인 구분자로 기능하는 것이다.[11] 1950년 유네스코의 인종문제에 대한 선언이 생물학적 결정론에 근거한 배타적 인종주의를 극복하기 위해 인종 개념을 종족으로 대체하고자 했던 사례 역시 이를 역설적으로 드러내 준다. 이 선언은 생물학적 조상을 공통으로 하는 것에서 인종과 종족을 동일시하며 정치적 배타주의를 경계하기 위해 인종 개념을 종족으로 대체하려 했던 것이다.

이처럼 인종과 종족의 정체성은 상호 구분되면서도 네이션/민족에 의해 활용되는 유사성을 보여준다. 보다 세분화된 경험적 유형의 실체를 가정하는 종족과 달리 인종이 자의적인 분류에서 극단화되는 차별성이 있지만 적지 않은 경우 종족을 활용하는 민족주의가 인종주의로 전락하는 것을 보면 인종과 종족은 민족주의에서 쉽게 접합될 수 있다. 르완다의 사례에서 전쟁과 내란에 휩싸인 종족 갈등이 네이션의 정치에서 인종주의와 결합한 것이 그러한 예가 될 것이다. 종족 갈등과 인종 갈등이 모두 민족주의와 관련되는 것은 아니지만 민족주의는 종족과 인종을 활용할 수 있는 것이다.[12]

11 Stuart Hall, “Question of Cultural Identity”, p.617.
12 Jyoti Puri, op. cit., pp.63~65 · 179.

### 1) 단일민족론

네이션/민족의 정치에서 종족과 인종이 정치적으로 활용되는 것은 역설적으로 단일한 인종과 종족으로 네이션/민족을 형성한 것으로 상상된 일본과 한국의 단일민족론에서 잘 드러난다. 오구마에 따르면, 일본의 단일민족론은 일본 민족이 단일하고 순수한 기원과 공통의 문화 및 계보를 공유해 왔다고 믿는 정치적 신화를 의미하는 것이다.[13] 일본의 단일민족론은 일본 민족을 원주민과 후래의 정복 종족이 결합된 것으로 보는 혼합종족론과 경합해 왔다. 역사적으로 대일제국을 하나의 거대한 가족국가로 규정한 일본의 국체론은 타종족의 식민지를 동화시키며 혼합종족론을 단일민족론으로 용해시키고자 했다. '내선일체론'과 '일선동조론' 역시 일본의 순수한 혈통을 강조하는 단일민족론과 모순되는 것이었지만, 메이지 유신 이후 제국주의적 확장에서 국체론의 이데올로기는 불가피하게 혼합종족론을 단일민족론에 통합시키며 조선 등의 식민화를 정당화했다.[14]

일본의 식민주의 담론에서 제2차 세계대전 전에는 혼합종족론이 확산되고 전후에는 단일민족론이 공고화되었지만 어느 쪽이든 언어, 종족, 인종의 인류학적 기원과는 무관하게 근대 이후 정치적 변화에 따라 일본의 정체성이 자의적으로 상상되었던 것이다. 이에 일본 인종이 우월한 인종으로서 중국 인종과는 다른 '코카서스 백인종의 후예'라는 극단적 논리도 성립할 수 있었다.[15] 여기서 중요한 것은 혼합종족론과 단일민족론 모두 네이션/민족을 재구성하며 종족과 인종을 활용하는 측면에서 서로 유사

---

13 Eiji Oguma, *A Genealogy of 'Japanese' Self-Images*, Trans Pacific Press, 2002, p.xxx.
14 Ibid., pp.80 · 124.
15 Ibid., pp.144~145.

하게 작동했다는 것이다.

일본의 사례에서 알 수 있듯이 오리엔탈리즘이 타자화시킨 동양에서의 인종 담론은 식민주의와 반식민주의의 이분법에서 잘 드러났다. 서양과 동양 및 동양의 강대국과 약소국 사이에서 인종을 중심으로 한 담론 투쟁이 벌어졌고 인종 담론은 문명 담론과 결합하여 인종을 차별화, 서열화하는 인종주의로 발전했다. 예를 들어 윤치호는 "영국은 인도와 영국의 모든 종속국의 선생이다. 또한 이것은 미국의 흑인과 인디언의 관계에서도 마찬가지이다. 모든 인종의 궁극적인 개선은 신의 섭리의 목표이다"[16]라며 식민주의와 이것에서 파생되는 인종주의를 불가피한 역사적 산물로 변호했다. 또한 "일본인과 한국인 사이에는 인종·종교·문자의 동일성에 기초한 감정과 이해의 공통성이 있다. 일본·중국·한국은 극동을 황인종의 영원한 보금자리로 지키기 위해 공동의 목표와 정책과 이상을 가져야 한다"[17]라고 주장하며 '황인종주의'를 통해 서구열강의 침략을 방어하고자 했다. 『독립신문』 역시 다음과 같이 주장했다.

> 오늘날 세계는 황인종과 백인종이 각립하여 서로 다투는 시대라. 일본이 황인종 중에 먼저 그 다른 사람이 되어 동포형제의 의로써 뒤에 깨달음이 될 조선과 청국을 깨닫게 하여 동양의 큰 판을 보존하고 서양 백인종의 침로와 노략질을 대들어 항거하고자 함으로 그 마음을 허비함이 심히 괴롭거늘 조선과 청국의 관민들은 이제 이 두 인종의 다투는 큰 형세를 알지 못하고 이에 도로 다른 종자되는 서양 백인들에게 의지하고 붙어 겨우 한 때의 편안함을 구차히 도

16 『윤치호 일기』, 1891.5.12.
17 위의 책, 1902.5.7.

둑질하고자 하는지라.[18]

조선의 민족주의자들은 서구 열강의 식민지 침탈을 경계하며 당대의 국제정세를 '서구 백인종'과 '일본 황인종'의 대결로 묘사했다. 이는 서구에 이어 인종을 활용하며 식민주의를 모색한 일본의 정치 담론을 부분적으로 수용한 것이기도 했다. 일본의 제국주의가 노골화되면서 일본의 식민주의는 물론 이에 저항하는 조선의 민족주의 역시 인종을 정치적으로 상상하며 권력과 투쟁의 장으로 끌어들였던 것이다. 중국의 양계초 역시 『민족경쟁론』에서 근대의 5인종 중 황인종과 백인종만을 '역사적 인종'으로 규정하고 백인종의 제국주의에 맞서 중국을 중심으로 한 황인종이 세계사를 탈환해야 한다고 주장했다. 민족국가의 수립에서 인종은 수시로 피아를 바꾸며 정치화했다. 인종 담론은 민족주의의 모호한 본성에 기여하고 민족주의는 이를 정치적으로 활용했던 것이다.[19] 이러한 맥락에서 양계초의 사론을 번역한 신채호가 의도적으로 인종을 민족으로 대체한 것은 근대적 국민국가를 지향하며 일체의 왜곡된 동양주의를 비판하는 배경에서 이루어졌던 것이다.[20]

이러한 정치적 상상의 과정에서 일제는 단일민족론과 혼합종족론을 결합하여 식민지에서 차별을 유지하는 동화정책을 펼쳐 나갔다. 1910년 8월 초대 조선총독 데라우치 마사타케는 조선 민중이 모두 제국의 신민이 되어야 한다고 주장했고 이후 식민국가는 일선동조론, 내선일체론을 내

18 『독립신문』, 1899.11.8.
19 Etienne Balibar, op. cit., p.54.
20 윤영실, 「근대계몽기 신채호의 민족론에 나타난 '아(我)'의 의미」, 『한국학연구』 24권, 인하대 한국학연구소, 2011, 290~291면.

세우며 '반도인'을 신민으로 포용하면서도 '내지인'과 구분하며 종족적, 인종적으로 차별했다. 물론 식민지근대화론에서 주장하듯이 조선인에 대한 명목적인 제도적 차별은 두드러지지 않았다. 그러나 학교교육, 경제활동, 신분상승 등에서의 비가시적인 차별과 함께 조선인들은 창씨개명, 조선어 금지, 전쟁동원, 위안부 사건 등에서 억압적인 동화정책의 피해자가 되어야 했다. 특히 식민주의와 반식민주의의 갈등이 고조된 1923년 간토대지진에서 6천 명 이상의 조선인들이 일본 군경과 민간인들에 의해 학살되기도 했다. 대지진의 우연한 참사에서 사회 깊이 내재되었던 일본인과 조선인의 갈등이 종족 학살로 점화되었고 이것은 다분히 인종주의적 성격을 띤 것이었다.

이러한 배경에서 대동아공영권을 기치로 일본 인종의 우월성을 내세우며 일제는 조선인, 만주인, 타이완인을 황국신민의 이등 종족/인종으로 삼아 범아시아주의를 확대해 갔다. 실제로 1895년부터 1945년까지 타이완 식민국가의 인종 담론은 백인종과 비백인종을 구분, 차별하는 서구의 인종 담론을 차용한 것이었다.[21] 이 인종 담론은 일본과 타이완의 관계를 영국과 인도, 프랑스와 서아프리카의 관계에 비유하며 근대화와 저발전, 우월한 인종과 열등한 인종의 이분법을 구축했다. 백인종과 동급으로 올라선 일본인은 우월한 인종적 지위를 바탕으로 타이완인을 지배했고 중국을 견제하는 효율적인 식민통치를 위해 중국 본토와 구별되는 '식민화된 타이완의 정체성'을 구축하려 노력했다.[22] 타이완의 독립적 정체성을

---

21 Leo T. S. Ching, *Becoming "Japanese": Colonial Taiwan and the Politics of Identity Formation*, University of California Press, 2001, p.16.

22 Ibid., p.50.

추구하는 식민국가의 지배 전략은 중국에 종속된 타이완인의 정체성을 해체하고 일제의 하위 정체성으로 동화시키려 한 것이었다. 이러한 식민유산과 함께 포스트식민주의의 과정에서 타이완의 정체성은 종족적 민족주의의 측면에서 중국 본토의 정체성과 경쟁하게 되었다. 이렇게 정치적으로 유사 종족을 분리, 왜곡시키는 식민유산은 인도네시아와 동티모르, 아일랜드와 북아일랜드 등의 사례들에서도 발견되었다.

일본의 단일민족론과 비교한다면 한국의 단일민족론은 더욱 강한 응집력을 발산하며 정치적 신화를 구축해 왔다고 볼 수 있다. 제1부에서 분석되었듯이 한국의 민족 개념은 근대에서 만들어졌고 단일민족을 중심으로 민족 정체성을 구체화한 것 역시 근대 민족주의자들에 의해서였다. 그러나 한민족의 기원이 되는 고조선과 그 이후의 국가들은 단일종족이 아닌 '다종족 국가'로 평가될 수 있다. 한민족의 기원을 동국의 주종족인 단군의 후예들로 본 신채호는 "부여족은 곧 우리 신성한 종족인 단군의 자손들로서 지난 4천 년 동안 이 땅의 주인공이 된 종족이다"라며 단군의 후예를 잇는 '부여족'이 한민족의 실질적인 기원이 되었다고 주장했다.[23] 그러나 부여족이 주변 종족을 복속하며 종족을 확장하고 이후 삼국 시대의 종족국가로 이어진 것이라는 점에서 단일종족 국가를 의미하는 단일민족의 신화는 고대사의 출발에서부터 문제의 소지가 있었다. 이러한 모순에도 불구하고 신용하는 고조선족으로부터 삼국의 부족국가로 이어지는 원민족이 형성되었고 원민족이 전근대 민족에 이어 현재의 민족으로 발전했다고 주장했다.[24] 부족의 통합이 종족으로 이어지고 종족의 통합이 다시

23 신채호, 박기봉 역, 앞의 책, 218면.
24 신용하, 『한국민족의 형성과 민족사회학』, 344~345면.

혈연적 대집단인 민족으로 이어졌다는 논리적 과장이 성립한 것이다.

이러한 한국의 단일민족론은 분단체제에서 라이벌의 괴뢰집단을 제거하고 단일한 종족으로 통일해야 한다는 정치적 담론으로 발전하여 남북 갈등을 조장하고 분단체제를 장기화했다. 가장 종족적으로 통일되어야 할 민족이 가장 적대적인 사례가 된 아이러니라 할 수 있다. 대한민국이 1999년 '재외동포 출입국과 법적 지위에 관한 법률'에서 조선족을 국민의 범주에서 배제한 것 역시 네이션/민족이 종족성이 아닌 정치성에 귀속되는 것을 보여준다. 국민의 범주에서 배제되고 종족적 유사성에서마저 멀어져 간 조선족과 한 핏줄의 겨레로 옹호되었지만 경제적 하층으로 차별 받는 탈북자 집단의 현실은 과거 한민족의 정체성이 '계층화된 국민성 hierarchical nationhood'으로 변화하고 있음을 방증한다.[25]

무엇보다도 단일민족의 신화가 해체되는 가운데 21세기 다문화 한국의 네이션에서 한민족의 정체성은 서서히 분해되고 있다. 이것은 조선에서 중국으로, 중국에서 한국으로 그리고 다시 중국으로 귀환하는 연변 조선족의 정체성에서 간접적으로 드러난다. 역사적으로 식민지, 사회주의, 개혁개방 및 초국가적 이주를 경험한 연변 조선족은 흔히 중국의 네이션에 동화되면서도 '조선민족'의 종족적 정체성을 유지해 온 것으로 평가되었다. 그러나 연변 조선족은 중첩된 이주의 과정에서 중국과 한국 사이에 낀 제3의 정체성을 형성한 것으로 평가된다.[26] 제3의 정체성은 중첩된 이주와 함께 국가/네이션, 한민족 담론의 종족적 모국, 소수종족의 삼각관계

---

25 Dong-Hoon Seol and John D. Skrentny, "Ethnic Return Migration and Hierarchical Nationhood", *Ethnicities* Vol.9, No.2, 2009.

26 강진웅, 「디아스포라와 현대 연변조선족의 상상된 공동체－종족의 사회적 구성과 재영토화」, 『한국사회학』 46집 4호, 한국사회학회, 2012.

에서 만들어진 복합적인 산물이었다. 한민족의 대범주에서 한국인과 동일한 조상을 갖는 연변 조선족은 중국 네이션의 경계에서 조선족의 정체성을 유지했을 뿐만 아니라 이주 한국에서 비국민적 타자로서의 이질적인 민족 정체성을 경험했다. 궁극적으로 중국 네이션의 정치적 경계가 조선족의 정체성을 규정하는 가운데 그럼에도 불구하고 이들의 정체성은 네이션, 민족, 종족 사이에서 끊임없이 유동하고 있다.

이와 같이 일본과 한국의 사례에서 단일민족의 이데올로기와 순수 혈통의 종족 관념은 국민국가의 경계 안팎에서 해체되고 있다. 유사한 혈통의 집단으로 인식된 종족 사이에서도 네이션/민족의 정치에 따라 종족적 유대감은 변화하는 것이며 이것은 혈통이 다른 종족에서나 볼 수 있는 종족적 차별과 인종적 편견으로 이어지기도 한다. 같은 조상의 종족, 한민족, 단일민족의 이념에서 현대 한국인과 조선족은 원시적 혈통의 관념에서 점차 멀어지고 있다. 이는 피를 나눈 형제자매로 옹호된 북한의 동포들이 탈북자의 신분으로 한국에 정착하여 경제적 하층의 소수집단으로 살아 갈 때도 유사하게 발견되는 것이다. 역설적으로 단일민족으로 형상화된 한국의 사례에서 종족의 사회적 구성과 인종의 자의적 정치성이 두드러지고 있는 것이다.

### 2) 르완다의 제노사이드

일본과 한국의 단일민족론을 통해 근대 네이션/민족의 정치에서 활용되는 종족과 인종의 정체성을 살펴볼 수 있었다. 이러한 측면은 아프리카의 인종적 부족주의에서 더 극명하게 드러난다. 맘다니는 『시민과 백성』에서 아프리카 포스트식민국가 형성에서 드러나는 시민권의 정치 및 종족과 인종의 정치적 구성에 대해 분석했다. 아프리카의 도시 지역에서는 '시민권의 정치'와 '인종주의'가 작동하여 집중화된 독재를 낳았던 반면 농촌 지역에서는 '종족성의 정치'와 '부족주의'가 작동하여 탈집중화된 독재를 낳았다는 것이다.[27] 아프리카의 포스트식민주의적 민족국가는 부족주의와 인종주의의 식민유산을 활용하며 서로 다른 방식에서 독재체제를 형성했던 것이다.

네이션의 정치에서 종족과 인종의 상관관계를 좀 더 면밀하게 분석한 것은 르완다의 제노사이드를 분석한 맘다니의 또 다른 저서 『희생자가 살인자가 될 때』에서였다. 역사적으로 르완다에서 후투족과 투치족의 종족적 차이는 거의 식별할 수 없는 것이었지만 유럽의 식민통치자들은 종족적 차이를 인종주의화하여 르완다를 간접 통치했다. 1884년 독일의 지배에 이어 1919년 벨기에가 위임통치한 르완다에서 백인 권력은 투치족을 인종적으로 우월한 부족으로 간주하여 통치의 파트너로 삼았다.[28] 부족의 정체성을 인종주의화한 것은 1935년 르완다 국민을 투치족, 후투족, 트와족, 귀화한 외국인으로 구분한 것에서 잘 드러났다.

---

27 Mahmood Mamdani, *Citizen and Subject : Contemporary Africa and the Legacy of Late Colonialism*, Princeton University Press, 1996. 역사적인 분석에서 부족은 종족의 하위 개념이지만 서구의 학자들은 아프리카의 종족 개념을 부족으로 대체하여 사용했다. 이것은 아프리카의 종족을 바라보는 서구의 인종주의적 일면을 반영하는 것이다. 이 책은 아프리카의 부족 개념을 종족과 같은 것으로 이해하며 부족 개념은 종족 이전에 존재했던 집단 정체성으로 간주한다.

28 Mahmood Mamdani, *When Victims Become Killers : Colonialism, Nativism, and the Genocide in Rwanda*, Princeton University Press, 2001, pp.87~88. 르완다의 부족 구성은 농업을 생업으로 하는 후투족과 가축을 키우며 유목생활을 하는 투치족으로 나뉜다. 후투족과 투치족은 인종과 종족의 경계가 분명치 않은 상황에서 서로 다른 부족으로 발전했다. 18세기 이후 투치족이 중심이 된 르완다 왕국에서 상층의 투치족이 하층인 후투족을 지배했고 1884년 독일 지배하의 군주정에 이어 1919년 벨기에의 위임통치에서 투치족 중심의 통치가 강화되었다. 유럽의 식민통치자들은 이주 종족으로서 백인에 더 가까워 보이는 투치족을 인종적으로 우월한 부족으로 간주하여 통치의 파트너로 삼았다.

그러나 투치족을 우위에 놓은 식민국가의 인종주의적 부족 통치는 1959년 르완다 혁명, 1960년 후투족의 총선거 승리와 공화정 수립, 1962년 르완다의 독립으로 이어진 탈식민주의 민족국가에서 후투족 중심의 인종주의적 부족 통치로 역전되었다. 이후 후투족의 탄압과 학살로 인해 우간다로 피신한 투치족이 1990년 르완다애국전선을 결성하여 후투족과 내전을 벌였고 1993년 휴전과 함께 공동과도정부가 구성되고 유엔 평화유지군이 파견되기도 했다. 그러나 식민주의에서 포스트식민주의를 거쳐 급상승된 인종적 부족주의는 1994년 후투족 대통령의 비행기 암살을 계기로 후투족이 투치족을 대학살하는 참극으로 이어졌다. 1994년 4월 7일부터 7월 중순까지 약 100일 동안 벌어진 르완다의 제노사이드는 나치의 인종 학살에 이어 인류 역사상 가장 끔찍한 학살 중의 하나로 평가되고 있다. 2008년 학살생존자학생협회 보고서에 따르면 390개의 학살 장소와 무덤 등을 조사한 결과 약 200만 명이 살해된 것으로 밝혀졌다. 이는 당시 르완다 인구 600만 명을 고려하면 엄청난 수의 희생자를 낳은 것이다.

이러한 르완다의 비극은 식민주의와 포스트식민주의로 이어지는 인종적 부족주의의 산물이었다. 르완다에서 유럽의 식민통치자들은 같은 원주민 간에는 '종족'의 범주를 적용하고 원주민과 정착자는 '인종'의 기준에서 구분했다. 우수한 인종의 종족이 열등한 인종의 종족을 지배하는 식민주의는 관계만 뒤바뀌었을 뿐 탈식민주의 민족국가에서도 그대로 계승되었다. 1959년 후투족이 집권한 르완다 혁명에서 투치족은 소수 이방인의 '인종'으로 규정되어 정치적 참여가 금지되었고 하브자리마나가 집권한 제2공화국에서는 유사한 '종족'으로서 정치적 시민권을 부여받았지만 소수집단으로 차별을 받았다.[29] 이와 같이 식민주의에서 후투족과 투치족은 '열등한 인종/종족'과 '우월한 인종/종족'이라는 이항대립이 만들어졌고 포스트식민주의에서는 '우월한 인종/종족'과 '열등한 인종/종족'에 이어 '우월한 종족'과 '열등한 종족'이라는 이항대립으로 재구성되었다.

결국 르완다의 후투족과 투치족은 '원주민 대 정착자'의 정체성을 이항대립시킨 식민유산을 극복하지 못했고 인종적 부족주의의 정치적 갈등은 한 부족을 대량 학살하는 제노사이드를 낳았던 것이다.[30] 반식민투쟁은 식민국가를 탈인종주의화하는 민족주의적 과제를, 포스트식민주의 국가는 시민사회를 탈인종주의화하는 민족주의적 과제를 가졌지만 후투족과 투치족의 종족 갈등은 이러한 역사적 과제를 해결하지 못했다.

## 3. 네이션/민족, 계급, 인종

인종주의의 역사에서 알 수 있듯이 인종은 유전적, 생물학적 특성이 아니라 정치적으로 가공되는 사회문화적 정체성으로 파악될 수 있다. 이 관점에서 네이션과 인종, 민족주의와 인종주의의 관계는 상호 관련되지만 어느 곳에 주안점을 두느냐에 따라 네이션과 민족주의가 인종을 정치적으로 활용하는 것으로 해석할 수도 있고[31] 둘 사이의 상호작용을 인종이 이끄는 것으로 해석할 수도 있다.[32] 그러나 인종 담론이 대두되고 인종이

29 Ibid., p.138.

30 Ibid., p.34.

31 Hannah Arendt, op. cit.; Etienne Balibar, op. cit.; Anthony W. Marx, op. cit.; Livio Sansone, *Blackness without Ethnicity : Constructing Race in Brazil*, Palgrave Macmillan, 2003.

32 Michael Omi and Howard Winant, op. cit.; Howard Winant, *The World Is a Ghetto : Race and Democracy since World War II*, Basic Books, 2001.

권력의 기제로 활용된 것은 지극히 근대적인 현상이었고 따라서 네이션/민족의 정치와 자본주의에 의해 구성되는 인종의 문제가 주된 관심사가 되었다.

이 책의 관심 역시 인종이 네이션/민족을 이끄는 측면 혹은 인종이 계급에서 비롯된 측면이 아니라 네이션/민족이 계급과 관련되어 인종에 영향을 미치는 측면에 있다. 이와 관련해 제5장에서 자본주의 혹은 계급의 정체성이 민족주의와 네이션/민족을 낳은 측면을 살펴보았다. 그러나 자본주의와 네이션/민족의 관계는 보편적 인과관계로 설정될 수 없을 뿐더러 계급이 네이션/민족을 형성하는 것이냐 아니면 네이션/민족이 계급에 영향을 주는 것이냐의 문제를 따지는 것은 이 책의 범위를 넘어서는 작업이다. 이 책에서는 근대 이래로 계급이 네이션/민족에 미치는 영향을 간과하지 않는 동안 네이션/민족이 계급과 관련되어 인종에 미치는 영향에 주목한다.

아프리카민족회의(African National Congress)의 지도자 넬슨 만델라는 1993년 노벨 평화상을 수여하고 1994년 남아프리카공화국 최초의 흑인 대통령으로 취임했다. 만델라와 아프리카민족회의는 1994년 평등선거에서 승리한 뒤 '진실과 화해 위원회'를 결성하고 인종주의의 과거사를 청산하기 위해 노력했다. 2013년 타계한 만델라는 『뉴욕타임스』가 뽑은 20세기 최고의 책에 선정된 『자유를 향한 긴 여정』을 저술했다.

일찍이 고비노는 『인종불평등론』에서 귀족, 부르주아, 평민을 서로 다른 인종이라 부르며 계급적 신분 개념에 가까운 인종 개념을 제시한 바 있다. 고비노는 귀족정치를 대체할 엘리트 인종을 창출하고자 했고 이런 의도에서 아리안족을 대안으로 삼았다. 근대 네이션이 새로운 계급관계를 구성하고 여기서 비롯되는 사회갈등을 인종주의로 극복하고자 한 것이었다. 이러한 맥락에서 앤더슨은 기본적으로 인종주의가 네이션이 아닌 계급의 이데올로기에 근원을 두고 있다고 주장했고 인종주의를 민족주의의 부산물로 본 네언의 주장을 공박했다.[33] 앤더슨에 따르면, 19세기 유럽의 관주도 민족주의 및 식민주의의 전파와 함께 인종주의는 기본적으로 유럽 밖에서 발전했고 크레올과 같은 이주 유럽 지배자들은 원주민보다 우월하다는 인종주의를 식민국가에 주입하는 데 주력했다. 따라서 크레올 국가의 인종주의는 유럽과 크레올 간 민족적 갈등보다는 크레올 지배계급과 원주민 피지배계급 사이의 갈등에서 강화되었다. 계급에 기반을 둔 인종주의가 때때로 민족주의의 형상으로 나타났지만 인종주의는 애국심과 같은 숙명론적 연대의식을 의미하는 민족주의와는 구별된다는 것이다.[34]

하지만 앤더슨의 주장은 동전의 어느 한 면만을 본 것이다. 물론 인종주의와 반인종주의의 대립으로 평가되는 남북전쟁을 예를 들자면 그 배경에 산업 및 농업 자본가의 권력이 숨어 있다는 점에서 앤더슨의 주장은 일리가 있다. 그러나 인종의 얼굴을 한 계급 갈등 역시 내전을 통해 통일된 네이션/민족 공동체를 형성하고자 한 민족주의에서 자유로울 수 없다. 근대 프랑스와 독일에서도 인종 정체성은 계급과 네이션 모두와 관련되었다. 프랑스의 경우 대혁명의 여파에서 귀족 계급이 인종주의를 통해 네이션과 함께 성장하는 시민 계급과 갈등했다면, 외국의 침략에 대항한 독일의 인종주의는 계급을 넘어 네이션을 통합시킬 수 있었다.[35] 더욱이 고

33 Benedict Anderson, *Imagined Communities*, pp.148~149.
34 Ibid., p.149.
35 Hannah Arendt, op. cit., pp.161 · 165.

비노가 내세운 아리안족을 유럽 전체가 아닌 독일의 것으로 한정한 나치즘의 사례는 인종이 계급으로 환원되는 것이 아니라 네이션으로 통합된다는 것을 보여준다. 나치즘의 인종 학살은 물론 르완다의 종족 학살 역시 민족국가의 경계 안팎에서 계급을 초월하여 네이션을 재구성한 사건이었다.

따라서 경제적 계급이 인종주의와 관련되는 것은 분명하지만 이것이 인종주의를 낳은 근본 요인이 될 수는 없는 것이다.[36] 그렇다고 해서 네이션/민족이 여타 정체성을 결정한다는 인과관계가 성립하는 것은 아니다. 그럼에도 불구하고 칼훈이 지적했듯이 독립된 내부 인자들로 구성된 정체성 중에서 네이션은 많은 경우 계급을 포함하는 여타 정체성을 압도하는 힘을 갖고 있다.[37] 국가와 자본주의가 결합되어 네이션/민족을 구성하는 민족주의를 창출하는 것이며 네이션/민족은 계급 및 타정체성에 의해 영향을 받으면서도 그것을 넘어설 수 있는 것이다.

현대 사회에서도 네이션/민족의 형성에서 계급과 맞물려 인종의 문제가 정치적으로 극단화된 사례들이 적지 않다. 대표적인 사례가 남아프리카공화국의 아파르트헤이트이다. 2018년 기준으로 남아공은 흑인 80.9%, 혼혈인 8.8%, 백인 7.8%, 아시아/인도계 2.5%의 인종 구성을 보여준다. 소수의 백인이 다수의 흑인과 유색인종을 지배한 남아공은 17세기에 진출한 네덜란드계 아프리카너들의 지배를 받았고 이어서 19세기에 네덜란드를 물리치고 등장한 영국의 지배를 받았다. 그러나 영국에 의해 집단학살을 경험한 아프리카너들은 영국이 물러간 탈식민화의 과정에서 빼앗긴

36 Anthony W. Marx, op. cit., p.277.
37 Craig Calhoun, op. cit., p.43.

정권을 되찾고 흑백 분리를 통해 백인 우위의 가혹한 흑인차별 정책을 주도했다.

1950년 백인 정권의 인구등록법은 아프리카인도 백인도 아닌 모든 사람들을 '컬러드coloured'로 정의했고 이에 따라 모든 국민을 백인, 흑인, 컬러드, 인도인으로 구분했다. 이 인종정책은 흑인을 가장 차별하면서 유럽인 대 비유럽인, 백인 대 비백인의 이분법을 정당화한 것이었다.[38] 또한 초기에 정착한 인도인은 따로 구분하고 중국인과 일본인은 명목상 백인으로 분류하는 등 인종 구분 역시 지극히 자의적이었다. 이로써 생물학적 인종을 기준으로 백인 정권은 거주지, 통혼, 출입구역 등을 분리하고 유색인종의 투표권을 박탈하는 등 백인지상주의 국가를 지향했다. 남아공의 흑인 차별에 대해 만델라는 그의 자서전『자유를 향한 긴 여정』에서 다음과 같이 회고했다.

> 남아프리카에서 흑인으로 산다는 것은 태어나는 순간부터 그들이 어떻게 인식하느냐의 여부와 상관없이 정치화될 수밖에 없다는 것을 의미한다. 남아프리카 흑인 아이들은 일반적으로 흑인전용 병원에서 태어나 흑인전용 버스만 타고 흑인 거주 지역에서만 살아야 하고 흑인전용 학교에만 다녀야 했다. 흑인 아이들은 성장해서 흑인들이 다니는 직장에만 취직할 수 있고 흑인 거주 지역 내에서만 집을 세낼 수 있으며 흑인전용 기차만 탈 수 있다. 흑인 아이들은 자신의 성장과 잠재력을 짓밟고 자신의 삶을 위기에 빠뜨릴 수 있는 인종차별 법률과 규제에 둘러싸여 살아간다. 흑인은 밤낮을 가리지 않고 수시로 통행증을

38 Immanuel Wallerstein, op. cit., p.72.

제시하기 위해 가던 길을 멈춰야만 하고 통행증을 제시하지 못하면 바로 경찰서에 연행된다. 이것이 남아프리카 흑인의 현실이었다.[39]

아프리카너 백인 지배자들이 벌인 가혹한 아파르트헤이트 정책은 영국으로부터 집단학살을 당한 트라우마와 다수 흑인 집단의 반란에 대한 두려움이 겹쳐져 만들어진 인종적 증오의 산물이었다. 오랜 투쟁의 역사에서 백인 정권의 인종주의에 저항한 아프리카민족회의는 1990년 인종차별 정책을 종식시켰고 1994년 만델라를 최초의 흑인 대통령으로 선출하고 흑백연합정부를 구성하는 개혁을 이끌어 냈다. 그러나 남아공에서 제도적인 흑백 차별은 개혁되었지만 오랜 관습으로 인해 사회 깊숙이 내재된 인종주의는 여전히 근절되지 않고 있다.

미국 역시 남북전쟁 이후에도 '짐 크로우 법'을 시행하여 공공기관에서 인종 분리를 합법화하고 흑인들에게 '분리되어 있지만 평등하다'는 불평등한 지위를 부여했다. 1960년대 중반에 들어서야 비로소 흑인 차별 법안들이 사라졌지만 사회의 비공식적인 영역에서 인종주의와 이에 저항하는 갈등은 만연했다. 1992년 4월 29일 발생하여 5월 4일까지 수천 명의 흑인이 시위와 약탈, 방화를 저지른 '로스앤젤레스 흑인폭동'을 예로 들 수 있다. 이 폭동은 로스앤젤레스 경찰관이 흑인 로드니 킹을 구타한 사건과 상점 주인인 한국계 미국인 두순자가 흑인 소녀에게 총격을 가한 사건에서 무죄 판결이 나자 흑인들이 인종차별에 대한 분노를 표시하며 일으킨 폭동이었다. 백인과 흑인 간 인종 갈등에서 점화된 이 사건에서 간과할

39 Nelson Mandela, *A Long Walk to Freedom : The Autobiography of Nelson Mandela*, Little, Brown and Company, 1994, p.89.

미국의 오바마 대통령이 해당하는 물라토는 아프리카와 아메리카 대륙에서 백인과 흑인 사이에서 태어난 혼혈 인종을 말한다. 물라토는 19세기 아프리카에서 백인과 흑인 사이의 중간자적 역할을 담당했고 백인들은 물라토를 잠재적 아군으로 간주했다. 브라질에서는 노예로 끌려온 아프리카 흑인들과 포르투칼 백인 간의 혼혈 인종이 생겨났고 이러한 물라토가 인종적 민족주의의 완충적 기능을 담당했다.

수 없는 부분은 미국 정치권과 언론의 조장에 의해 흑백 대결이 흑황 대결로 전도되어 흑인들의 폭동이 확산되었다는 점이다. 또한 2020년 미국 대통령 선거에서 드러난 국론 분열은 미국 사회에 뿌리박힌 인종주의의 어두운 그림자를 드러내 준다. 트럼프 정권에서 흑인은 물론 유색인종과 이주 소수자를 차별하는 정책이 최고조에 이르면서 대선에서 트럼프를 지지하는 미국인들의 노골적인 백인우월주의가 극에 달하기도 했다.

물론 남아공과 미국의 사례와 달리 다수의 혼혈 인종에 의해 네이션의 복합적 구조를 이루거나 인종적 민주주의를 구현하며 인종 갈등을 완화시킨 사례들도 있다. 크레올 민족주의의 배경이 되는 라틴아메리카 대륙은 생물학적 인종의 관점에서 백인, 인디오, 흑인과 함께 백인과 인디오의 혼혈인 메스티조Mestizo, 백인과 흑인의 혼혈인 물라토Mulato, 인디오와 흑인의 혼혈인 삼보Sambo로 구성되어 있다. 라틴아메리카 국가 중 멕시코는 백인 9%, 인디오 30%, 메스티조가 약 60%를 차지하는 인종 구성을 보여준다. 1910년 멕시코 혁명 이후 탈식민주의적 네이션을 형성하는 것에서 멕시코는 적지 않은 비율의 원주민 인디오를 배제하며 다수 혼혈 인종을 중심으로 '메스티조 국민주의'를 창출했다.[40] 네이션의 정치에서 메스티조의 종족/인종 정체성은 새로운 국민성의 상징으로 부각되었던 반면 고대문화와 멕시코의 기원으로 평가받는 인디오의 정체성은 국민성의 범주에서 배제되었던 것이다.

멕시코와 달리 백인 지배층과 물라토가 다수를 차지하는 브라질은 인종적 민주주의를 실현한 대표적인 사례로 꼽힌다. 탈식민주의적 네이션의 형성에서 브라질은 물라토를 적극적으로 국민의 범주로 흡수하고 경제적 하층인 흑인에게도 외형적으로는 완화된 인종차별을 행사했다. 2005년 기준으로 백인 50%, 물라토 43%, 흑인 6%, 인디오가 약 1%를 차지하는 브라질은 백인-물라토-흑인/인디오의 계층화된 네이션의 지배구조를 갖고 있다. 그러나 탈식민주의적 민족국가 건설에서 백인 통치자들은 남아공이나 미국과 달리 유색인종을 차별하는 법제도를 만들지 않았으며 백인 우월주의의 억압적인 지배방식에서 벗어나 사회적으로 혼혈 인종을 존중하는 정책을 펼쳤다. 물라토와 같은 혼혈 인종을 긍정적인 국민으로 수용한 인종적 민주주의를 실현한 것이다.

그러나 이러한 인종적 민주주의는 유색인종에 대한 상대적인 관용을

40 김세건, 「메스띠소와 원주민 사이에서-멕시코 국민주의와 원주민 종족성」, 김광억 외, 『종족과 민족-그 단일과 보편의 신화를 넘어서』, 아카넷, 2005, 225면.

의미하는 것일 뿐 인종차별이 부재한다는 의미는 아니다. 브라질 역시 1888년에서야 노예제가 폐지되었고 그 이후에도 흑인 차별은 광범위하게 사회 속으로 침전되었다. 또한 인종 갈등이 계급모순으로 희석된 측면 역시 간과할 수 없다. 실제로 다수의 흑인들은 사회적 차별의 근본 원인을 인종이 아니라 계급적 차이에 기인하는 것으로 인식하고 있다.[41]

이와 같이 미국, 남아공, 브라질의 사례에서 인종주의가 정치적 갈등으로 극단화되는 과정과 함께 인종적 통치구조가 낳은 갈등의 다양성을 살펴볼 수 있다. 남아공과 미국은 극단적 갈등을 낳은 인종주의가 사회 속으로 침전된 사례들이다. 브라질의 사례에서는 인종적 민주주의를 통해 인종 갈등이 완화된 반면 계급적 정체성에 의해 희석되는 측면 역시 다분하다. 그러나 이러한 차별성에도 불구하고 인종은 네이션에 의해 활용되며 네이션을 재구성하는 것으로 평가할 수 있다.[42] 멕시코의 메스티조와 브라질의 물라토가 상대적으로 긍정적인 국민성으로 인정되는 과정은 물론 인종적 국민성이 피부색의 명암에 따라 또 다시 구별 지어지는 과정은 네이션/민족에 의한 인종의 정치적 가공성을 반영하는 것이다.

---

41 Livio Sansone, op. cit..
42 Anthony W. Marx, op. cit., p.268.

제3부

# 한국의 민족과 민족주의

제3부는 민족을 고정불변의 원초적, 영속적 실체로 초역사화한 근원론적 시각을 비판하고 단일민족의 신화와 폐쇄적인 민족주의를 성찰하면서 한국의 종족적 민족주의와 북한의 민족 담론 및 민족주의를 탐색한다. 식민유산에 기원한 한국의 종족적 민족주의는 폐쇄적인 민족 정체성을 바탕으로 분단체제를 공고화했지만 다문화의 물결에서 단일민족의 신화를 부분적으로 해체하며 변화와 지속의 모습을 보여주고 있다. 북한 역시 소비에트 사회주의에서 벗어나 단군민족을 호명하며 조선민족제일주의를 통해 사회주의를 옹호하고 있으며 김정은 체제에서 우리국가제일주의로 계승되고 있다.

제8장
# 민족사학과 근대론

제8장은 원초론적 관점과 영속론적 이해를 중심으로 폐쇄적인 민족 정체성을 고수해 온 민족사학을 근대론적 관점에서 성찰한다. 민족을 초역사화, 탈실재화하는 단일민족의 신화를 비판하고 민족주의와 탈민족주의를 넘어 민족을 가치가 아닌 실체의 관점에서 분석한다.

## 1. 한민족의 기원

주지하듯이 우리의 민족사학과 대중들의 민족/종족의식은 근원론적 사고와 밀접히 연관되어 왔다. 한민족이 전근대에 형성되었다고 보거나 전근대 민족이 근대 민족과 연관되어 있다고 보는 시각은 민족의 전근대성을 전제로 하는 것이며 이것은 한민족의 원초적 형성과 영속적 특성을 주장하는 근원주의와 관련되어 있다. 민족이 원래부터 존재한 것이든 아니면 전근대 종족이 근대로 이어진 것이든 민족의 근대성을 부정하는 입장에 서 있다.

이러한 시각은 네이션/민족과 민족주의의 근대성을 주장하는 근대주의에 의해 비판을 받았다. 네이션/민족과 관련된 전근대적 실체가 무엇이든 지간에 근대 네이션/민족은 그 자체로 특수하다sui gerneris는 것이다. 우리의 비판적 한국학 및 인문사회과학계에서도 근대론적 관점을 수용하여 주류 사학계의 민족 개념을 비판하고 있다.[1] 민족의 근대성을 중심으로 우리가 오랫동안 신화로 간직해 온 한민족의 기원 및 실체와 관련된 논쟁이 활발히 전개되고 있는 것이다.

우리의 역사에서는 국운의 위기가 고조된 구한말 민족주의에서 민족 개념이 창조되었고 이러한 정치적 신화에서 민족의 정체성이 상상되었다. 일찍이 신채호는 원초적, 영속적인 민족(정신)을 강조하며 1908년 「독사신론」에서 "오늘날 민족주의로써 전국민의 완고한 꿈을 불러 깨우고 청년들의 새 두뇌에다 국가 관념을 불어 넣어 우존열망의 시대적 갈림길에서 한 가닥 아직도 남아 있는 국맥이라도 계속 유지하고자 한다면 역사 말고는 다른 방법이 없다고 하겠지만 이따위 역사를 가지고 역사라고 할진대 차라리 역사가 없는 것만도 못하다"며 민족국가의 이념을 곧추 세우는 민족주의를 개진했다.[2] 신채호의 '민족정신'이나 박은식의 '민족혼' 등 민족주자들이 내세운 민족 개념은 모두 혈통 중심의 원초적, 영속적 민족 개념과 이를 바탕으로 한 민족의식에 입각해 집합적인 단결성을 모색한 것이었다.

이러한 민족 담론은 근대 민족주의의 발흥 과정에서 피히테가 「독일 네이션에 고함」이란 연설에서 민족정신을 국민국가의 정체성과 동일시하며 온전한 민족국가 수립을 주장한 것과 통하는 것이었다. 혈통 중심의 본질

1 임지현, 앞의 책; 강진웅, 「민족의 사회학」.
2 신채호, 박기봉 역, 앞의 책, 215면.

주의적 담론은 네이션/민족을 자연주의적 유기체론의 관점에서 이해했고 오랜 역사와 문화의 공유라는 수사 아래 혈통적 네이션/민족의 신화를 창조했던 것이다.

우리에게 익숙한 '한 핏줄', '한겨레', '한민족'의 담론은 혈통 중심의 단일민족론을 중심으로 한 서사 전략이었고 이 전략에서 한민족과 관련된 역사적 사실과 중요성이 평가되었다. 무엇보다도 민족의 구성요소를 중심으로 한 객관론적 관점에서 한민족은 동일한 혈통, 역사, 지역, 언어, 문화를 공유하는 것으로 이해되었고 이 중에서도 혈통은 영구불변의 종족을 부각시키는 원초적 토대가 되었다. 이것은 또한 강렬한 민족의식을 뒷받침했다. 신채호의 계보를 잇는 신민족사학자 손진태는 1950년 『중학교 사회생활과 역사부분 우리나라 생활(대한민족사)』에서 다음과 같이 '한민족'을 설명했다.

> 민족으로서 우리는 다른 나라에 비하여 순조롭게 단일민족單一民族으로 성장하였다. 예로부터 지금까지 지역을 같이하고 피를 같이하고 역사와 문화를 같이하고 운명을 같이 하였다. 그러므로 우리는 다른 어느 민족보다 민족의식이 강하다.[3]

손진태는 한민족을 동일한 지역, 혈통, 역사, 문화, 운명을 공유하는 '단일민족'으로 설명했고 우리 민족이 어느 민족보다도 더 강한 민족의식을 가졌다고 자부했다. 객관적 구성요소에서 '혈통'의 요소가 강조되고 이러

3 손진태, 앞의 책, 211면.

한 객관론적 관점은 민족의식을 강조하는 주관론적 관점과 의도적으로 연계되었다. 이렇듯 우리의 역사 서술에서 혈통 중심의 객관론적 관점과 민족의식을 강조하는 주관론적 이해의 결합은 단일민족을 중심으로 한민족의 특성을 설명하는 일반화된 방식이 되었다. 특히 교과서의 부제가 '대한민족사'로 표기되었듯이 손진태는 신채호의 민족사관을 계승하여 대한민국의 역사를 고대로부터 이어져 오는 하나의 민족사로 인식했다.

그러나 콘이 '핏줄의 외침'이 아닌 '이념의 힘'에 의해 근대 네이션이 태동했다고 밝혔듯이 네이션/민족은 언어, 종족, 문화 등으로 구성된 자연적인 실체라기보다는 정치적, 사회적, 문화적 요인들이 결합한 역사적 산물이다. 따라서 근대 민족과 과거 실체와의 연계성을 분석하는 것에서 단일민족론이나 원초론, 영속론과 같은 본질주의적 일반화는 경험적 분석을 제한할 뿐만 아니라 이데올로기적으로 정치화될 수 있는 위험성을 갖고 있다.

이러한 민족관은 해방 이후 민족사학의 역사 인식과 서술에도 그대로 영향을 미쳤다. '단일민족', '백의민족', '배달겨레', '동방예의지국' 등 한민족을 수식하는 용어들은 모두 오랜 역사와 문화를 공유하며 단일한 핏줄을 공유하는 고정불변의 종족을 강조했다. 신채호, 박은식, 주시경 등의 항일 민족주의에서 시작하여 민족해방을 거쳐 현재에 이르는 역사적 과정에서 우리의 민족 정체성을 규정하는 이른바 '단군민족주의'가 형성되었고[4] 분단체제에서 정치적으로 악용된 단일민족의 신화가 만들어질 수 있었다.[5] 이러한 신화에서 민족에 관한 근원론적 사고가 지배했고 '근대

4 정영훈, 「단기 연호, 개천절 국경일, 홍익인간 교육이념 – 현대 한국에서의 단군민족주의의 제도화에 관한 연구」, 『한국학』 31권 4호, 한국학중앙연구원, 2008.

5 Roy R. Grinker, op. cit., p.141.

적 구성물'로서의 민족 개념이 들어설 자리는 없었다.[6]

이렇듯 민족사학의 민족 이해와 역사 인식에서는 객관론적 민족 개념의 주요 구성요소를 평가하고 한민족의 원초적 집단 정체성을 분석하는 것에서 근본적인 한계를 가졌다. 이를 반영하듯이 손진태는「민족의 유래」라는 글에서 다음과 같이 기술했다.

> 우리 민족은 처음 중앙아시아에서 떠나 중국 북방을 거쳐서 동쪽으로 온 모양이며, 지금부터 오천년이나 만년 이전의 일이리라 추측된다. 그들은 중국의 동쪽 끝까지 와서 일부는 남으로 내려가 황해에 면한 중국 동족 지방에 퍼지고, 나머지는 자꾸 동으로 나아가 만주와 우리 반도에 퍼지어 살게 되었다. 그 때 그들의 수효가 얼마나 되었던지는 알 수 없으나 지금부터 약 이천년 전의 만주와 반도 안에 살던 그들은 이백만 가량이었고, 이들이 우리의 직접 조상이었던 것이다.[7]

손진태는 한민족의 기원을 북방계의 인류 집단에서 찾았고 우리의 직접 조상들을 약 2천 년 전 만주와 한반도에 살았던 2백만 명의 주민들로 추정했다. 또한 민족의 구성과 직접적인 연관성이 있는 종족은 "지금부터 이천 년쯤 전에 우리 겨레들은 남북에 아홉 종족으로 나뉘어 있었으니"라며 부여, 고구려, 삼한 등의 부족국가와 연계시켰다.[8]

여기서 부여를 중심으로 한민족의 기원이 되는 종족을 평가하는 근본으

---

6 Henry H. Em, op. cit., p.337.
7 손진태, 앞의 책, 4면.
8 위의 책, 4면.

로 혈통의 요소가 자리잡고 있었다. 손진태는 「민족의 이루움」이라는 글에서 "우리 민족은 다른 민족과의 접촉이 적어 그 혈액이 순수하였을 것"이라며 순수 혈통에 입각한 단일민족론을 적나라하게 드러냈다.[9] 이러한 종족적 순수성의 논리는 일제에 대항하여 한민족의 우수성을 설파한 구한말 민족주의자들의 논리를 답습한 것이었다. 실증사학의 관점을 보이며 손진태와는 역사 인식을 달리했던 이병도 역시 민족의 이해에서는 손진태와 큰 차별성을 드러내지 않았다. 이병도는 1950년 『중등 사회생활과 우리나라의 생활(역사)』에서 "우리 민족은 몽고·만주·토이기·일본 등의 민족과 한 가지 아시아 북방 계통에 속하여 먼 공동 조상에서 갈라져 나온 듯하다"라고 추론하며 "피를 섞으면서 만주와 반도로 여러 차례 왔을 것"이라고 주장했다.[10]

이처럼 해방정국의 사학자들은 민족이 대략 같은 핏줄의 종족으로부터 형성되었다고 추론했다. 그러나 이 추론에서 문제가 되는 것은 종족과 민족의 연관성이 충분히 해명되지 못한 채 민족의 기원이 쉽게 먼 과거로 끌어올려졌다는 점이다. 민족사학은 물론 공교육에서도 공통된 민족의식을 전제로 하여 우리 민족의 형성 시점이 통일 신라[11] 혹은 고려 시대[12]로 끌어 올려졌다. 이것은 종족을 혈통의 관점에서 이해하고 민족의 근원을 종족의 정체성으로 보았기 때문이며 이런 식으로 이해하다 보면 종족과 민족은 결국 차별성이 없게 되는 것이다. 부족국가, 삼국, 통일 신라, 고려, 조선의 시기는 모두 종족의 관점에서 이해될 수밖에 없으며 따라서 통일

---

9 위의 책, 4면.
10 이병도, 앞의 책, 3면.
11 정선영 외, 『중학교 역사 ①』, 미래엔, 2013, 83면.
12 노태돈, 「한국민족형성시기론」, 『한국사 시민강좌』 20, 일조각, 1997, 179~180면.

신라 이후의 민족의식 역시 종족의식으로 규정되어야 한다. 그러나 전근대의 종족의식에서도 시대적 발전에 따라 분명한 차별성을 보인다는 점에서 종족과 민족을 같은 것으로 인식하는 것은 문제가 있다. 통일 신라 시대에서도 삼국의 백성이라는 독립된 의식이 잔존해 있었고 고려 건국 이후 비로소 공통된 민족의식이 확립되었다고 보는 주류 사학계의 평가를 고려하면 과거의 종족의식을 모두 동일한 것으로 볼 수는 없을 것이다.

이러한 문제를 안은 채 민족사학은 혈통을 중심으로 민족을 설명했고 이 시각에서 민족은 곧 종족이 되었다. 네이션에 관한 서구의 원초론적 관점보다 우리의 관점은 더욱 원초적이었으며 혈통에 보다 집착했던 것이다.[13] 해방정국의 두 사학자 모두 고대 씨족 사회에서 중세를 거쳐 근대로 이어지는 민족의 발전을 혈연적 정체성을 중심으로 이해했다. 예를 들어 손진태는 고대 사회에서 '혈족'이 모여 '씨족'을 이루고 씨족이 연맹하여 '부족'을 이루었고 이것이 부여, 고구려 등의 '부족국가'를 성립했다고 보았다.[14] 이병도 역시 이와 유사하게 민족의 형성 과정을 설명했다.

> 씨족은 즉 핏줄을 같이한 동조同祖의 작은 집단으로 고대 사회의 단위를 이루던 것이니, 씨족이 불고 늘면 여러 작은 씨족으로 나누어진다. 소小씨족의 결합체를 부족이라 하고 부족들의 결합체를 종족이라 한다. 이 핏줄을 같이한 여러 종족이 같은 지역에서 오랜 역사를 통하여 언어 · 풍습 · 종교 · 도덕 · 미술 · 기타를 같이하고 약간의 다른 민족의 피를 섞어도 자체가 뚜렷한 것을 민족이라 한다.[15]

13 서구의 근원론에서도 네이션과 네이션의 토대가 되는 친족 혹은 종족의 근본으로 반드시 혈통을 강조하지는 않는다(아자 가트 · 알렉산더 야콥슨, 유나영 역, 앞의 책, 35~37면).

14 손진태, 앞의 책, 12면.

15 이병도, 앞의 책, 6면.

이병도는 같은 핏줄의 씨족이 결합하여 부족이 되고 부족의 결합체가 종족을 이루며 이 종족이 오랜 역사와 문화 속에서 민족을 구성했다고 주장했다. 이처럼 손진태와 이병도 모두 신석기 시대로 추정되는 핏줄 중심의 씨족 사회에서 나온 여러 종족적 실체가 민족으로 발전했다는 것을 선험적으로 전제했다. 이러한 평가는 고조선족으로부터 삼국의 부족국가로 이어지는 원민족이 전근대 민족의 뿌리가 되었다는 관점과도 통하는 것이다. 이 시각에서 민족은 혈연적 가족이 확장된 것으로서 상이한 부족 및 종족이 통합된 산물로 이해될 수 있었다.[16] 그러나 혈연의 확대로 민족을 이해하다 보면 근대 민족에 관한 이해에서 자기모순에 빠질 수밖에 없다. 근본적으로 민족이 곧 종족임에도 상이한 종족들이 통합된 것이라는 모순과 함께 원초적 종족에서 나온 민족이 그 종족을 넘어서 초역사적 산물로 인식되는 모순이 문제인 것이다.

이와 같이 주류 사학계는 원초론적 관점과 영속론적 이해를 바탕으로 한민족의 형성과 발전을 이해했고 이 틀에서 자연적 실재로서의 민족을 초역사화했다.[17] 이러한 인식과 담론은 반식민투쟁의 이념에 기여하거나 극단적인 분단정치의 수단으로 변용되기도 했다. 더욱이 민주화와 함께 시민사회가 발전하고 다문화 사회로 변모한 현대 한국에서도 이것은 여전히 이념적, 사회적 갈등의 원인이 되고 있다. 따라서 21세기의 사회적, 교육적 개혁에서 주류 사학계의 민족 담론과 이에 기반을 둔 폐쇄적인 민족 정체성이 비판을 받고 있다.

---

16 이진경, 「근대 계몽기 『대한매일신보』에서 근대적 역사 개념의 탄생」, 『사회와 역사』 74호, 한국사회사학회, 2007, 129면.

17 강진웅, 「중학교 역사의 민족 정체성 교육 비판 – 교수요목기와 2009년 개정 교육과정 역사 교과서를 중심으로」, 『사회과교육』 58권 4호, 한국사회과교육연구학회, 2019.

예를 들어 2007년 사회과 교육과정안은 "우리의 삶의 터전인 국토의 이해를 바탕으로 우리 민족의 역사와 활동에 대한 종합적인 파악과 현실에 대한 역사적인 시각에서의 이해 및 한국인으로서의 정체성과 세계 시민으로서의 가치 · 태도 등에 관한 요소를 중시한다"며 폐쇄적인 민족 정체성 담론을 비판했다.[18] 2007년 개정 교육과정 이후 역사, 도덕, 사회 교과서에서 '단일민족', '핏줄' 등의 용어들이 삭제되고 2007년 개정 교육과정이 반영된 역사 교과서에서 「우리 민족의 기원」이라는 단원이 사라진 것도 이를 반영한 것이었다. 이러한 개혁을 반영하여 2013년에 출간된 미래엔 중학교 역사 교과서는 "이주 노동자, 다문화 가정의 수가 빠르게 늘어나면서 이전과 다른 다문화 사회가 형성되고 있다. 이렇게 국가와 민족이 경계를 넘나드는 세계화 시대를 맞아 우리는 개방적인 자세를 가지고 한국사를 발전시켜 나가야 할 것이다"라며 폐쇄적인 민족 정체성이 아닌 세계 속의 한국인과 다문화 정체성을 강조했다.[19] 이제 우리의 역사 교육에서도 민족의 본질주의적 이해가 부분적으로 허물어지고 있는 것이다.

## 2. 영속적 민족의 창조

우리의 민족사학은 원초론적 관점과 영속론적 관점을 연계하여 민족을 자연적 실재이자 초역사적 실체로 상상하며 폐쇄적인 민족 정체성 담론을 주도했다. 이러한 민족 담론의 핵심을 구성한 것이 고조선 건국과 단군

---

18 교육인적자원부, 『중학교 교육과정』, 교육인적자원부, 2007, p.사회과 교육과정-1.
19 정선영 외, 앞의 책, 15면.

신화에 기반을 둔 단일민족론이었다. 과거 역사 인식에서 단군신화와 결합되는 한민족 및 고조선의 기원은 청동기 시대를 넘어 신석기 시대로까지 거슬러 올라갔다. 다음은 1950년 이병도의 역사 교과서가 묘사했던 단군신화에 관한 내용이다.

> 고조선 역사상에 제일 먼저 나타난 나라가 단군 조선이니, 그 시조는 곧 우리가 민족적 시조로 받드는 단군왕검이다. 왕검은 환웅 천왕의 아들이라 하여 4283년 전에 서울을 지금 평양에 정하고 나라의 기초를 열었던 것이다. 천왕은 고조선뿐 아니라 우리 고대 사회에 널리 공통되는 수호신의 이름으로 부락과 도시에는 반드시 천왕을 위하는 제단 즉 천왕당(후의 선왕당)이 있고 그 제사를 맡은 제사장이 있었다. 원시 사회에는 이 제사장이 군장을 겸하여 그 부락 그 도시의 정치를 행하였다. 단군은 역시 이러한 제정일치 시대의 군장이니, 다시 말하면 그는 환웅천왕을 조상신 또는 수호신으로 받들어 위하던 고조선의 제주요 군장이시었다. 단군은 우리 민족의 시조인 만큼 그의 입국은 곧 우리 역사의 기초를 지은 것이라 하겠다.[20]

이 글에서 이병도는 단군신화를 언급하며 고조선을 건국한 단군의 '민족시조론'을 주장했다. 약 5천 년 전에 한민족의 시초가 되는 고조선의 국가가 단군에 의해 세워졌다는 것이다. 손진태 역시 「민족 시조 단군」이라는 글에서 고조선을 건국한 단군이 하늘에서 내려온 민족의 시조라 묘사했고 따라서 중국 못지않게 우월한 민족으로서 자부심을 가져야 한다고

20 이병도, 앞의 책, 7면.

역설했다.[21] 이처럼 단군신화는 고조선 건국과 함께 한민족의 기원을 설명하는 한국사 서술의 원류였고 사실적 신화 또는 사실과 신화가 결합된 형태에서 묘사되었다.

이러한 '신화+사실'의 역사 서술은 1974년 국사 과목이 국정 교과서로 전환된 이후 고착되었다. 1979년 중학교 국사 교과서 학습개요에서 "단군신화에는 우리 민족의 건국사상과 역사적 사실의 일면도 담겨져 있어서 이 신화가 지닌 의의는 매우 크다"며 신화와 사실의 결합으로서 단군신화를 정당화했다.[22] 단군신화에 관한 국정 국사 교과서의 인식과 서술은 신화가 모두 사실은 아니지만 신화가 포함하는 일부는 사실이며 사실이 아닌 설화적 부분 역시 우리 민족의 형성 배경을 이해하는 것에서 중요한 의미를 갖는다는 것이다. 따라서 어떤 면에서는 사실 여부를 따지는 것이 무의미한 것이라는 논리도 담고 있다. 다음은 1988년 6학년 사회 교과서의 내용이다.

> 단군에 관한 이야기 이외에도 고구려, 백제, 신라, 가야 등에 이와 비슷한 건국 이야기들이 있다. 이러한 것들은 꾸며 낸 것이라 하여 믿지 않는 사람도 있다. 그러나 우리 조상들은 그들의 꿈과 생활을 이런 이야기로 표현하였기 때문에 우리는 이들 속에서 우리 민족이 국가를 이룰 무렵의 생활 모습을 알 수 있고 민족의 뿌리를 찾을 수 있어 그 이야기를 간직하는 것이다. 단군에 관한 이야기는 오랫동안 소중히 간직되어 민족이 고난을 겪을 때마다 정신적 기둥이 되었으며 민족의 긍지를 일깨워 주었다.[23]

---

21 손진태, 앞의 책, 5~6면.

22 문교부, 『중학교 국사』, 대한교과서, 1979, 11면.

이 글에서 나타나듯이 단군신화는 단순히 꾸며낸 이야기가 아니라 역사적 사실을 포함하고 있으며 꾸며낸 이야기일지라도 우리 민족의 긍지를 일깨워 준다는 측면에서 보존해야 할 역사적 진실인 것이다. 이러한 신화를 창조하는 민족주의 교육은 분단체제에서 권위주의 정권의 지배 담론을 정당화하는 수단이 되었다. 그러나 구전, 변형되어 온 설화를 불확실한 형태에서 사실로 기술하는 것은 신화를 실재화 혹은 신비화하는 정치적 위험성을 갖고 있다.[24]

실제로 단군신화는 고려 후기 대몽항쟁 과정에서 처음 문자화되었고 17세기 이후 단군-기자 중심의 국조 인식으로 발전해 구한말 민족주의자들에 의해 단군성조론으로 정립되었다. 단군신화에 기반을 둔 단일민족론 역시 해방 이후 손진태, 이병도 등의 학자들과 이승만, 안호상 등의 정치 엘리트들에 의해 담론화되었고 이후 분단체제에서 정치적으로 극단화되어 갔다. 2013년에 출판된 미래엔 교과서 역시 과거와는 다른 교육적 개혁을 드러내면서도 한민족의 기원에 관한 관점에서는 근본적인 차이를 보이지 않았다.

> 청동기 문화가 발전하면서 우수한 경제력과 군사력을 가진 세력이 형성되었다. 고조선의 건국 세력은 우수한 청동기 문화를 바탕으로 다른 부족을 정복하거나 연맹을 맺어 세력을 확장해 나갔다. 이러한 과정에서 우리 역사상 최초의 국가인 고조선이 건국되었다. 고조선은 중국과 다른 독자적인 청동기 문화를 형성하고 중국과 교류하면서 성장하였다. 지금 전해지는 단군 이야기에는 고

---

23 문교부, 『사회 6-2』, 국정교과서, 1988, 12~13면.
24 박광용, 「단군, 신화에서 역사로」, 강만길 외, 『우리 역사를 의심한다』, 서해문집, 2003.

조선 건국과 관련된 청동기 시대의 사회 모습이 잘 나타나 있다.[25]

2013년 역사 교과서는 교수요목기와 달리 고조선의 성립을 청동기 시대의 산물로 인정했다. 또한 역사 서술에 관한 평가 방식이 '신화+사실'의 구조에서 '이야기'신화의 형식으로 바뀌었지만 단군 조선의 건국은 여전히 사실의 어느 경계 안에 위치하는 서사의 대상이었다. 단군의 고조선 건국 시점이 신석기에서 청동기로 이동한 서술의 변화에도 불구하고 여전히 고조선에 관한 국가 분석은 면밀하지 못했고 이것은 민족주의 역사관에 기대어 단군신화와 연계된 국가형성론을 강조한 결과였다.[26] 단군신화는 청동기 시대에 새로운 부족 집단이 출현한 과정을 보여줄 뿐 구체적으로 고조선의 국가가 형성된 과정을 보여주는 것은 아니기 때문에 고조선의 성립을 단군신화와 관련짓는 것은 지나친 일반화라 할 수 있다.[27] 이와 같이 민족 정체성의 핵을 이루는 고조선 건국 및 단군신화와 관련하여 중요한 것은 신화와 사실을 구분하여 사실을 검증하는 작업이며 어떠한 사실에서 신화가 창출되고 확산되었는가를 규명하는 작업이 될 것이다. 단군신화가 고조선 건국을 정당화하기 위해 만들어졌다는 것을 인식하고 이 틀에서 역사적 사실과 만들어진 신화를 분석해야 한다.

그러나 과거와 현재의 역사 교과서들은 우리의 역사에서 초기 혈통이 같은 종족들이 통일을 이루어 단일민족을 구성하고 단일민족이 강한 민

25 정선영 외, 앞의 책, 32면.

26 송호정, 「학교에서의 한국고대사 교육 현황과 교과서 서술의 올바른 방향」, 『한국고대사연구』 84호, 한국고대사학회, 2016, 272~273면.

27 임기환, 「한국 고대사의 연구 성과와 역사교과서 서술의 방향」, 『역사교육연구』 16호, 한국역사교육학회, 2012, 165면.

족의식과 함께 거의 영구적으로 존속해 왔다는 논리를 강하게 주장하거나 또는 암묵적으로 전제하고 있다. 예를 들어 이병도는 고조선은 물론 부여, 고구려, 백제, 신라, 고려, 조선에 이어 대한민국까지 모두 '우리 나라'로 부를 수 있다고 주장했다.[28] 같은 혈통의 종족을 중심으로 구성된 고조선의 성립 이후 부족국가와 통일 국가들 모두 '동족의식의 연합체'로 설명되었다. 손진태 역시 "부여가 고구려보다 강대한 이민족인 북위에 나라를 주지 않고 동족인 고구려에 투속하였다는 것은 동족의식의 나타남일 것이니, 이 의미에서 민족사적 역임의 일부 부분을 행하였다"며 부족국가와 삼국 시대의 대립을 동족 내부의 다툼으로 묘사했다.[29] 따라서 과거에 이어 현재의 역사 교과서들에서도 고조선에 이은 부여, 고구려, 삼한 등의 부족국가 시대가 고구려, 백제, 신라의 삼국 시대로 이어졌고 신라의 통일은 강한 동족의식을 갖는 삼국이 하나의 민족으로 통일되는 역사적 사건으로 기술되었다.

> 그리하여 신라는 사실상 반도의 주인공이 되어 지금 대동강으로부터 원산만에 이르는 일선을 한계로 하여 그 이남의 땅을 차지하였으니, 이것이 곧 신라의 3국 통일이라는 것이다. 반도의 민중이 한 정부, 한 법령, 한 제도 아래에 뭉치어 단일민족, 단일국민을 이루기는 이때서부터니, 우리 역사상에 있어 큰 획기적 사실이라 하겠다.[30]

28 이병도, 앞의 책, 6면.
29 손진태, 앞의 책, 21면.
30 이병도, 앞의 책, 45면.

신라는 당과의 동맹으로써 백제·고구려를 멸하였으나 그것은 자력으로써 한 것이 아니므로 막대한 피로써 얻은 두 나라의 토지를 당이 신라에게 줄 리는 없었다. (…중략…) 그러나 고구려 사람들도 점점 자각하여 고구려 왕조가 망한 삼십여 년 뒤에 두 나라의 세력을 다 물리치고 고구려 사람 자신의 힘에 의하여 699년 발해왕국이 건설되었다. 그리하여 삼국 투쟁의 막은 닫히고 지금 우리 민족의 모체는 신라로써 결정되었다. 이렇게 국제관계는 결국 민족의 실력으로서 좌우되는 것이다.[31]

신라는 삼국 통일의 대업을 완수하였다. 신라의 삼국 통일은 백성을 하나로 아우르고 민족문화를 발전시키는 계기를 마련하였다. 그러나 고구려의 옛 땅을 잃고 대동강 이남의 영토를 차지하는 데 그쳤다.[32]

이병도는 신라의 삼국 통일을 '단일민족'을 이룬 획기적인 역사적 사건으로 평가했고, 손진태 역시 통일 신라를 '우리 민족의 모체'로 받아들였다. 이는 외세의 개입을 비판하며 신라의 삼국 통일을 깎아내린 신채호의 민족사관에서 한 발 물러나 신라에 의한 민족통일의 의의를 강조한 것이다. 비록 외세에 기댄 신라의 통일이 한계를 갖는다고 할지라도 최초의 민족통일이란 역사적 의의를 강조했던 것이다. 2013년 미래엔 교과서 역시 민족통일이란 관점을 드러내지 않았을 뿐 '민족문화를 발전시키는 계기를 마련하였다'는 서술을 통해 신라의 삼국 통일이 한민족의 통일에 실질적으로 기여했다고 서술했다. 초역사적인 실체로서의 민족이 혈연과 문화에 기초해 발

31 손진태, 앞의 책, 41면.
32 정선영 외, 앞의 책, 83면.

전한 것이라는 관점이 간접적인 방식에서 지속되고 있는 것이다.[33]

여기서 스미스가 종족상징주의에서 강조했듯이 근대 네이션으로 이어진 전근대 종족의 정치적, 상징적 기능과 변이들을 고려할 필요가 있다. 고조선 이후 부족국가들의 이합집산, 삼국의 분열 및 신라의 통일에 의해 종족이 민족으로 굳어지고 이것이 근대로까지 발전했다는 주장에는 불분명한 종족적 순수성의 논리 이외에는 다른 근거를 찾아보기 어렵다. 삼국 통일의 과정과 통일 신라의 정치사회적 통합에서 어떤 특성들이 민족을 구성했는가에 대한 사회학적 검토가 필요하며 이를 기반으로 하여 전근대 종족과 근대 민족의 연속성과 불연속성을 분석해야 한다. 특히 근대로 이어지는 전근대의 민족체 역시 정치적 종족성의 산물이기 때문에[34] 통일 신라, 고려, 조선의 전근대 민족체종족국가에 영향을 끼친 종족성의 맥락을 검토하고 이것을 근대 민족의 정체성과 비교해 보아야 한다.

더욱이 신라의 삼국 통일에서 나타나는 민족 개념의 문제는 신채호에 의해 '남북국 시대'로까지 명명된 통일 신라와 발해의 관계에서 커다란 딜레마에 빠진다. 신채호에 의해 제기되어 1920년대 민족사학자 및 문화사학자들에 의해 크게 부각되었던 남북국 시대 인식은 식민사관에 의해 크게 위축되었지만 해방정국에서 신민족사관에 의해 다시 강조되었다. 2013년 미래엔 교과서 역시 발해가 고구려를 계승한 국가임을 간접적으로 설명하며 발해사를 민족사로 편입하려는 역사관을 유지했다. 그러나 고구려 유민 엘리트와 말갈족 피지배층의 구성에서 지배 엘리트의 권력

---

33 이대희, 「중등학교 교과서의 민족 개념에 대한 연구」, 『사회과학연구』 29집 1호, 경성대 사회과학연구소, 2013, 317면.

34 아자 가트 · 알렉산더 야콥슨, 유나영 역, 앞의 책, 38면.

만을 부각시킨 것은 혈통과 종족적 순수성을 중심으로 한 기존의 민족 개념과는 배치되는 것이다. 발해의 종족 구성이 종족적 순수성의 논리에서 문제가 되었음에도 불구하고 고구려 유민의 엘리트를 중심으로 발해의 민족성이 정당화된 것은 민족 개념에서 일관성이 없는 해석이 될 것이다.

이러한 모순점에도 불구하고 삼국 통일에서 표면화된 민족의 원초적, 영속적 특성은 고려의 재통일에 대한 평가에서 재확인되었다. 손진태는 "만일 고려의 씩씩한 새 건국이 없고 문약한 신라 왕조가 그대로 있었더라면 우리 민족사의 운명은 어찌 되었을는지 알 수 없었을 것이다. 발해가 다른 민족에게 정복되었음으로 말미암아 만주 지방이 이로부터 우리 민족 생활권으로부터 떨어지게 된 것은 우리 민족사 위에 커다란 슬픈 일이었다"며 고구려의 땅을 수복하려 한 고려의 재통일을 높이 평가했다.[35] 2013년 미래엔 교과서 역시 "태조는 고려가 고구려를 계승한 후계 국가임을 자처하면서 건국 직후부터 북진 정책을 추구하였다. 그리고 옛 신라와 후백제의 유민은 물론 발해의 유민까지 포섭하는 등 적극적인 민족통합 정책을 실시하였다"[36]고 서술하고 "고려의 후삼국 통일은 단순한 영토의 통합을 넘어서 우리 민족의 정치·사회·문화적 통합을 이룩하였다는 점에서 큰 의미를 지니고 있다"[37]며 고려의 후삼국 통일이 실질적인 민족통일을 이룩했다고 기술했다.

이처럼 단군신화에 기반을 둔 고조선의 건국으로부터 통일 신라와 고려의 통일을 거쳐 단일민족의 실체가 확립되고 이것은 다시 조선과 대한

---

35 손진태, 앞의 책, 53~54면.
36 정선영, 앞의 책, 107면.
37 위의 책, 108면.

민국의 정체성으로 이어졌다. 신화화된 원초적 민족의 실체는 핏줄의 힘을 타고 전근대와 근대를 결쳐 영속적으로 존재해 온 초역사적 실체가 되었다. 정치적, 학문적 영역과 대중의 인식 모두에서 단일민족의 종족적 순수성의 논리가 고착되고 이런 민족이 전근대에서 근대에 걸쳐 영속적으로 존재한 것으로 평가되었다.

그러나 이러한 민족 신화는 일제강점기에는 반식민투쟁의 에너지로 활용되기도 했지만 분단체제에서는 상대 정권을 악마화하며 권위주의를 정당화하는 적대적인 이데올로기의 수단으로 악용되었다. 남과 북의 정권은 종족적 민족주의를 지배 담론으로 활용하여 라이벌 괴뢰정권을 배제하고 상대 주민만을 한겨레의 형제자매로 포용함으로써 자신의 권위주의 체제를 정당화했던 것이다. 구한말 민족주의 엘리트의 사상에 연원하는 종족적 민족주의는 원자화된 개인을 국민국가의 정체성으로 통합시키는 분단체제의 중요한 지배 담론이 되었다.[38] 이를 반영하듯이 이병도는 역사 교과서의 「맺는말」에서 다음과 같이 주장했다.

> 우리 민족은 참으로 오랜 역사와 전통을 가지고 내려왔다. 그 오랜 역사를 통하여 이웃 굳센 민족과 나라 틈에서 때때로 그들에게 시달리기도 하고 또 내부적으로 파란과 곡절이 많기도 하였지만 용하게 민족 사회와 문화를 유지 발전하여 왔었다. 이것은 결코 우연이 아니요, 요행도 아니다. 그러면 무엇일까? 간단히 말하면, 대한민족의 정신이 그렇게 작용한 것이라고 하겠다. 대한민족의 정신은 이를 분석하면 민족국가의 안녕과 통일과 발전을 도모하는 대아大我정

38 Gi-Wook Shin, *Ethnic Nationalism in Korea : Genealogy, Politics, and Legacy*, Stanford University Press, 2006, p.95.

> 신과 개인이나 가족의 발전 · 향상을 위하여 노력하는 소아小我정신의 두 가지 가 있다 하겠다. 이 두 정신은 근본적으로 목적을 달리 하는 반대의 정신이지만 실상은 혼일混一한 한 정신으로서 단지 때와 곳을 따라 작용을 달리할 뿐이다.[39]

이병도는 오랜 역사와 전통을 자랑하는 한민족의 우수성을 논한 뒤 이를 '대한민족의 정신'으로 연계시켜 민족국가의 안녕과 통일을 지상과제로 설정했다. 단일민족을 중심으로 한 민족 정체성에서 분단체제는 허용될 수 없는 것이었다. 따라서 신채호의 대아론을 예시하며 개인을 국가주의로 용해시키고 국가주의를 통해 반공을 무기로 한 민족 정체성을 공고화했다. 이러한 민족지상주의는 1974년 8월 15일 광복절 경축사에서 박정희가 "민족은 영원한 것입니다. 이 영원한 민족의 생명은 오직 국가를 통해서만 성장 발전하는 것입니다. 우리 겨레의 생명을 영원토록 가꾸어 나갈 우리 대한민국의 지상목표는 다름 아닌 조국 통일과 민족중흥인 것입니다"라고 말하며 '영원한 민족의 생명'을 통해 조국통일과 민족중흥을 역설한 것과 궤를 같이 하는 것이다.[40]

## 3. 민족주의와 탈민족주의

한국의 민족사학과 민족 담론은 단일민족의 신화를 바탕으로 원초적, 영속적 실체로서 한민족을 절대화해 왔다. 이와 관련해 민족사학과 근대

---

39 이병도, 앞의 책, 205~206면.
40 박정희, 『평화통일의 대도』, 광명출판사, 1976, 183~184면.

소비에트 사회주의의 몰락 후 백낙청(좌)은 분단체제론을 제기하며 분단모순의 민족주의를 새로운 사회운동을 모색하기 위한 논쟁의 영역으로 끌어들였다. 이에 대해 탈민족주의론은 지배 담론은 물론 민족사학과 진보적 사회운동의 폐쇄적인 민족주의를 비판했고 국사 해체를 주장하며 맹목적인 반일적 민족주의를 공격하기에 이르렀다. 그러나 우리의 민족주의가 '반일'의 정치적 신화에 근거한 종족주의에 불과하다는 『반일종족주의』(우)의 비판은 학문적으로는 성찰의 여지가 있으나 정치화된 민족 담론을 또 다시 정치화한 것에서 문제의 소지가 있다. 이것은 가치와 실체를 분리하고자 한 탈민족주의의 순수성을 의심하게 만든다.

론은 단일민족론과 폐쇄적인 민족 정체성을 중심으로 논쟁을 벌였다. 논쟁의 핵심은 민족이 과거의 종족과 같은 것이냐 아니면 종족을 재구성한 근대성의 산물인 것이냐에 있었다.

우리의 사례에서는 민족이 종족과 동일시되는 역사적 특수성과 대중적 인식으로 인해 민족과 종족의 구분이 불분명하다는 것에 문제가 있었다. 그럼에도 불구하고 근대적인 실체를 반영하는 민족의 인위적 개념이 등장했고 이것이 과거의 종족을 호명하고 상상했다는 측면에서 민족을 단순히 종족과 동일시할 수는 없는 것이다. 이것은 서구에서 에쓰니가 네이션으로 재구성된 것을 평가할 때 네이션을 종족을 계승한 것으로 보느냐 아니면 종족을 소재로 하여 정치 공동체를 형성한 것으로 보느냐의 논쟁과 같은 맥락에 있다. 근본적으로 종족은 네이션/민족의 배경과 소재가 될 수 있으나 네이션/민족이란 정체성의 핵심은 될 수 없는 것이다. 네이션/민족이 정치성과 종족성이 만나 다양하게 구성되는 함수적 관계로 정의될 때에도 종족성이 아닌 정치성이 네이션/민족의 함수를 설명하는 더 중요한 요인이 되는 것이다.

따라서 네이션/민족의 실체를 두고 벌인 논쟁에서 네이션/민족을 근대적인 산물로 바라보는 관점에 기본적인 설득력이 있다고 할 수 있다. 제1부에서 평가되었듯이 근대론적 관점은 혈통 중심의 단일민족론에 기반을 두며 폐쇄적인 민족 정체성을 주조한 민족사학의 근원론적 사고를 비판했다. 그러나 근대론적 비판은 이에 그치지 않았다. 탈식민주의론과 식민지 근대화론에서 주로 다루어졌던 한국의 민족주의 논쟁은 탈민족주의론을 거치면서 더욱 첨예화되었다. 민족주의의 억압적 속성을 비판하며 탈식민주의의 관점에서 민족주의를 성찰하는 작업이 진행되었고,[41] 근대론/탈근대론을 수용하여 민족주의를 해체하는 탈민족주의의 흐름이 조성되었다.[42] 특히 탈민족주의의 시각에서 민족사학의 관점은 '헤겔주의의 망령'[43] 또는 '한국사를 왜곡하는 관념론적 역사관'[44]으로 비판을 받았다.

---

41 이태진 외, 「지구화 시대의 한국학–민족주의와 탈민족주의의 긴장」, 『창작과비평』 96호, 창작과비평사, 1997.

42 안병직, 「포스트모더니즘 역사론을 위한 변론」, 『역사비평』 58호, 역사비평사, 2002; 임지현 외, 『우리 안의 파시즘』, 삼인, 2000.

43 Carter Eckert, "Exorcising Hegel's Ghosts : Toward a Postnatonalist Histography of Korea", *Colonial Modernity in Korea*(Gi-Wook Shin and Michael Robinson eds.), Harvard University Press, 1999.

44 안병직, 앞의 책.

이러한 배경에서 일본 역사학자들과 함께 임지현, 이영훈 등이 2000년 결성한 '비판과 연대를 위한 동아시아 역사포럼'은 한민족에 관한 근원론적 인식과 권력 담론으로서의 민족주의를 비판하고 탈근대적, 탈민족주의적 역사인식을 바탕으로 국사 해체 등을 주장하며 민족사학에 정면으로 도전했다. 근대론/탈근대론의 민족 이해와 식민지 근대화론이 미묘하게 결합한 측면도 다분한 이 포럼은 기존의 근원론 대 근대론의 논쟁을 넘어서 탈근대론을 적극적으로 수용하며 민족에 관한 근대론적 함의를 넘어서고자 했다. 이러한 논쟁을 통해 권력 담론으로서의 국사는 '국민국가의 폭력을 정당화하는 이념적 기제'[45]이자 '민족주의를 생산, 유통, 소비하는 원흉'[46]으로 평가되기도 했다. 반면 민족사학을 옹호하는 입장은 주류 민족주의 담론의 폐쇄성을 성찰하면서도 여전히 역사 인식과 서술에서 민족의 가치를 옹호하고 있다.[47]

이러한 논쟁에서 주목되는 것은 탈민족주의론적 비판의 정당성에 관한 것이었다. 탈민족주의론이 민족주의의 권력과 억압을 비판한 것에서 긍정성을 인정받을 수 있지만 국사 해체와 같은 급진화된 논리가 대안이 될 수는 없다는 것이다.[48] 탈민족주의론은 좋은 민족주의와 나쁜 민족주의를 구분하는 것을 넘어 민족주의 자체를 해체하려 했다는 비판이다.[49] 따라서 탈근대론에 입각한 탈민족주의론은 폐쇄적이고 억압적인 민족주의를

---

45 송기호, 『동아시아의 역사분쟁』, 솔, 2007.

46 임지현 · 이성시, 『국사의 신화를 넘어서』, 휴머니스트, 2004.

47 강종훈, 앞의 책; 나종석, 「탈민족주의 담론에 대한 비판적 성찰 – 탈근대적 민족주의 비판을 중심으로」, 『인문연구』 57권, 영남대 인문과학연구소, 2009.

48 서중석 외, 『민족주의와 역사교육』, 선인, 2007.

49 홍석률, 「민족주의의 경합과 탈민족주의 담론」, 『광복 60년 한국의 변화와 성장 그리고 희망』 한국사론 43, 국사편찬위원회, 2006.

비판한 긍정성에도 불구하고 근대성과 민족주의의 양면성을 보지 못한 것으로 비판을 받았다. 또한 국사 해체를 주장하는 탈민족주의가 뉴라이트의 우경화된 역사 해석 등에서 또 다른 권력의 수단으로 활용되었던 측면도 없지 않다. 위안부 문제와 민족주의를 학문적으로 분석하면서도 이를 정치화시킨 『반일 종족주의』의 문제 제기가 그러하다.[50] 탈민족주의론 역시 또 따른 정치적 논리나 국가주의를 고취하고 있는 것에서 자유롭지 못한 것이다.[51]

그럼에도 불구하고 민족사학을 옹호하는 입장의 딜레마는 민족을 분석 대상으로 인정하면서도 여전히 가치 평가의 수단으로 삼고 있다는 점이다. 또 다른 방식에서 권력화된 학문을 조장하는 탈민족주의론을 비판하는 것이 민족주의 자체의 정당성을 설명하지 못할 뿐만 아니라 분석 대상으로서의 민족주의를 다시 가치 평가의 민족주의로 환원하는 문제를 안고 있는 것이다. 따라서 우리의 민족주의 연구는 가치가 아닌 실체로서의 민족에 다가서야 하며 이러한 분석적 준거틀에서 민족주의를 탐색해야 한다. 이것은 포스트민족사학과 우리 모두가 짊어져야 할 과제이다.

---

50 이영훈 외, 『반일 종족주의－대한민국 위기의 근원』, 미래사, 2019.
51 정용욱, 「시민과 국사－'고수'와 '해체' 사이」, 『시민과 세계』 5호, 참여사회연구소, 2004.

제9장

# 한국의 종족적 민족주의

한국의 종족적 민주주의는 단일민족론을 중심으로 일제의 식민주의에 저항하며 민족을 상상한 민족주의자들에 의해서 형성되었다. 이러한 식민유산은 남북한의 분단체제에서 적성국가의 괴뢰정권을 악마화하며 상대 인민을 포용하는 권위주의 정권의 지배 담론으로 변형되었고, 20세기 후반 위로부터의 종족적 민족주의는 학생운동 등 저항 담론과 함께 아래로부터 균열되었다. 21세기 다문화 한국에서는 탈민족화의 흐름에서 폐쇄적인 민족 정체성이 도전을 받았지만 주류 한국 사회는 '대한민국 민족주의'의 국가 정체성을 강화하며 민족 정체성을 재구성하고 있다.

## 1. 식민유산

네이션/민족의 원초적, 영속적 실체를 가정하는 근원론과 근대의 정치적 구성을 강조하는 근대론 사이의 논쟁 그리고 네이션/민족의 구성요소를 강조하는 객관론적 관점과 구성원의 의지와 감정적 결합을 강조하는 주관론적 관점 사이의 논쟁에서 공통적으로 나타난 것은 서구와 비서구의 상이한 역사적 경로에 관한 것이었다. 이것은 서구와 동구, 서구와 비서구의 민족주의를 합리적인 시민적 민족주의 대 비합리적인 종족적 민족주의로 보는 이분법적 분석 체계를 낳기도 했다. 이와 관련해 스미스는 네이션을 시민적, 영토적 차원과 종족적, 계보학적 차원이 결합되어 다양한 정도와 방식을 나타내는 결과로 보았고 종족적, 문화적 특성이 더 강한 민족주의를 종족적 민족주의로 정의했다. 우리의 사례에서 종족적 민족주의는 단일민족과 순수한 종족성을 무기로 개인들의 다양하고 이질적인 정체성을 하나의 국가로 통합시키는 데 더 큰 힘을 발휘했다. 이러한 힘의 근원은 종족에서 이어진 민족의 균질성과 지속성에 대한 강한 믿음이었다. 개인을 국가에 통합시키는 민족의 집합적 정체성이 전근대에서 근대로 이어져 온 것으로 믿게 된 근거는 바로 균일하고 영속적인 것으로 가정된 종족의 관념 때문이었다.

일찍이 신채호는 침탈당한 조선의 네이션을 회복하기 위해 한민족의 정체성을 새로운 역사적 시공간으로 끌어올렸다. 신채호는『조선상고사』에서 인류의 역사를 "인류 사회의 '아我'와 '비아非我'의 투쟁이 시간적으로 발전하고 공간적으로 확대되는 심적 활동의 상태에 관한 기록"이라고 정의했다.[1] '아'와 '비아'의 이항대립은 '우리'와 '그들'의 이분법을 전제하는 민족주의의 배타적 속성을 드러낸 것이었다. 또한 '아'의 생존을 위해 '정신의 확립'과 '환경에의 순응'이 쟁취되어야 했는데 이 중에서 더 중요한 것은 민족정신의 확립이었다.[2] 민족정신은 잃어버린 네이션을 되찾기 위한 사상적 지주가 되었고 이에 따라 단군신화, 만주사, 단일민족 등에

1 신채호, 박기봉 역,『조선상고사』, 비봉출판사, 2006, 24면.
2 위의 책, 27면.

관한 담론이 활성화되었다.

1905년 광개토대왕릉비의 사진이 공개된 뒤 단군시조론 등 민족 담론이 활성화된 것 역시 당시의 시대적 상황과 무관한 것이 아니었다. 이러한 민족 담론을 통해 단군 성조를 위시로 하여 동일한 혈통과 우수한 역사를 이어가는 '신성한 민족'의 개념이 등장하게 되었다. 신채호 등 항일 민족주의자들은 국가의 공백을 메우고 이를 지향해 나갈 민족 정체성을 강하게 추동했고 민족 정체성의 핵심으로 핏줄을 중심으로 한 종족적 단일성과 순수성을 내세웠다. 정치적 신화로 창조된 한국의 민족 개념은 한민족의 종족을 초역사화한 것이었다.

따라서 항일 민족주의의 역사 인식에서 두드러졌던 것은 순수한 종족성에 기반을 둔 민족을 옹호하며 식민과 탈식민을 이항대립시킨 종족적 민족주의였다. 민족주의자들은 '비아'에 의한 '아'의 식민화를 극복하기 위해 '아'의 민족정신을 앙양하고 역사를 다시 쓰며 신성한 민족 개념을 창조하여 대중에게 전파하고자 했다. 이에 따라 신채호는 고구려의 진취적 역사를 축소한 김부식의 『삼국사기』를 반민족적인 역사 서술로 비판했다. 또한 『고기』古記의 전설을 인용하며 단군왕검의 신화를 집대성하고 고구려를 중심으로 한 만주 역사의 복원에 힘을 쏟았다. 광개토대왕과 장수태왕의 업적을 높이 샀으며 한민족의 기개를 드높인 명장들로 을지문덕, 양만춘, 연개소문 등에 주목했다. 이러한 역사 서술과 상상의 과정에서 한민족의 개념이 창조되고 그 정체성의 신화화된 얼굴이 드러난 것이다.

이렇듯 한국의 근대성에서 종족적 민족주의는 일제의 식민주의에 대항하기 위한 불가피한 역사적 과정이었다. 그러나 이러한 종족적 민족주의는 일제에 순응, 협력한 문명개화파 등 범아시아주의와 경쟁해야 했다. 신채호가 「독사신론」을 발표한 1908년 최남선은 최초의 신체시인 「해에게서 소년에게」서 문명개화를 주장했다. 최남선은 문명개화를 상징하는 '거대한 바다'의 힘을 거스를 수 없는 시대적 요청으로 묘사하고 근대화의 역군으로 '소년'을 계몽하여 문명개화를 이룩할 것을 주문했다. 최남선, 이광수 등 문명개화를 주장한 범아시아주의자들은 '조선문화의 일본화', '민족개조'를 통해 일제의 식민주의에 화답했고 '도의국가 건설', '내선일체', '학도출전론'을 주장하며 일제의 식민통치에 적극적으로 가담했다.[3]

근대주의, 식민주의, 민족주의가 뒤엉킨 '식민지 근대성'에서 종족적 민족주의는 일제의 식민주의와 친일적 범아시아주의와 대립하며 폐쇄적인 민족 정체성을 주조했고,[4] 이러한 식민유산은 종족적 순수성을 무기로 상대 정권을 악마화하는 남북한의 분단정치로 이어졌다.[5] 식민유산에서 분단체제로 이어지면서 종족성을 중심으로 개인을 단일한 민족(국가)으로 통합시킨 종족적 민족주의는 오히려 가장 분열적인 대립과 갈등을 낳은 이데올로기로 변질되었다.

---

3 최남선, 「만몽문화」, 『육당최남선전집』 10, 현암사, 1974, 316면.

4 식민지 조선의 민족 정체성은 범아시아주의나 국제사회주의가 모색한 여타 정체성을 압도할 수 있었다(Gi-Wook Shin, op. cit., p.40).

5 Jin Woong Kang, "The Disciplinary Politics of Antagonistic Nationalism in Militarized South and North Korea", *Nations and Nationalism* Vol.18, No.4, 2012.

## 2. 권위주의 통치와 종족적 민족주의

일제강점기 신채호, 박은식으로부터 해방정국의 손진태와 백남운에 이르기까지 근대 민족주의자들의 민족 개념은 역사적으로 면면히 이어져왔다. 식민주의적 지배와 반식민주의적 저항의 이분법에서 발전한 종족적 민족주의는 식민유산과 함께 분단체제에서 더욱 가공되었다. 분단체제를 낳은 장본인인 이승만은 해방정국의 이념 대결에서 반공주의를 지배 담론으로 구축하고 통일민족국가 수립을 위해 종족적 민족주의를 전략적으로 활용했다.

1949년 3·1절 경축사에서 이승만은 「국가민족을 수호하라」는 연설을 통해 공산주의를 '큰 전염병'과 같은 것이라 주장했다.[6] 북한의 공산주의를 전염병으로 적대화한 담론은 '문명과 야만'의 이분법에 기초한 것이었다. 「학생제군에게」라는 연설에서 이승만은 다음과 같이 주장했다.

> 러시아 사람들이 우리나라 반을 점령하고 강제로 공산당을 확장시키며 선동자들을 이남에 보내어 한편으로는 거짓말로 선전하여 무식한 사람들을 꾀여서 소련의 속국을 만들려하며 또 한편으로는 살인방화와 모든 야만행동을 감행하여 사람이 못할 일을 다 하고 있으니 공도는 그냥 방관하지 않을 것이며 이러한 위험한 형편이 없어질 것을 확언한다.[7]

이 연설에서 이승만은 북한 공산주의 집단을 거짓말로 선전하고 야만

6 이승만, 『대통령이승만박사담화집』 1, 공보처, 1953, 16면.
7 김광섭 편, 『이대통령 훈화록』, 중앙문화협회, 1950, 114~115면.

적 행동을 서슴지 않는 민족의 적으로 몰아세웠다. 소련과 꼭두각시 북한은 야만적인 무리로 규정된 반면 미국과 남한은 문명화된 국가로 옹호되었다. 이러한 반공주의에서 배제의 대상은 북한 정권이었고 북한 주민들은 한겨레로 구원되어야 할 민족의 성원이 되었다. 1956년 12월 31일 이승만은 「조속히 통일을 성취하여 단일민족의 전통을 빛내자」라는 연설에서 다음과 같이 북한 동포에게 신년 메시지를 발표했다.

> 남한에 있는 우리로서 북한에 있는 경애하는 우리 형제와 자매들에게 축하하는 말은 올해에는 우리 통일을 조속한 한도 내에 성취하자는 것입니다. 우리는 옛날부터 함께 지내온 한민족이요 한나라로 사천여 년을 같이 생존한 것입니다. (…중략…) 이것이 되는 날은 우리 모든 한인들 평생에 제일 기쁜 날이 될 것입니다. 한 가족이 함께 생활하는 것과 같이 우리는 그대들을 도울 것이고 그대들은 우리를 도와서 진전할 것입니다.[8]

이승만은 북한 정권을 악마의 수괴로 배제하면서도 북한 주민들을 한 민족의 형제자매로서 포용했다. 국가와 인민의 담론적 분리에서 이승만의 종족적 민족주의는 형식적으로는 북한 주민을 위한 통일을 강조하면서도 실질적으로 북한 정권을 적대시하며 분단을 옹호했다. 이승만 정권은 순수한 종족 보존의 논리로 '우리'와 '그들'의 이분법과 '그들'의 적대적 타자화를 재생산하며 '우리'의 정통성을 끊임없이 추구했던 것이다.

이승만의 권위주의 통치와 연계된 종족적 민족주의는 박정희 정권에

8 이승만, 『대통령이승만박사담화집』 2, 공보처, 1956, 59~60면.

남한이 바라보는 '북괴 공산집단'의 형상(좌, 1966년 중학교 『민주생활』 교과서)과 북한이 바라보는 '미제 승냥이'의 모습(우, 1968년 인민학교 『국어』 교과서)은 냉전 시대 남북한 분단교육의 닮은꼴을 보여준다.

의해 그대로 계승되었다. 1961년 5·16 쿠데타로 집권한 박정희 정권은 '혁명의 공약' 제1조에서 반공을 국시의 제일로 삼았고 제5조에서 "북한 공산세력을 뒤엎을 수 있는 국가의 실력을 배양함으로써 민족적 숙원인 국토통일을 이룩한다"며 이승만의 반공주의를 계승했다.[9] 이러한 반공주의가 종족을 활용하는 민족주의와 연계된 것 역시 유사했다. 한 연설에서 박정희는 다음과 같이 주장했다.

> 결국 겨레된 한 핏줄기의 깨달음이 부족했기 때문에 겨레를 사랑하는 마음이 없고 겨레의 이익에 대해서도 조금도 생각함이 없이 자기만의 욕심, 자기와 관계있는 무리들만의 수지타산에만 눈이 어두운 나머지 겨레 전체는 언제나 버림받았던 것이다. (…중략…) 이제 우리는 조용히 가슴에 손을 얹고 지난날을 뉘우치며 목마른 겨레를 사랑하는 마음과 우리 서로 한 핏줄기로 얽혀진 겨레임

9 박정희, 『박정희대통령 선집』 2, 지문각, 1969, 88면. 1946년부터 2014년까지 발간된 『동아일보』의 기사 텍스트에 관한 한 빅데이터 분석은 1950년대부터 1980년대까지 '괴뢰'와 '북괴'의 핵심어가 최상위권에 위치함으로써 북괴에 대한 증오가 분단 반세기를 점령했던 사실을 보여준다(강진웅·이도길·김일환, 「동아일보 키워드를 통해 본 분단체제 정체성과 이념 갈등–동아일보 빅데이터를 기반으로」, 『Journal of Korean Culture』 37권, 한국어문학국제학술포럼, 2017, 44면).

을 깨닫고 눈 뜰 때 비로소 겨레의 혁명, 온 국민의 혁명이 이룩될 것이다.[10]

박정희 정권은 반공과 통일을 위해 '겨레된 한 핏줄기'를 강조했다. 권위주의적 분단정치에서 반공과 통일은 지배 담론의 핵심이자 통치의 정당성을 제공하는 쌍두마차였다. 이것은 반공을 통해 악마화된 적을 배제하는 동시에 겨레된 한 핏줄기로 통일하는 모순된 전략이었다. 종족적 민족주의가 작동하는 가운데 '겨레의 혁명'이라는 레토릭에서 분단체제가 정당화된 것이다. 이는 멸공전선에서 조국과 민족을 위해 '일하며 싸우고 싸우며 일하는' 정신으로 급진화되었다.[11]

이러한 배경에서 1965년 국민학교 4학년 승공 교과서에서 「단군의 정신을 이어 받자」의 글은 "폭력, 살인 및 방화를 일삼고 세계평화를 해치려는 공산주의 국가들의 만행을 우리들은 잘 막아내고, 온 세계 사람들이 우리 단군 할아버지의 거룩한 사상을 본받아 세계 평화를 위하여 자기의 몸과 마음을 받칠 수 있는 사람이 되도록 노력하여야 할 것이다"라며 북한 공산집단의 반민족성을 규탄했다.[12] 이승만의 문명과 야만론을 상기시키는 이 글에서 남한은 단군의 정신을 이어받은 순수한 민족으로 비쳐진 반면 북한은 폭력, 살인, 방화를 저지르는 반민족의 무리로 묘사되었다. 문명과 야만, 민족과 반민족의 이분법은 우리와 그들의 이분법을 통해 정당화되는 민족주의의 본성 그 자체를 반영하는 것이었다. 이러한 이분법적 적대 담론은 북한을 벗어나 타종족에 대한 배타성으로 이어졌다.

---

10 박정희, 『박정희대통령 선집』 1, 지문각, 1969, 19~20면.
11 박정희, 『박정희대통령 선집』 6, 지문각, 1969, 137면.
12 문교부, 『승공 4』, 문교부, 1965, 28면.

> 중국집에서 10년을 살면 아편 중독자 안 되는 사람이 없고, 일본사람 집에서 10년을 살면 사기꾼으로 몰려서 감옥살이 안 하는 사람이 별로 없지만, 한국사람 집에서 10년을 살면 반드시 장가 보내주고 집을 지어 준다는 말이 있다.[13]

박정희 정권의 종족적 민족주의는 타국가, 타종족에 대한 인종주의로 발전했고 이는 분단체제의 폐쇄적인 민족 정체성이 극단화된 과정을 보여준 것이었다. 이러한 민족주의는 '신성한 류類'와 '세속적인 종種'을 구분짓고 타자화된 종족을 배제하는 이데올로기였고,[14] 이로써 '우리'와 '그들'의 이분법적인 정치적 담론은 민족주의화되고 인종주의화되었다.[15] 이승만 정권으로부터 전두환 정권에 이르기까지 한국의 권위주의 정권은 반공적인 국민성을 창조하며 폐쇄적인 종족적 민족주의를 강화했다.

## 3. 지배와 저항의 종족적 민족주의

박정희 정권의 반공주의와 종족적 민족주의를 계승한 전두환 정권은 1980년 5월 광주민중항쟁을 총칼로 짓밟으며 권위주의적 폭압체제를 강화했다. 그러나 5·18 광주민중항쟁은 전두환 정권의 폭압 통치에 대한 시민사회의 저항을 불러 일으켰고 혈맹의 우방으로 인식된 미국에 대해 재평가하는 계기가 되었다. '반미의 무풍지대'였던 한국 사회에서 본격적으로 반미주의가 태동했던 것이다. 광주학살에서 미국의 묵인과 방조에

13 위의 책, 27~28면.
14 Kathryn A. Manzo, op. cit., p.3.
15 Jyoti Puri, op. cit., p.101.

대한 학생운동의 거친 저항을 통해 한국 사회의 담론 투쟁에서 '반공'과 '반미'의 대립구도가 형성되었고 지배와 저항의 관계에서 종족적 민족주의가 균열되기 시작했다.[16]

사실 항쟁 초기 광주 시민의 인식은 전두환 정권을 북한 공산당과 같은 극악무도한 살인마로 규정하는 등 반미주의와는 무관한 것이었다.[17] 그러나 학생운동을 중심으로 저항 세력은 광주학살에 대한 미국의 책임을 강조하며 반미주의를 저항 담론의 핵심으로 끌어올렸고 이를 종족적 민족주의와 연계시켰다. 권위주의 정권이 반공주의를 종족적 민족주의와 결합하여 지배 담론을 공고화했다면, 학생운동권은 반미주의와 종족적 민족주의를 결합하여 저항 담론을 극대화했던 것이다. 1985년 4월 민족통일 민주쟁취 민중해방을 위한 특별위원회가 결성되어 미문화원점거농성 사건이 일어나기 직전 고려대 민족자주권수호투쟁 특별위원회는 한 유인물에서 다음과 같이 주장했다.

> 민족 고대여! 조국이 울고 있다! 우리의 조국이 우리가 살고 있는 이 땅의 예속과 복종에 착취와 수탈에 목 놓아 통곡하고 있다! 갈가리 찢겨진 조국과 민족의 운명이 버림받은 민중의 운명이 우리 모두를 부르고 있다. (…중략…) 혈육을 같이하는 광주 형제를 총칼로 무참히 짓밟으며 민족의 가슴에 잊지 못할 잊어서는 아니 될 원한의 칼부림을 하였다. 작년 전국민의 결사적 반대에도 불구하고 민족의 자존심을 내팽개치고 현해탄을 건너갔던 현 전정권은 또 다시

16 강진웅, 「대한민국 민족 서사시－종족적 민족주의의 전개와 그 다양한 얼굴」, 『한국사회학』 47집 1호, 한국사회학회, 2013, 205면.
17 전남사회문제연구소 편, 『5 · 18 광주민중항쟁 자료집』, 광주출판사, 1988, 107면.

2002년 월드컵(좌)과 월드컵 기간에 발생한 효순, 미선 미군 장갑차 사망 사건(우)은 한국의 종족적 민족주의를 다양한 각도에서 성찰하게 해 준다. 반미주의를 기치로 아래로부터의 종족적 민족주의가 작동했고 월드컵은 한민족이 아닌 대한민국의 국가주의적 민족주의에 힘을 실어 주었다. 21세기 다문화 한국의 다양한 민족주의의 형상에서 우리는 여전히 살아 숨 쉬는 네이션/민족의 힘을 목도할 수 있다.

> 자신들의 정권유지를 위해 우리 민족을 들쥐 새끼들이라고 비웃었던 미국의 보수정권을 찾아가는 종속과 반역의 길을 걸으려 하고 있다.[18]

1980년대 초 미국의 후원하에 피의 학살로 등극한 전두환 정권에 대한 학생운동의 분노는 하늘을 찔렀다. 이들의 저항 담론에서 키워드는 '조국'과 '민족'이었고 광주형제와 민족은 혈육으로 끈끈이 유대관계를 갖는 것으로 묘사되었다. 저항 세력은 종족의 얼굴을 한 민족주의를 적극적으로 호명하며 한민족을 '들쥐 새끼들'로 규정한 미국에 대한 저항 담론을 급진적으로 만들어 갔다. 특히 1980년대 중반 이후 남한의 학생운동권은 종족적 민족주의와 연계된 북한의 주체사상을 저항 담론으로 적극적으로 수용했다. 1987년 전국대학생대표자협의회와 1993년 한국대학총학생회연합이 학생운동의 주류로 등장한 것은 반미주의와 주체사상이 학생운동의 사상적 동력이 되었다는 측면에서뿐만 아니라 위로부터의 종족적 민

18 고려대학교 100년사 편찬위원회, 『고려대학교 학생운동사』, 고려대 출판부, 2005, 293~294면.

족주의가 아래로부터의 저항 담론에서 표출되었다는 측면에서도 중요한 의미를 가졌다.

급진적인 이념 대결과 지배와 저항의 담론 투쟁에서 균열된 종족적 민족주의는 20세기 말을 거쳐 21세기에 들어 '탈이념'과 '다문화'의 흐름에서 더욱 심화된 내적 균열을 경험한다. 저항 세력의 민족주의 주류 안에서도 지배 세력 못지않은 '미시파시즘'이 관철되었다는 비판이 대표적인 예가 될 수 있다. 권위주의 정권의 반공적 민족주의 못지않게 저항 세력의 반미적 민족주의 역시 개인과 타정체성을 억압하는 기제로 작동했다는 것이다.

2007년 조국통일범민족연합 남측본부의 한 기고문을 둘러싼 진보진영 내의 논쟁이 이를 잘 드러내준다. 범민련 남측본부는 기관지의 「실용주의의 해악에 대하여」라는 글에서 "외국인노동자 문제, 국제결혼, 영어 만능적 사고의 팽배, 동성애와 트랜스젠더, 유학과 이민자의 급증, 극단적 이기주의의 만연, 종교의 포화상태, 외래자본의 예속성 심화, (…중략…) 유형은 달라도 결국은 이남사회가 민족성을 견지하지 못하고 민족문화전통을 홀대하며 자주적이고 민주적이지 못한 상태에서 외래적으로 침습해 오고 그것이 또한 확대 재생산되는 구조 속에서 이 문제들이 점차 심각해지고 있습니다"[19]라고 민족 정체성을 옹호하며 소수자 및 다문화의 변화된 현실을 비판했다. 그러나 이것은 저항 세력의 주류 담론이 지배 세력이 옹호했던 폐쇄적인 민족주의를 그대로 답습한 것이라는 비판을 받기에 충분했다.

이와 같이 폐쇄적인 민족 정체성 담론은 권위주의적인 지배 세력뿐만

19 강진웅, 「대한민국 민족 서사시」, 213면.

아니라 반독재 민주화 투쟁을 벌인 저항 세력 내부에서도 관찰될 수 있었다. 20세기 후반 이후 시민사회가 성장하고 여성, 소수자 등 다원화된 저항의 목소리가 분출함에 따라 기존의 저항 담론 역시 내적으로 분화, 균열될 수밖에 없었다. 또한 21세기 아시아 노동자와 결혼이주여성의 확산으로 인해 한국 사회는 명실공히 다문화 사회로 변모했고 이에 따라 폐쇄적인 민족 정체성을 옹호하는 주류 사회의 종족적 민족주의가 도전을 받기 시작했다.

## 4. 다문화 한국과 종족적 민족주의

조선 초기 왜인을 추방하는 문제가 논의되면서 우리의 국가 정체성은 '아족我族'으로 표현되었다. '아족'에서 드러나듯이 전근대 사회에서 우리의 집단 정체성은 하나의 종족 집단으로 인식되어 하나의 영토와 국가에서 단일민족의 정체성을 구성한 것으로 상상되었다. 그러나 분단체제와 탈냉전을 거쳐 21세기 다문화 사회에 들어 상황은 급변했다. 2010년 『동아일보』의 한 연재기획 칼럼은 「한국은 이제 단일민족 국가가 아니라 다문화 사회다」의 글에서 그동안 정치적, 감성적으로 인식되어 온 단일민족론을 정면으로 부정했다.[20] 이 칼럼은 한국인 10명 가운데 7명이 한국을 다문화 사회로 보고 있다는 사실을 인용하며 대중의 인식 역시 크게 바뀌었다고 지적했다. 거의 600여 년이 지나서야 단일민족에 대한 우리의 믿음에 균열이 가기 시작한 것이다.

20 『동아일보』, 2010.10.16.

일찍이 김구는 「민족국가」란 글에서 "혈통적인 민족만은 영원히 흥망성쇠의 공동 운명의 인연에 얽힌 한 몸으로 이 땅 위에 남는 것"이라며 혈통적, 영속적 민족관을 추구했다. 이 민족관은 정도의 차이가 있을 뿐 여전히 한국 대중들의 심성에 남아 있다. 구한말, 일제강점기의 반식민투쟁에 연원하는 한국의 민족주의는 종족성에 기반을 둔 민족 정체성을 바탕으로 식민통치에 저항하는 에너지를 발산했고 해방과 분단 이후에는 분열, 갈등, 억압, 차별의 기제로 변형되었다. 따라서 분단 이후 한국 민족주의의 종족적 성격은 서구와 달리 시민적 성격이 결여되어 국가주의적 통제나 이민족을 배척하는 부정적인 얼굴을 드러냈다. 일견 그린필드가 주장한 것처럼 한국의 민족주의는 집단주의와 종족주의가 결합하여 폐쇄적이고 억압적인 근대성을 형성한 것일 수 있다. 이에 21세기에 들어 종족적 민족주의가 비판을 받고 있는 것이다.

2018년 인구조사에 따르면 한국의 다문화 가족원 수는 전체 인구의 2%인 100만 명을 넘어선 것으로 드러났다. 21세기 다문화 한국은 조선족, 탈북자 등 같은 종족의 소수자 그룹뿐만 아니라 아시아 노동자, 결혼이민자 등 타종족의 이주 소수자 그룹을 형성했다. 이 변화에서 단일민족론을 중심으로 폐쇄적인 민족 정체성을 주조해 온 종족적 민족주의는 서서히 약화되고 있다. 혈통을 중심으로 한 단일민족의 신화가 근본적으로 해체된 것은 아니지만 탈냉전과 함께 혈통 중심의 시민권과 민족 담론에 균열이 가기 시작한 것은 사실이다.[21]

이러한 사회적 변화에 부응하여 한국 정부는 2007년 개정 교육과정을

21 황정미 외, 『한국사회의 다민족·다문화 지향성에 대한 조사연구』, 한국여성정책연구소, 2007.

통해 초중고 교과에서 순혈주의적 단일민족주의를 대폭 수정하고 다문화 교육을 시행했다. 폐쇄적인 민족 정체성을 극복하고자 한 2007년 개정 교육과정 이후 초등학교 고학년 사회 교과서들은 다음과 같이 한국 사회 내 소수자와 다문화 가족의 문제를 언급하며 주류 사회의 차별을 성찰했다.

> 우리 반 아이들이 제 얼굴이 까맣다며 놀려요. (…중략…) 북한에서 왔다는 이유로 일자리 구하기가 쉽지 않아요.[22]

> 다문화 가정은 문화적인 차이와 의사소통의 불편과 같은 어려움을 겪고 있으며, 외모와 피부색이 다르다는 이유로 차별받는 경우가 있습니다.[23]

> 우리 주변에는 장애인, 다문화 가정, 북한 이탈 주민 외에도 많은 소수자가 있습니다. (…중략…) 소수자의 인권을 보호하기 위해서는 소수자가 지닌 다양성을 인정하고 존중해야 합니다.[24]

> 북한 이탈 주민들은 우리와 다른 사회에서 살다 온 사람들이다. 따라서 그들의 생각과 생활 방식에 대한 편견을 버리고 우리와 다르다는 것을 이해하고 존중해야 한다.[25]

이처럼 초등학교 고학년 사회 교과서들은 주변화된 다문화 가족과 소

22 교육과학기술부, 『사회 4-2』, 천재교육, 2010, 130면.
23 교육부, 『사회 4-2』, 천재교육, 2014, 98~99면.
24 위의 책, 100~101면.
25 교육부, 『사회 5-1』, 천재교육, 2015, 181면.

수자화된 탈북자 집단의 현실을 성찰함으로써 주류 한국 사회의 폐쇄적인 민족 정체성 담론을 비판했다. 과거의 공격적이고 폐쇄적인 민족주의를 고려하면 큰 변화라 하지 않을 수 없다.

그러나 주류 한국 사회는 사회경제적 변화를 수용하고 폐쇄적인 민족 정체성에 수정을 가하면서도 여전히 '관주도 다문화주의'를 통해 주류 사회의 지배 담론을 관철시키고 있다. 이 과정은 아시아 노동자와 결혼이주여성들의 한국 정착에서 확연히 드러났다. 기본적으로 한국의 이민정책은 낯선 이방인들을 방치하거나 처벌하는 방식에서 벗어나 확대와 포섭을 통해 규율하는 것으로 변화되었다.[26] 그러나 시혜와 포용을 통한 규율은 한국의 순혈주의를 재강화하는 위로부터의 다문화주의가 가동된 결과이며, 주류 사회의 담론은 타종족을 열등한 계급으로 위치지우고 이 같은 위계에서 다시 종족을 중심으로 국가 중심의 민족 정체성을 강화한 것이라 할 수 있다.[27]

이러한 상황을 고려하면 다문화 한국의 종족적 민족주의는 변화와 지속의 이중주를 보여주고 있는 것이다. 세계화, 다문화라는 '탈민족화de-nationalization'의 흐름에도 불구하고 한국 사회의 지배 담론은 기존의 민족 담론을 수정하며 '재민족화re-nationalization'의 흐름을 드러내고 있다.[28] 이것은 2002년 월드컵 이후 등장한 이른바 '대한민국 민족주의'라 불릴만한 국가 정체성과 긴밀한 연관성이 있는 것이다.[29]

---

26 이혜경, 「한국 이민정책의 수렴현상 – 확대와 포섭의 방향으로」, 『한국사회학』 42집 2호, 한국사회학회, 2008.

27 홍지아 · 김훈순, 「다인종 가정을 통해 본 한국사회의 다문화 담론 – TV다큐멘터리 〈인간극장〉을 중심으로」, 『한국방송학보』 24권 5호, 한국방송학회, 2010.

28 강진웅, 「초등 사회과의 다문화교육 – 탈민족화와 재민족화의 역설」, 『사회과교육』 55권 3호, 한국사회과교육연구학회, 2016.

29 강원택 · 이내영, 『한국인, 우리는 누구인가? – 여론조사를 통해 본 한국인의 정체성』, 동아시아연구원, 2011, 22면.

근년에 들어 월드컵 축구는 우리에게도 '축구시합' 이상의 의미로 우리에게 인식되어왔다. 그것이 다른 운동시합과 크게 다른 것은 그 안에 흐르고 있는 국가의식이다. (…중략…) 우리는 2002 월드컵을 통해 한민족의 잠재적인 우수성을 드러내었고 조국에 대한 애정을 표출해 내었다. 그러기에 구호도 '대~한민국!'이고 손에 손에 태극기를 들고 태극기가 패션으로까지 등장한다. (…중략…) 과거 36년간 나라를 잃었었고 강대국들의 억압 속에 살아왔던 우리나라로서는 월드컵을 통해 우리 국민의 우수성과 내 나라, 대한민국이 있어서 자랑스럽고 고맙다는 의식이 그 밑에 깔려 있다.[30]

2002년 한 네티즌은 월드컵의 환희를 느끼며 한민족으로 포장된 대한민국의 국가의식과 국민성을 강조했다. 실제로 조선족을 배제하고 탈북자에 무관심하며 미국에게도 비난의 화살을 돌리는 젊은 한국인들은 과거의 혈통에 억매이지 않으며 대한민국 민족주의를 옹호하고 있다. 이것은 주류 한국인의 민족 정체성으로 나타난 다문화 한국의 새로운 국가 정체성이다. '진정한 한국인의 조건'에 대한 2010년 여론조사 결과를 보더라도 '대한민국의 국적을 유지하는 것'89.4%이 '한국인의 혈통을 가지는 것'84.1%보다 우위에 있다는 결과는 대한민국의 국가 정체성이 강화되고 있는 것을 드러내 준다.[31] 이와 관련하여 1946년부터 2014년까지 발간된 『동아일보』의 빅데이터 분포는 민족 정체성을 국가 정체성으로 발전시킨 현대 한국의 모습을 드러내 준다.

---

30 강진웅, 「대한민국 민족 서사시」, 186면.
31 강원택 · 이내영, 앞의 책, 13면.

『동아일보』 빅데이터 상대빈도—민족과 국가[32]

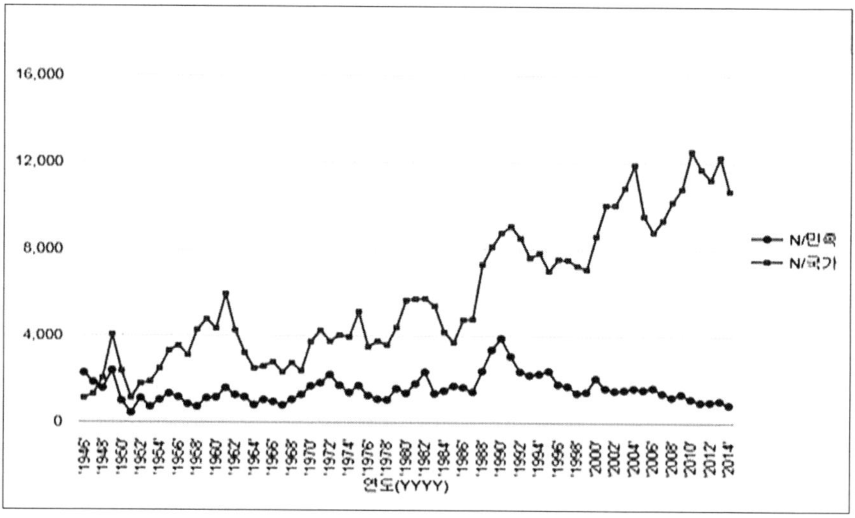


이 그림에서 '민족'의 빈도는 해방정국과 소비에트 사회주의의 붕괴 국면에서 높은 위치를 점하다가 현대로 올수록 감소하는 결과를 보여주며 이는 '국가'의 빈도가 증가하는 것과 대조된다. 현대 한국의 다문화주의에서 강화되고 있는 국가 정체성 역시 이러한 맥락에 있다고 할 수 있다. 다문화 한국의 종족적 민족주의는 기존의 폐쇄적인 민족 정체성을 극복하고 이를 국가 정체성에 용해시켜 국가주의적 민족주의를 강화하고 있는 것이다. 한국의 다문화교육 역시 폐쇄적 민족주의를 비판하면서도 다문화적 포용과 개혁을 '한국화 되기'의 전략으로 재구성하고 있다.

우리 어머니는 베트남 사람이야. 그래서 난 베트남 언어도 할 줄 알아.[33]

---

32 이는 고려대학교 민족문화연구원 디지털인문학센터에서 구축된 웹기반 코퍼스 분석도구에서 추출한 결과이다.

33 교육부, 『사회 4-2』, 61면.

다문화 가정의 자녀들은 피부색이 다르고 부모님의 나라가 한국이 아니라는 이유로 학교나 사회에서 보이지 않는 차별을 받기도 하였습니다. 하지만 이제 음악 교육도 받고, 노래를 통하여 친구들과 우애를 다지면서 새로운 꿈을 키워 가고 있습니다.[34]

외국인 근로자들은 어울림 순찰대를 통해 한국 생활에 안정적으로 적응할 수 있도록 도움을 받으며, 지역 주민들과 더불어 사는 다문화 사회를 만드는 데 동참하고 있다.[35]

전통문화는 민족을 하나로 연결하는 역할을 하기 때문에 중요하다. 우리의 전통문화 중에는 아름답고 과학적으로 뛰어난 것이 많으며 우리의 생활 문화와 예절도 수준 높은 문화로 인정받고 있다. 그러나 이렇게 우수한 전통문화도 우리가 관심을 가지고 계승하고 발전시키지 않으면 사라질 수 있다.[36]

위의 예시들에서 초등학교 사회 교과서는 과거와 달리 한민족의 포괄적인 정체성을 강조하지 않는 대신 문화적 다양성과 보편적 인권을 강조하면서 '한국화'의 기제를 가시적, 비가시적으로 드러내고 있다. 다문화 가족의 이중언어 구사 능력에 대한 예시에서 드러나듯이 차별과 소외를 비판하며 이주 소수자들을 한국화 되기의 통합 논리에 흡수시키고 있다.[37] 이것은 과거 민족화에 대한 반작용으로 탈민족화가 유행한 이후 주

34 위의 책, 99면.
35 위의 책, 102면.
36 교육부, 『사회 5-1』, 188면.
37 정선주, 「2009 개정 교육과정에 따른 초등 4학년 사회교과의 다문화적 내용요소 분석－지젝의

류 사회가 탈민족화의 일부를 수용하며 재민족화를 강화하는 과정을 보여주는 것이다. 세계화와 민족화의 모순된 관계 역시 탈민족화와 재민족화의 역설적 과정을 통해 정당화되고 있다. 이러한 역설에서 김구의 「나의 소원」을 인용한 글은 대한민국 민족주의를 상징적으로 드러내 준다.

> 그 꿈은 김구가 말한 세계에서 가장 아름다운 나라가 되는 것이기도 하고, 인도의 타고르가 말한 동방의 등불이 되는 것이기도 하며, 단군의 건국이념인 홍익인간을 실현하는 것이기도 하다. 남과 북이 갈라지고 6·25전쟁으로 폐허가 된 이 땅에 경제를 발전시키고 민주주의를 정착시킬 수 있었던 것은 바로 그 꿈이 있었기 때문이다. 우리가 꿈꾸는 대한민국은 어떤 나라일까? 그 꿈을 이루려면 어떤 노력이 필요할까?[38]

다수 대중들로부터 추앙받는 열렬한 민족주의자 김구 역시 타종족, 타문화를 억압, 차별하는 민족주의를 지향하지 않았으며 오히려 그의 이상에서는 부강한 나라가 아닌 다문화, 소수자의 인권이 존중되는 아름다운 나라를 꿈꿨을 것이다. 그러나 김구의 소원을 빌린 다문화 한국의 이상은 결국 단군으로부터 대한민국으로 이어지는 '변함없는 우리'의 정체성에 관한 것이었다.

---

이데올로기론을 중심으로」, 『다문화교육연구』 7권 4호, 한국다문화교육학회, 2014, 161면.

38 교육부, 『사회 5-1』, 153면.

제10장

# 북한의 민족 담론과 민족주의

사회주의를 민족주의로 옹호하고자 했던 북한은 분단 반세기 이상 외세에 저항하며 주민들을 통제해야 했던 딜레마에서 벗어나지 못했다. 북한은 주체사상을 형성하면서 미국과 대적하며 사회주의 강대국의 외압에서 벗어나 체제 내부의 통합을 위해 민족주의를 강화했다. 1990년대 초 소비에트 사회주의가 붕괴한 이후에는 '우리식 사회주의', '조선민족제일주의'를 내세우며 온전한 민족주의 국가로 변모했다. 단군민족을 복원하고 김일성민족으로 극단화된 북한의 민족 담론은 김정은 정권에서 '우리국가제일주의'로 변화하고 있다.

## 1. 민생단 사건과 민족주의

사회주의에서 민족주의로 탈바꿈한 북한의 주체 사회주의는 그 역사적 연원을 따져 들어가면 1930년대 항일무장투쟁으로 거슬러 올라갈 수 있다. 일제강점기 만주 항일무장투쟁 기간 북한의 정치 엘리트들은 중국 공산당의 동북항일연군에 소속되어 반일제국주의를 내세우며 조선의 독립을 위해 투쟁했다. 매서운 추위와 동상의 고통 속에서도 생쌀과 언 감자로 끼니를 때우고 손으로 녹인 눈을 먹어가며 고난의 행군을 펼쳤던 김일성과 만주파 동료들은 토벌, 체포, 고문, 회유, 간첩 침투, 가족 협박 및 근거지 주민의 보복 학살 등을 경험하며 일제의 탄압에 저항했다. 그러나 일제의 잔악한 탄압에 몸서리쳤던 그들에게 더욱 쓰라린 상처로 남은 것은 일제의 계략에 휘말려 같은 공산당 내에서 겪어야만 했던 종족적 마녀사냥인 '민생단民生團 사건'이었다.[1]

> 유격대의 식사를 보장해 주는 작식대원이 밥을 설군 것도 민생단으로 몰릴 수 있는 리유가 되였다. 밥에 돌이 섞이거나 물에 밥을 말아 먹어도 그것은 곧 유격구의 인민들을 병들게 한 증거로 되고 민생단의 작용이라는 어마어마한 감투를 쓰는 조건으로 되였다. 설사를 하면 전투력을 약화시킨다고 민생단, 한숨을 쉬면 혁명의식을 마비시킨다고 민생단, 오발을 하면 적들에게 유격대의 위치를 알려주는 신호라고 민생단, 고향이 그립다는 말을 하면 민족주의를 고취한다고 민생단, 일을 잘하면 정체를 숨기려는 수작이라고 민생단 (…중략…) 그야말로 코에 걸면 코걸이, 귀에 걸면 귀걸이식이였다. 이런 기준에서 보면 민생단으로 걸려들지 않을 사람이 한명도 없었다.[2]

---

1 일제가 만주를 강점한 지 얼마 되지 않은 1932년 2월 조선총독부와 간도 일본 영사관은 간도 자치를 미끼로 간도 내 친일파들뿐만 아니라 민족주의자들을 민생단이라는 조직으로 유인했다. 만주의 동북항일연군에 조선인 첩자들을 침투시켜 공산주의 연합 전선을 분열시키고자 일제가 도모한 계략이었던 것이다. 이 사건으로 인해 일제의 협력자로 낙인 찍혀 숙청된 조선인 혁명가들의 수는 적어도 1,000명이 넘는 것으로 추산되었다(Hongkoo Han, "Wounded Nationalism : The Minsaengdan Incident and Kim Il Sung in Eastern Manchuria", Ph.D. Dissertation, University of Washington, 1999, p.347). 김일성과 그의 동료들은 간교한 일제 통치, 중국공산당의 인종차별과 잘못된 숙청으로 인한 수많은 동료 대원들의 죽음에 몸서리쳤다. 게다가 김일성 자신도 민생단으로 몰려 체포, 신문을 받았기에 민생단 사건은 북한의 정치 지도자들에게는 하나의 역사적 트라우마로 남아 있다.

김일성은 회고록 『세기와 더불어』의 「사나운 회오리」라는 글에서 1930년대 중반 자신의 목숨까지 위협했던 민생단 사건의 비극을 이와 같이 술회했다. 일제가 아니라 혁명 동지였던 중국 공산당에게 희생된 조선인 유격대원과 그 가족의 수는 약 2,000명으로까지 추산되었다.[3] 민생단 사건을 극복하면서 김일성은 "개별적인 인간들의 생활에 있어서나 민족을 이루는 대집단의 생활에 있어서나 그 운명을 좌우하는 기본적인 생존 조건은 자주성이라고 말할 수 있다"고 주장하며 민족의 생존을 담보하는 이념적 원천으로 '자주성'을 부각시켰다.[4] 이러한 자주성의 개념을 통해 "사람들의 정치적 운명을 보호해주는 것은 정권을 잡은 나라의 공산주의자들이 자기의 활동에서 한시도 놓치지 말고 틀어쥐고 나가야 할 영원한 주체이다"라며 민족주의에 입각한 주체사상의 원초적 원리를 제시했다.[5] 이 사건은 훗날 김일성이 주체사상을 형성하며 민족주의적 사회주의 체제를 형성하는 역사적 배경이 되었다.[6]

항일무장투쟁을 거쳐 제2차 세계대전의 종료와 함께 북한의 정치 엘리트들은 분단된 북쪽에서 소련의 후원하에 정권을 잡았고 남한을 점령한 미국과 대결하며 1950년대 중반까지 소비에트 사회주의를 모형화했다. 한국전쟁에서 미국과 국제전을 치루고 전후에는 소련과 중국의 외압을 극복한 북한은 일제에 이어 미제를 증오의 대상으로 삼아 적대적인 분단 정치를 지속했다. 따라서 항일무장투쟁으로부터 전후 국가 형성에 이르

2 김일성, 『세기와 더불어』 4, 조선로동당출판사, 1993, 18면.
3 위의 책, 22면.
4 위의 책, 69면.
5 위의 책, 72면.
6 Hongkoo Han, op. cit., p.357.

기까지 북한의 주체 사회주의를 이루는 핵심은 민족주의로 설명될 수 있으며 이것은 반일, 반미라는 반제국주의와 사회주의 강대국에 대한 견제 심리가 결합한 결과라 할 수 있다. 이러한 북한의 역사와 현실을 고려하면 20세기 후반 우리식 사회주의, 조선민족제일주의의 독자 노선과 미국과의 핵 대결은 북한에게 피할 수 없는 숙명이었다.

북한이 밟아온 역사적 경로에서도 알 수 있듯이 맑스가 부르주아 이데올로기로 경멸했던 민족주의는 제3세계 독립국가의 사회주의 체제와 빈번히 결합했다. 레닌은 제국주의에 대항하는 제3세계의 저항 담론으로 민족주의를 옹호했고, 스탈린은 일국사회주의를 기치로 하여 러시아의 영향력을 확대하기 위한 수단으로 민족주의를 활용했다. 김일성 역시 전후 중·소분쟁의 와중에서 주체사상을 제기하고 외세의 강압에서 벗어나 독립적인 노선을 구축하기 위해 민족주의를 적극적으로 도모했다.

이러한 맥락에서 김일성은 그의 회고록에서 "나는 한평생 민족의 존엄을 위하여 싸워왔다. 나의 일생은 민족의 존엄과 자주성을 지키기 위한 투쟁 력사였다고 말할 수 있다"며 자신의 일생을 민족을 위한 삶으로 규정했던 것이다.[7] 그리고 그는 다시 "진정한 공산주의자도 참다운 애국자이며 또 진정한 민족주의자도 참다운 애국자라고 보는 것은 나의 변함없는 신조이다. 그러므로 나는 우리 자신을 공산주의자인 동시에 민족주의자이며 민족주의자인 동시에 공산주의자라고 서슴없이 말하는 것이다"라고 주장했다.[8] 1930년대 항일무장투쟁에서 21세기 고난의 행군에 이르기까지 북한 사회의 권력과 담론은 이처럼 김일성이 경험하고 실천했던 민족

7 김일성, 앞의 책, 115면.
8 위의 책, 462면.

주의의 역사와 궤를 같이 하는 것이다.

## 2. 사회주의적 애국주의와 민족 담론

민족주의를 기반으로 한 북한의 주체사상은 항일무장투쟁의 역사적 경험에서 비롯되었고 전후 중·소분쟁과 국내 파벌에 대한 숙청작업을 거쳐 확립되었다. 항일유산에서 비롯된 북한의 독자 노선은 무엇보다도 제국주의와 강대국의 지배에서 벗어나고자 한 북한식 민족주의를 반영하는 것이었다. 주체사상의 민족주의적 요소는 민생단 사건 등 항일무장투쟁의 역사적 경험에서 그 단초가 발견되었고 스탈린 사회주의의 영향력 하에 있었던 해방정국에서도 실마리를 찾을 수 있다. 1948년 11월 13일 「청년들에 대한 사상 교양사업은 민청단체들의 기본 임무」라는 연설에서 김일성은 다음과 같이 주장했다.

> 진정한 애국주의 사상은 국제주의 정신과 분리될 수 없습니다. 우리는 청년들을 자기 조국을 사랑하며 자기 조국의 혁명 전통을 소중히 여기며 침략자들과 착취자들로부터 조국과 인민을 해방하기 위하여 헌신적으로 투쟁하는 정신으로 교양하는 동시에 다른 민족들의 자유와 평등을 존중히 여기며 타국 인민들을 억압하며 착취하는 국제 반동세력을 반대하는 투쟁에서 전세계 자유애호 인민들과의 친선, 단결을 강화하는 정신으로 교양하여야 하겠습니다.[9]

---

9 김일성, 「청년들에 대한 사상 교양사업은 민청단체들의 기본 임무, 북조선 민주청년동맹 제3차 대회에서 한 연설 1948년 11월 13일」, 『김일성 선집』 2, 학우서방, 1964, 287~288면.

이 연설에서 김일성의 정치 이념은 '진정한 애국주의'로 표출되었고 이러한 애국주의는 프롤레타리아 국제주의의 기치 아래에서 발전해야 했다. 스탈린의 영향력 하에서 김일성은 '자기 조국의 혁명 전통' 즉 빨치산의 항일유격대 전통을 강조하며 민족주의적 색채를 유감없이 드러냈다. 김일성은 1948년 5월 방북한 김구와의 회동에서도 "진정한 공산주의자들은 자기 조국과 민족을 열렬히 사랑하는 진정한 애국자"라고 말하면서 "나라와 민족의 리익을 첫 자리에 놓고 모든 것을 여기에 복종시키는 원칙"을 가져야 한다고 주장했다.[10] '민족산업', '민족경제', '민족군대', '민족문화', '민족간부' 등 민족이라는 수식어가 들어간 김일성의 언설은 이 시기 그의 노작들에서 쉽게 찾아볼 수 있다. 소련의 영향력 하에서도 김일성은 '조국', '민족', '조국애', '민족애', '애국심' 등 민족주의적 색채가 가미된 용어들을 즐겨 사용했다. 이러한 맥락에서 사회주의의 슬로건 아래 민족의 가치를 동원한 김일성은 사회주의와 민족주의를 융합시킨 '혁명적 민족주의자'라고도 불릴 수 있을 것이다.[11]

이처럼 북한의 민족주의는 한국전쟁을 거치며 '애국주의'로 강화되었고 이와 함께 주체사상이 지도 이념으로 발전할 수 있었다. 김일성은 1955년 12월 28일 「사상 사업에서 교조주의와 형식주의를 퇴치하고 주체를 확립할 데 대하여」라는 연설에서 '주체' 개념을 도입하며 "조선 혁명을 하기 위해서는 조선 력사를 알아야 하며 조선의 지리를 알아야 하며 조선 인민의 풍속을 알아야 합니다"라고 주장하고 당 사업에서 친소적 교조

10 김일성, 「김구와 한 담화 1948년 5월 3일」, 『김일성저작집』 4, 조선로동당출판사, 1979, 299~300면.

11 Bruce Cumings, *The Origin of the Korean War : Liberation and the Emergence of Separate Regimes 1945-1947* Vol.I, Princeton University Press, 1981, pp.401~402.

주의를 정면으로 비판했다.[12] 이 주체 개념은 1953년 스탈린 사후 중·소 분쟁의 여파와 1956년 8월 종파사건에서 김일성이 자신에게 도전한 연안파와 소련파를 척결하면서 등장한 것이었다. 이후 김일성은 자신의 통치 담론으로서 '사회주의적 애국주의'를 적극적으로 내세우기 시작했다. 1957년 12월 5일 당 중앙위원회 확대 전원회의에서 김일성은 「쏘련을 선두로 하는 사회주의 진영의 위대한 통일과 국제공산주의 운동의 새로운 단계」라는 연설에서 다음과 같이 사회주의적 애국주의를 강조했다.

> 우리의 애국주의는 사회주의적 애국주의입니다. 우리는 온갖 부르죠아 민족주의와 배타주의를 배격합니다. 민족주의는 인민들간의 친선관계를 파괴할 뿐만 아니라 우선 자기 나라 자체의 민족적 리익과 근로 대중의 계급적 리익에 배치됩니다. 부르죠아 민족주의와 배타주의는 프로레타리아 국제주의 및 사회주의적 애국주의와 적대되며 대중 속에서 진정한 애국주의의 건전한 발전을 방해합니다.[13]

이 연설에서 김일성은 부르주아 민족주의와 비교하며 프롤레타리아 국제주의하에서 사회주의적 애국주의를 옹호했다. 북한은 공식적으로는 민족주의란 용어를 거부했지만 김일성이 말한 애국주의는 곧 민족주의와 같은 것이었다. 1966년 북한 정권은 「자주성을 옹호하자」라는 『로동신

12 김일성, 「사상 사업에서 교조주의와 형식주의를 퇴치하고 주체를 확립할 데 대하여, 당 선전선동 일군들 앞에서 한 연설 1955년 12월 28일」, 『김일성 선집』 4, 학우서방, 1963, 326면.

13 김일성, 「쏘련을 선두로 하는 사회주의 진영의 위대한 통일과 국제공산주의 운동의 새로운 단계, 위대한 사회주의 10월 혁명 40주년 기념 경축 행사와 각국 공산당 및 로동당 대표들의 모쓰크바 회의에 참가하였던 당 및 정부 대표단의 사업에 관한 조선로동당 중앙위원회 확대 전원회의 보고 1957년 12월 5일」, 『김일성 선집』 5, 학우서방, 1963, 236면.

문』의 사설을 통해 다시 애국적 혁명 전통과 사회주의적 애국주의를 강조하며 '주체', '자주', '자립', '자위'라는 주체사상의 핵심 테제를 천명하기에 이르렀다.[14] 이렇듯 북한은 1956년 8월 종파사건으로부터 1967년 갑산파 숙청에 이르기까지 사회주의적 애국주의와 함께 주체사상을 지도이념으로 하는 민족주의적 사회주의 체제를 형성했다. 해방정국으로부터 국가 형성에 이르기까지 북한이 추구한 주체 노선은 "형식으로는 사회주의이지만 실질적인 내용에서는 민족주의"[15]가 될 수 있었다.

전후 국가 형성에서 북한의 민족주의는 주체 사회주의를 형성하며 공고화되었고 이 과정에서 민족 담론이 수시로 정치적 수사로 등장하며 활용되었다. 이를테면 1970년대 초까지 북한은 스탈린의 네이션 개념을 받아 들여 민족을 언어, 지역, 경제생활, 문화와 심리를 공동으로 하는 공동체로 정의했다.[16] 그러나 1973년 발행된 『정치사전』은 스탈린의 네이션 개념에 '혈통'을 추가하여 민족을 "언어, 지역, 경제생활, 혈통과 문화, 심리 등에서 공통성을 가진 력사적으로 형성된 사람들의 공고한 집단"으로 정의했다.[17] 1985년에 출간된 『철학사전』에서는 민족 개념이 다시 "피줄과 언어, 령토와 문화의 공통성에 기초하여 력사적으로 형성된 사회생활단위이며 사람들의 공고한 집단"으로 바뀌면서 스탈린주의적 민족 개념에서 완전히 벗어났다.[18] 이러한 변화는 1980년대 후반 조선민족제일주의로 극단화되어 간 북한의 정치적 상황을 반영하는 것이었다.

---

14 『로동신문』, 1966.8.12.

15 Charles Armstrong, *The North Korean Revolution, 1945-1950*, Cornell University Press, 2003, p.245.

16 사회과학출판사 편, 『철학사전』, 사회과학출판사, 1970, 256면.

17 사회과학출판사 편, 『정치사전』, 사회과학출판사, 1973, 423면.

18 사회과학원 철학연구소, 『철학사전』, 사회과학출판사, 1985, 246면.

또한 민족 담론의 변화는 체제 내부의 사회통합과도 관련되었다. 북한은 1946년 토지개혁과 1954~1958년 농업협동화 등 초기의 급진적인 개혁을 통해 봉건적 잔재를 혁파하면서도 '사회주의 도덕'을 강조하며 전통적인 민족문화를 합리적으로 수용하고자 했다.[19] 그러나 북한 정권은 1967년 지역 당 일꾼들에게 『목민심서』를 읽히며 민족문화를 강조한 박금철과 리효순을 봉건유교를 전파한 혐의로 숙청하기도 했다. 이 사건은 '민족'과 '전통'의 논리를 적절히 흡수하고자 한 국가의 정치적 담론과 상충하는 것이었다. 이러한 모순적 상황에서 김일성은 1970년 2월 17일 「민족문화 유산 계승에서 나서는 몇 가지 문제에 대하여」라는 연설에서 "우리는 민족문화 유산에 대하여 허무주의적으로 대할 것이 아니라 자라나는 새 세대들에게 그것을 계급적 립장에서 똑바로 알려주어야 하며 민족문화 유산 가운데에서 진보적이며 인민적인 것을 비판적으로 계승 발전시켜 나가야 합니다"라고 주장하며 민족문화의 유산에서 진보적이며 인민적인 것을 적극적으로 수용할 것을 다시 강조했다.[20]

이와 같이 북한의 민족주의는 기본적으로 외부의 적에 대한 방어 논리에서 비롯되었지만 내부의 적을 통제하는 권력으로도 행사되었다. 북한의 민족주의가 대외적으로는 강대국을 견제하고 현실 사회주의의 위기를 타개하고자 한 자구책이었듯이 대내적으로도 정치와 민심을 고려하는 사회통합의 맥락에서 활용되었던 것이다. 기존에 북한이 거부했던 민족주의는 1980년대 후반 이후 북한의 정치적 언설과 현실에서 나타나고 있었

---

19 『로동신문』, 1958.5.31·6.4.

20 김일성, 「민족문화 유산 계승에서 나서는 몇 가지 문제에 대하여, 과학교육 및 문학예술부문일군협의회에서 한 연설 1970년 2월 17일」, 『김일성저작집』 25, 조선로동당출판사, 1983, 25면.

다. 북한 스스로 비난했던 부르주아 민족주의가 실질적으로는 자신의 통치 이념으로 변화한 것이다.[21]

## 3. 조선민족제일주의

일본 제국주의에 무력으로 저항하고 사회주의 강대국의 간섭에서 벗어났던 북한은 분단 반세기 이상 남한과 군사적 긴장을 극대화하며 세계 최강국인 미국과 맞서 왔다. 그러나 북한은 내부적으로 적지 않은 적대계층을 양산해야 했다. 네언이 주장했듯이 민족주의의 야누스는 외적에 저항하는 정당성을 갖는 '진보'의 얼굴을 가진 반면 내적 이단자를 배제하는 '억압'의 얼굴을 드러냈던 것이다.

이러한 북한의 민족주의는 사회주의 붕괴와 경제난 이후 극단화되어갔다. 북한은 1989년 베를린 장벽의 붕괴와 1991년 소련의 해체로 정치적 위기를 맞았고 1980년대부터 가속화되어 1990년대 중반 식량난으로 이어진 경제적 위기에 봉착했다. 그러나 이러한 위기에도 불구하고 김일성은 "우리는 쏘련에서 사회주의가 붕괴된 것을 일시적인 현상으로 보고 있습니다. 사회주의가 인류의 리상이고 력사발전의 응당한 로정인 것만큼 그 재생이 불가피하다는 것은 너무나도 명백한 것입니다. 사회주의는 부정의가 아니라 정의입니다"라고 주장하며 주체 사회주의를 옹호했다.[22] 김정일 또한 「사회주의는 과학이다」라는 기고문에서 주체 사회주의가 과

21 Robert A. Scalapino and Chong-Sik Lee, *Communism in Korea*, University of California Press, 1972, p.873.

22 김일성, 『세기와 더불어』 7, 조선로동당출판사, 1996, 387면.

사진은 평양 근교 강동군에 위치한 돌무지무덤인 단군릉을 보여준다. 북한식 전통 창조의 극단으로 평가할 수 있는 단군릉의 복원은 사회주의의 위기에 대응하는 방어적 민족주의를 반영하는 것이면서 혈통에 집착하여 집단주의를 강화한 종족적 민족주의의 유산이라 할 수 있다.

학이자 진리라고 역설했다.[23] 주체 사회주의를 옹호하며 북한 정권은 1992년 헌법 개정에서 맑스레닌주의를 삭제하고 주체사상으로 지도 이념을 일원화하여 명실공히 온전한 민족주의 국가를 정립하기에 이르렀다.[24]

민족주의에서 북한의 담론 변화는 과거부터 진행되어온 것이었다. 김정일이 1970년대부터 '우리식대로 살아나가자'는 구호를 제시하고 1986년 우리식 사회주의와 함께 조선민족제일주의를 주창한 것에서 이미 예견된 것이었다. 1989년 12월 28일 김정일은 「조선민족제일주의 정신을 높이 발양시키자」라는 주제의 연설에서 조선민족제일주의를 "조선 민족의 위대성에 대한 긍지와 자부심, 조선 민족의 위대성을 더욱 빛 내여 나가려는 높은 자각과 의지로 발현되는 숭고한 사상 감정"[25]이라고 정의하며 다음과 같이 주장했다.

> 조선민족제일주의 정신을 높이 발양시키는 데서 혁명 전통을 빛나게 계승하고 민족적 전통을 잘 살려나가는 것이 중요합니다. 민족성은 민족이 계승하는

---

23 『로동신문』, 1994.11.1.

24 Gi-Wook Shin, op. cit., p.93.

25 김정일, 「조선민족제일주의 정신을 높이 발양시키자, 조선로동당 중앙위원회 책임일군들 앞에서 한 연설 1989년 12월 28일」, 『친애하는 지도자 김정일동지문헌집』, 조선로동당출판사, 1992, 249면.

> 전통에 체현되며 그에 기초하여 높이 발양됩니다. 따라서 전통을 무시하는 것은 결국 민족성을 무시하는 것이 됩니다.[26]

김정일은 조선민족제일주의에서 민족의 긍지, 자부심, 위대성을 부각시켰고 혁명 전통과 함께 '민족적 전통', '민족성'과 같이 민족주의를 직접적으로 지시하는 언설을 사용했다. 독자 노선을 걸어온 북한은 사회주의 붕괴와 함께 주체사상으로 지도 이념을 일원화하며 민족주의를 노골화하는 조선민족제일주의를 내세운 것이다. 이 연설에서 김정일은 '우리식의 사회주의'가 조선민족제일주의 정신을 가지게 하는 사회적 기초라고 강조하고 사회주의를 민족주의와 동격화했다. 이러한 배경에서 1991년 8월 5일 『로동신문』에서 김일성은 "단일민족국가인 우리나라에 있어서 진정한 민족주의는 곧 애국주의로 됩니다"라며 처음으로 민족주의의 개념을 긍정적으로 사용했고 스스로를 "공산주의자인 동시에 민족주의자이고 국제주의자"라고 선언하기도 했다.[27]

이처럼 사회주의의 위기를 맞아 북한은 주체사상을 강화하고 우리식 사회주의, 조선민족제일주의 등의 형태로 주체사상의 민족주의화를 심화시켜 갔다. 더욱이 김일성이 사망한 직후인 1994년 10월 16일 김정일은 김일성 서거 100일 추모회를 마친 뒤 당 중앙위원회 책임일꾼들과 한 담

---

26 위의 책, 267면.

27 『로동신문』, 1991.8.5. 그러나 '민족주의자'라는 용어는 1996년 『김일성저작집』 43권에서 '애국자'라는 말로 수정되었다(김일성, 「우리 민족의 대단결을 이룩하자, 조국평화통일위원회 책임일군들, 조국통일범민족련합 북측본부 성원들과 한 담화 1991년 8월 1일」, 『김일성저작집』 43, 조선로동당출판사, 1996, 170면). 이것은 민족주의 개념을 부르주아 민족주의와 동일시하는 북한식 정치 담론을 반영한 결과였지만 김일성이 사용하는 개념과 논리는 사실상 민족주의와 다른 것이 아니었다.

화에서 '단군민족'과 함께 '김일성민족'의 개념을 제시하며 민족 담론을 한층 고조화했다.

> 우리는 백년이고 천년이고 대대손손 위대한 수령님을 영원히 높이 모셔야 하며 모든 사업을 수령님식대로 해나가야 합니다. 우리 민족의 건국 시조는 단군이지만 사회주의 조선의 시조는 위대한 수령 김일성 동지이십니다. 수령님을 떠나서 세계에 빛을 뿌리는 오늘의 조선에 대하여 말할 수 없으며 수령님을 떠나서 우리 민족의 높은 존엄과 영예, 긍지에 대하여 생각할 수 없습니다. 수령님이시야말로 우리 민족을 세상에서 가장 존엄 있고 행복한 인민으로 되게 하여 주신 민족의 위대한 어버이이십니다. 지금 해외동포들은 조선 민족을 김일성민족이라고 하고 있습니다.[28]

이 연설에서 단군은 '민족의 시조'로, 김일성은 '사회주의의 시조'로 정립되었다. 북한 정권은 1980년대 말부터 조선민족제일주의를 주창했고 1990년대 초에 단군릉을 복원하며 과거에는 침묵했던 단군 민족시조론을 내세우기 시작했다. 단군민족의 복원은 단군민족이 김일성민족을 정당화하는 수단으로 사용되고 북한의 사회주의가 궁극적으로 민족주의로 향하고 있다는 것을 드러내 주었다. 분단체제에서 남북한의 종족적 민족주의는 '단군민족' 담론을 통해 하나의 커다란 정치적 가족을 만들어낸 것이다.[29] 그러나 북한의 경우 민족주의 이론에서 보면 원초론과 도구론

---

28 김정일, 「위대한 수령님을 영원히 높이 모시고 수령님의 위업을 끝까지 완성하자, 조선로동당 중앙위원회 책임일군들과 한 담화 1994년 10월 16일」, 『김정일 선집』 13, 조선로동당출판사, 1998, 427~428면.

29 John, Jorgensen, "Tan'gun and the Legitimization of a Threatened Dynasty : North

이 더욱 극단화되어 결합된 형태라고 할 수 있다. 1998년 수정, 보충된 「김일성헌법 서문」에서 "위대한 수령 김일성 동지는 민족의 태양이시며 조국통일의 구성이시다. 김일성동지께서는 나라의 통일을 민족지상의 과업으로 내세우시고 그 실현을 위하여 온갖 로고와 심혈을 다 바치시였다" 고 명문화되었듯이, 20세기 말 북한의 주체사상은 민족지상주의로 극단화되었다. 이 서문에서 표현된 '영생불멸의 주체사상'은 곧 민족지상의 이데올로기를 뜻하는 것이다.

## 4. 21세기 우리국가제일주의

민생단 사건으로 출발하여 사회주의적 애국주의, 주체사상, 우리식 사회주의, 조선민족제일주의, 우리국가제일주의로 발전해 온 북한의 지배담론은 사회주의가 아닌 민족주의로 설명될 수 있다. 민족주의의 본성 자체가 그러하듯이 북한의 민족주의는 혈통을 중심으로 한 근원론적 사고와 김일성민족으로 극단화된 도구주의가 만난 근대 민족주의의 변형체라 할 수 있다. 또한 일제, 미제에 이어 사회주의 강대국과 맞서며 자주를 지키면서도 내부의 이단자를 탄압하고 독재를 행사하는 양면성을 보여주기도 했다.

이러한 가운데 북한 정권은 분단체제에서 유기체적 집단주의와 유사가족주의를 통해 국가주의적 지배를 강화했고 이것을 혈통적 민족 담론으로 포장하여 사회를 통합하고 통일을 지향하는 종족적 민족주의를 추구

Korea's Rediscovery of Tan'gun", *Korea Observer* Vol.27, No.2, 1996, p.278.

사진은 금수산 태양궁전에 안치되어 있는 북한의 두 지도자의 형상이다. '영원한 수령'으로 숭배되는 두 지도자는 북한 사회에서 태양(김일성)과 광명성(김정일)으로 일컬어진다. 이제 북한의 민족주의는 단군민족을 호명하며 김일성/김정일민족을 옹호하고 있다. 이것은 근원론적 개념의 한민족을 정치화한 도구론적 민족주의의 극단이라 할 수 있다.

했다. 북한 역시 민족주의를 통해 국가가 형성되고 국가가 민족주의를 활용하는 근대성과 궤를 같이 한 것이다. 독특한 것은 북한의 민족주의가 수령 중심의 유기체적 국가주의에 의해 강화되고 또한 그러한 국가주의가 민족주의를 강화시켰다는 것이다.

민족주의에서 발전한 국가주의는 주체사상을 충효사상으로 연계시킨 김정일의 '사회정치적 생명체론'에서 잘 드러난다. 1986년 7월 15일 김정일은 「주체사상교양에서 제기되는 몇 가지 문제에 대하여」라는 연설에서 "개별적 사람들의 생명의 중심이 뇌수인 것처럼 사회정치적 집단의 생명의 중심은 이 집단의 최고 뇌수인 수령입니다"라며 개인의 정치적 생명을 최고 뇌수의 수령에 종속시키는 사회정치적 생명체론을 주장했다.[30] 한홍구가 민생단 사건에서 그 역사적 연원을 밝힌 이 이론은 부모에게서 받은 육체적 생명은 유한하지만 수령에게서 받은 정치적 생명은 영원한 것이기에 영생을 얻기 위해서는 수령에게 충성해야 한다는 논리를 담고 있다. 또한 '당의 유일사상 체계 확립의 10대 원칙'에서 드러나는 '유일한 절대 무오류의 지도자'의 사상은 수령 중심의 국가주의를 반영한

30 김정일, 「주체사상 교양에서 제기되는 몇 가지 문제에 대하여, 조선로동당 중앙위원회 책임일군들과 한 담화 1986년 7월 15일」, 『친애하는 지도자 김정일동지문헌집』, 조선로동당출판사, 1992, 160면.

것이었다. 수령의 절대성을 강조하는 사회정치적 생명체론은 '어버이 수령'과 '어머니 당'을 호명하며 자연스럽게 충효사상과 결합했다.[31]

이러한 배경에서 비핵화를 협상카드로 하여 시장화를 모색하고 있는 21세기 김정은 정권의 '우리국가제일주의'는 우리에게 시사하는 바가 크다고 할 수 있다. 2018년 판문점 선언으로 평화정착의 비전을 밝힌 김정은은 2019년 신년사에서 "전체 당원들과 근로자들은 정세와 환경이 어떻게 변하든 우리 국가제일주의를 신념으로 간직하고 우리 식으로 사회주의 경제건설을 힘 있게 다그쳐 나가며 세대를 이어 이어온 사회주의 우리 집을 우리 손으로 세상에 보란 듯이 훌륭하게 꾸려나갈 애국의 열망을 안고 성실한 피와 땀으로 조국의 위대한 역사를 써나가야 합니다"라고 주장하며 조선민족제일주의를 우리국가제일주의로 발전시켰다.[32] 또한 2019년 헌법 개정에서는 선군정치가 선국정치로 수정되기도 했다. 핵 자주 노선을 전략화하고 이를 통해 경제강국을 건설하고자 한 김정은의 신노선은 대외적으로는 정상국가로서 세계무대에 나서고자 한 것이며 대내적으로는 경제부흥을 통해 민심의 이반을 막고 사회통합을 이루고자 한 정치적 의지의 표현이었다.

따라서 우리국가제일주의는 김정은식 우리식 사회주의 혹은 조선민족제일주의라 할 수 있을 것이다. 김정은이 2021년 8차 당 대회에서 '자력갱생 경제건설'을 강조한 것이 이를 잘 드러내준다. 사회주의의 외피에 가려진 민족주의를 고수하고 민족주의를 통해 공고화된 국가주의를 이제

31 김정일, 「주체의 혁명관을 튼튼히 세울 데 대하여, 조선로동당 중앙위원회 책임일군들과 한 담화 1987년 10월 10일」, 『친애하는 지도자 김정일동지문헌집』, 조선로동당출판사, 1992, 203면.
32 『로동신문』, 2019.1.1.

통치 담론의 전면에 내세운 것이다. 그러나 우리국가제일주의 역시 조선민족제일주의와 마찬가지로 외부의 압력과 내부의 도전에서 자신을 보호하고자 한 방어적인 민족주의의 전형이었다. 조선민족제일주의에서 우리국가제일주의로 이어진 담론적 변화는 정상국가 진입과 경제강국 건설을 통해 체제를 수호하고자 한 김정은 정권의 국가주의적 민족주의를 반영하는 것이다.

임지현은 『민족주의는 반역이다』라는 저서에서 단일민족의 신화를 바탕으로 폐쇄적인 민족 정체성을 공고화한 민족사학, 권위주의 정권, 진보 진영의 민족주의를 성찰한 바 있다. 식민유산에서 이어진 분단체제의 민족주의는 체제와 이념의 도구로 변질되어 우리들의 미시적인 삶까지 억압한 파시즘의 권력이자 이데올로기였다는 것이다. 이러한 근대론적 비판은 식민지 근대화론과 결합하여 국사를 해체하는 탈민족주의론으로 발전하기도 했다. 이것은 단일민족의 신화를 바탕으로 원초적, 영속적 실체로서 한민족을 초역사화한 민족사학과 주류 사회의 담론을 비판한 것이었다. 이제 21세기에 진입한 한국 사회의 주류 담론은 폐쇄적인 민족주의를 허물려 한 '탈민족화'에 영향을 받아 기존의 민족 정체성을 재구성하며 대한민국 민족주의를 통해 '재민족화'의 길을 모색하고 있다.

## 네이션/민족과 민족주의

네이션/민족의 사회학을 탐색한 이 책에서 네이션과 민족은 같은 범주의 개념적, 분석적 실체로 전제되었고 시공간적 변이에 대응하는 하나의 변수로 평가되었다. 이것은 근대와 전근대, 서구와 비서구의 이분법을 넘어서는 방법론적 전략이기도 했다. 한국인의 심성에서 민족이 여전히 종족으로 이해되고 있을지라도 민족은 네이션과 분리된 실체가 아니라 두 정체성 모두 정치적인 것과 종족적인 것이 만나 결합된 근대적인 산물로 이해될 수 있다. 결합의 정도와 방식에서 다양한 분포를 나타내는 네이션/민족은 자신의 방식에서 민족국가를 형성하고 여타 정체성과 결합하며 현재에 이르고 있다. 네이션과 민족이 각기 다른 실체로 이해된 것은 실제로는 민족국가 형성의 상이한 역사적 과정을 반영하는 것일 뿐 그 정체성의 본질이 달랐음을 의미하지 않는다. 현대 사회에서 네이션이 국가로, 민족이 종족으로 이해되는 경향 역시 오랜 역사적 과정에 대한 인식의 간극을 반영하는 것이다. 중요한 것은 근대에 들어 네이션과 민족의 정체성이 하나의 정치 공동체로서 개인을 통합해 갔다는 것이며 현대로 이어지면서 이것이 여타 정체성과 경합, 갈등하며 재구성되고 있다는 것이다.

이러한 배경에서 근대 민족주의는 민족국가를 형성하고 민족국가에 의해 활용되며 다양한 얼굴을 드러냈다. 기본적으로 민족주의는 종족을 모체 혹은 수단으로 하여 민족국가를 구성, 재구성하는 이데올로기이자 정치운동이다. 이 이념과 운동은 끊임없이 가공, 재가공되어 우리의 삶을 지배하고 있다. 18~19세기 유럽 및 신대륙의 민족주의자들과 20세기 초 조선의 민족주의자들은 핏줄의 외침을 통해 네이션/민족의 공동체를 추구했다. 근원론에서 네이션/민족의 뿌리가 되는 핏줄이 근대 민족주의자들이 애용했던 정치적 수사의 핵심이었지만 실제로는 핏줄이 아니라 핏줄을 강조하는 이데올로기가 네이션/민족을 구성했던 것이다. 문제는 핏줄의 역설을 분석하는 학문의 장에서도 핏줄의 이데올로기가 재생산되고 있고 이것이 네이션/민족의 실체를 가치로 전도시키는 오류를 낳고 있다는 것이다. 분석 대상으로서의 민족주의가 권력으로, 학문으로, 개인의 가치관으로 스며들 때 네이션/민족의 실체와 가치는 괴리되어 그 실체에 관한 분석은 더욱 요원해질 수밖에 없는 것이다.

네이션/민족의 실체에 다가서기 위해 이 책은 네이션을 민족을 포괄하는 함수적 관계의 변수로 이해했다. 민족은 네이션에 포함되는 하나의 좌표로서 정치성과 종족성의 결합 정도와 방식에 따라 변화하는 것이며, 따라서 동아시아의 민족들은 정치성에 비해 종족성의 정도가 더 큰 함수적 관계를 나타내는 것이다. 또한 네이션/민족은 과거와의 관련성을 갖는 근대성의 실체로서 실재와 상상의 앙상블에서 생성되는 실체이기도 하다. 네이션/민족을 불변의 실재로 평가하고 그 실재를 초역사화했다는 점에서 근원론적 사고는 실재의 과잉 또는 실재의 가치를 극단화한 것이라 할 수 있다. 반면 네이션/민족의 본질적 가치가 해체되어 도구론적 극단주의로 흘렀던 근대론과 탈근대론의 시각은 네이션/민족의 실재를 부정하는 상상의 과잉 또는 실재를 허구화한 것이라 할 수 있다. 그러나 허구적 이데올로기 혹은 초역사적 실재로 극단화될지라도 네이션/민족은 종족과 같은 실재의 알맹이를 내재하고 있으며 (이 역시 인위적으로 변화할지라도) 이 실재를 상상의 영역에서 재구성한 역사적, 정치적, 문화적 산물이 되는 것이다.

따라서 네이션/민족은 근대에 들어 전근대 종족과의 연관 속에서 만들어진 정치적 실체이다. 역사, 신화, 상징, 전통 등의 요소는 종족문화에서 끊임없이 계승, 가공되어 근대 네이션/민족으로 이어졌고 영속론, 종족상징주의, 근대론, 근세 확장의 근대론 모두 이러한 계승과 가공에 대해 관심을 두었다. 고대 또는 중세에서, 중세에서 근세로, 근세에서 근대로 이어지면서 국가의 울타리 안에서 과거의 종족문화가 점진적으로 때로는 폭발적으로 이어져 온 것이다. 그러나 스미스가 줄기차게 강조한 에쓰니의 연속성에도 불구하고 근대의 에쓰니는 과거와는 다른 차원의 정치 공동체로 흡수되었다. 오랜 역사와 과거를 회고, 상상하며 정체를 추구하는 과정은 과거로부터 끊임없이 이어져 온 것이지만 근대의 소용돌이는 그 규모와 차원이 달랐던 것이다. 따라서 에쓰니의 연속성은 근대 자체가 만들어낸 독특함을 인정하는 전제에서 탐색되어야 한다. 번역, 수입된 개념 속에 내재된 우리의 민족 정체성도 과거 종족문화의 실재를 담은 채 근대의 상상에서 만들어진 정치화된 산물이다. 결론적으로 실재와 상상의 앙상블이란 견지에서 네이션/민족은 전근대 종족에서 정치 공동체로 재구성된 정체성이며 민족주의는 이러한 네이션/민족을 창조한 정치적 이념이자 운동인 것이다.

## 네이션/민족과 계급, 종족, 인종

민족주의 연구의 핵심적인 문제로서 이 책에서 밝히고자 했던 또 다른 쟁점은 네이션/민족과 다른 정체성과의 관계였다. 그 중에서 가장 논쟁적인 것은 네이션/민족과 계급의 문제이다. 자본주의가 네이션을 낳은 것이냐 아니면 정치적 요인이 네이션을 낳은 것이냐의 논쟁이 그것이다.

주지하듯이 네오맑스주의 이론가들은 18~19세기 자본주의를 민족주의의 조건적 배경으로 전제했다. 그러나 산업혁명과 자본주의가 형성되기 이전에 민족주의가 싹트고 있었고 자본주의가 발전한 이후 국가의 정치운동이 네이션을 창조한 측면을 간과할 수 없을 것이다. 이것은 1789년 프랑스 대혁명에서 점화된 민족주의의 역사에서도 발견될 수 있다. 프랑스 대혁명에서 제3신분의 신주류는 네이션을 자신의 정체성으로 내세우며 계급 이해를 대변하고자 했지만 네이션은 계급을 넘어 국가/국민을 포괄하는 정체성으로 발전했다. 자본주의와 계급은 민족주의를 낳은 여러 사회적 필요조건 중의 하나일 뿐 충분조건이 될 수 없는 것이다. 이것은 또한 정치와 경제의 근대적 복합물로서 민족주의의 특성을 잘 드러내주는 것이다.

네이션과 계급에 이어 네이션/민족, 종족, 인종에서도 유사한 관계를 발견할 수 있다. 기본적으로 네이션/민족, 종족, 인종은 모두 사회적으로 구성되며 근대에서 만들어졌거나 이와 밀접히 연관되는 역사적 산물이라 할 수 있다. 종족은 네이션과 비교해 과거의 원초적 뿌리를 가질 수 있다는 점에서 다르지만 근본적으로는 종족 그 자체도 변화되는 정치성을 가지며 네이션과 같은 정치권력에 종속되는 사회 집단이다. 인종 역시 종족과는 상상의 방식에서 다를지라도 공통의 조상을 좇는 정치적 과정이란 점에서 유사성을 갖는다. 공통의 조상에 대한 신념을 기반으로 종족과 인종 모두 정치적으로 구성되어 근대 네이션으로 발전했다는 베버의 주장처럼 종족과 인종은 원초적 실체를 상상하며 네이션에 의해 정치화된 일란성 쌍생아이다. 네이션의 공동체에서 그 소재가 된 종족과 인종은 다시 자신의 방식대로 살아남아 민족주의에 의해 재구성되는 것이다.

따라서 공통된 조상의 기원과 이에 대한 믿음을 근거로 상상한다는 측면에서 네이션/민족, 종족, 인종은 추상적으로 같은 뿌리에서 나와 근대에 들어 보다 뚜렷하게 각기 다른 방식으로 발전한 것이라 할 수 있다. 네이션/민족의 정치에서 종족이 신화와 상징에 대한 역사적 기억에서 재구성된 것이라면, 인종은 유형적 실체에서 벗어나 극단적인 이데올로기로 도구화된 것이다. 특히 인종은 네이션/민족은 물론 계급과 같은 여타 정체성과 쉽게 결합, 극단화되는 경향을 갖는다. 이 관계에서 인종이 네이션/민족에 영향을 미치거나 계급이 인종을 이끄는 측면은 간과되지 말아야 하지만 주된 인과관계는 네이션/민족이 계급과 관련되어 인종에 영향을 미치는 측면이 된다. 이것은 과거는 물론 현재에서도 네이션/민족이 계급 등 여타 정체성을 압도하는 힘을 갖고 있기 때문이다. 근대성의 맥락에서 국가와 자본주의, 정치와 경제가 결합되어 네이션/민족을 구성하는 민족주의를 창출하는 것이며 네이션/민족은 계급 및 타정체성에 의해 영향을 받으면서도 그것을 넘어설 수 있는 것이다.

## 분단체제와 종족적 민족주의

기본적으로 네이션/민족은 근대적 실체로서 민족주의가 만들어낸 역사적 산물이며 민족국가는 개인을 네이션/민족으로 통합시키는 정치적, 사회적 과정에서 확립된 것이다. 네이션/민족을 시공간적 변화에서 정치성과 종족성이 만나 결합된 공동체로 이해할 때 네이션/민족은 물론 민족주의에 관한 기존의 이분법적 논리 역시 극복될 수 있다. 개인주의, 자유주의로 대표되는 서구의 시민적 민족주의와 집단주의, 권위주의로 대변되는 비서구 종족적 민족주의의 이분법이 그것이다. 특히 한국의 종족적 민족주의는 보편과 특수의 이분법에서 설명된 전형적인 사례였다. 그러나 종족적 민족주의 역시 이 책에서 논의된 민족주의의 틀에서 이해되어야 한다.

한국의 사례는 단일민족의 신화와 함께 종족적 얼굴의 민족주의를 다양하게 변화시켜 왔다. 역사적으로 한국인들은 단군의 후손으로 단일민족을 유지해 왔다는 신념을 간직했고 이런 믿음은 분단체제에서 남북한이 적성국가는 증오하면서도 상대 국민은 한가족, 한겨레로 포용하는 민족의식을 고취시켰다. 이에 남북한의 분단정치는 공산주의와 자본주의라는 이질적인 체제에서 종족을 절대화하는 민족주의를 통해 상대 정권을 악마화하고 적대적인 통일 공세를 강화했던 것이다. 김일성이 민족해방전쟁이라 칭하며 한국전쟁을 국토완정을 위한 '정의의 전쟁'이라 부른 것은 이승만이 북진통일을 내세우며 '자유의 전쟁'이라 부른 것과 통하는 것이었다. 단일한 종족의 순수성을 회복하기 위해 전쟁과 학살을 정당화했던 남북한의 분단체제는 획일적인 집단주의로 시민사회를 억압하며 폐쇄적인 민족주의를 공고화했다. 냉전 시대 남북한의 이념적 대립에서 초등학교, 인민학교 교과서나 학생들의 포스터 등에서 야수의 큰 코와 손톱을 가진 미제 승냥이와 뿔 달린 괴물과 같은 북괴공산집단을 형상화한 것은 단일민족의 이데올로기가 정치화되어 어떻게 극단화될 수 있는가를 전형적으로 드러내 주었다.

이와 같이 분단 반세기 이상 '국민'과 '인민'으로 굳어진 적대적인 국민성은 단일민족의 수사 아래 절반의 민족만을 네이션화한 정치적 결과였으며 이 과정에서 민족 담론은 분단국가를 정당화하는 이념적 수단으로 변질되었다. 국민국가의 형성에서 한민족은 각각 국민과 인민의 정체성으로 재창조되었고 분열된 민족 정체성은 국민과 인민의 긴장관계를 유지한 채 분단갈등을 장기화하며 모순된 종족 정체성을 추구해 왔다. 그러나 종족적 통일로 절대화한 한국 사회의 민족 담론은 민주화와 다문화의 물결에서 내적으로 균열되고 있다.

## 민족통일과 재민족화의 야누스

21세기를 살아가는 우리의 민족주의 연구는 과거와 현재를 성찰하면서 미래를 내다봐야 하는 학문적 과제를 안고 있다. 소비에트 사회주의의 붕괴 직후 백낙청은 『창작과비평』에서 변화하는 세계정세에서 한반도의 분단체제론을 제기한 바 있다.[33] 민족모순과 계급모순을 넘어 '분단모순'이 한반도의 통일과 민중들의 삶에 큰 영향을 끼친다는 주장이었다. 그러나 뉴라이트의 관점에서 안병직은 체제개혁의 관점에서 분단모순을 해석하는 민족주의를 비판하기도 했다. 이 논쟁은 분단체제를 좌와 우의 시각에서 해석하고 그 정당성을 확보하려 했던 시도라고 할 수 있다. 그만큼 분단체제가 한국 사회와 개인의 정체성에 미치는 구속력이 컸다고 평가할 수 있을 것이다.

이러한 가운데 20세기 후반 이후 남북한 모두 내외적 변화를 겪으며 과거와는 다른 양상에서 민족주의의 변화와 지속을 보여주고 있다. 남한은 20세기 후반 탈이념과 21세기 초반 다문화의 흐름을 거쳐 폐쇄적인 민족주의를 수정하며 대한민국 민족주의에서 기존의 종족적 민족주의를 재구성하고 있다. 북한 역시 단군민족을 복원하고 조선민족제일주의를 내세우며 이를 김일성민족과 우리국가제일주의로 극단화시키고 있다. 이러한 변화는 국가주의를 강화시키는 민족주의의 복합성을 드러내 준다. 남한의 다문화적 변동에서 민족통일은 재민족화의 기제를 강화하는 복고적 반동으로 작동할 수 있으며 이것은 혈통과 단군민족을 호명하는 북한의 흐름과 무관하지 않은 것이다. 물론 민족통일론이 냉전적 적대관계만을

33 백낙청, 「분단체제의 인식을 위하여」, 『창작과비평』 20권 4호, 창작과비평사, 1992.

재생산했던 과거와 달리 제한적이지만 평화와 공존의 개혁적 흐름을 지향하고 있다는 점은 긍정적 변화라 할 수 있다. 하지만 북한의 '우리민족끼리' 담론이 보여주듯이 민족통일 담론은 혈통적 배타성을 정치화하며 남북의 민족이 아닌 다른 반쪽의 민족만을 정당화하는 위험성을 갖고 있다.

탈냉전 분단체제에서도 민족주의는 분단을 극복하는 진보의 얼굴과 배타적 권위주의를 부활시키는 퇴행의 얼굴을 하고 있다. 분단체제의 뒤안길에서 우리 사회는 좌우의 이념대결에서 자유롭지 못하며 종족적 민족주의는 여전히 국가, 민족, 개인의 정체성을 좌우하고 있다. 개혁적 변화에서도 오랜 역사에서 다져진 반공주의는 물론 진보진영 내에 잔존하는 민족지상주의와 대중 속에서 퍼져가는 통일무용론의 극단 역시 남과 북이 모색하는 평화체제의 걸림돌이 되고 있다. 무엇보다도 21세기 통일 담론의 부활이 다문화주의에서 작동하는 혈통 중심의 국가주의적 민족주의와 결합하는 것 역시 경계하지 않을 수 없다.

따라서 21세기 다문화 한국의 민족통일론은 재민족화의 역기능을 극복해야 한다. 우리에게 남겨진 과제는 재민족화가 갖는 야누스를 성찰하고 성찰된 민족주의를 우리 사회와 개인의 삶을 위한 긍정적 가치로 전환시키는 작업이 될 것이다. 우리의 역사와 현실에서 사회적 실재로 존재하는 민족과 그 정체성을 모두 배척할 수는 없으며 그것이 가능하지도 않을 것이다. 또한 민족 정체성이 반드시 개인의 삶을 억압하는 파시즘으로만 기능하는 것도 아닐 것이다. 실제로 통일의 시대에서 남북 간 비핵화와 군비축소, 모병제로의 전환과 군사비의 사회복지 전환, 남북경협 및 북한의 주민생활 개선, 탈북자 집단의 권위 신장 등 남북한 평화체제가 국가와 개인 모두에게 가져다 줄 이익은 결코 작지 않다.

적화통일 혹은 흡수통일의 냉전적 통일 담론을 고수하는 것이 아니라면 이제 우리는 평화와 공존의 길을 모색하며 다시금 민족의 실체와 가치를 성찰해 보아야 한다. 이것은 타종족과 소수자를 억압하는 종족적 민족주의로 회귀하는 것이 아니라 위로부터는 남과 북의 평화체제를 구축하고 아래로부터는 다양한 집단과 개인들의 행복을 보장하는 사회 정체성을 추구하는 길과 관련된다. 민족주의의 긍정적 가치가 미래와 희망의 시대에서 결실을 이룬다면 우리가 경계하고자 했던 민족주의의 망령은 사회와 개인의 삶 속에 스며들어 사라질 수 있을 것이다.

## 참고문헌


강동국, 「근대 한국의 국민 · 인종 · 민족 개념」, 『한국동양정치사상사연구』 5권 1호, 한국동양정치사상사학회, 2006.

강원택 · 이내영, 『한국인, 우리는 누구인가? – 여론조사를 통해 본 한국인의 정체성』, 동아시아연구원, 2011.

강종훈, 「최근 한국사 연구에 있어서 탈민족주의 경향에 대한 비판적 검토」, 『한국고대사연구』 52호, 한국고대사학회, 2008.

강진웅, 「디아스포라와 현대 연변조선족의 상상된 공동체 – 종족의 사회적 구성과 재영토화」, 『한국사회학』 46집 4호, 한국사회학회, 2012.

______, 「대한민국 민족 서사시 – 종족적 민족주의의 전개와 그 다양한 얼굴」, 『한국사회학』 47집 1호, 한국사회학회, 2013.

______, 「'문화적 전환' 이후의 국가론 – '실재'와 '상상'의 앙상블로서의 국가」, 『한국사회학』 48집 1호, 한국사회학회, 2014.

______, 「초등 사회과의 다문화교육 – 탈민족화와 재민족화의 역설」, 『사회과교육』 55권 3호, 한국사회과교육연구학회, 2016.

______, 「민족의 사회학 – 네이션과 종족성의 관계에서」, 『사회와 역사』 117호, 한국사회사학회, 2018.

______, 「한국 민족주의 연구의 쟁점과 과제」, 『민족연구』 73호, 한국민족연구원, 2019.

______, 「중학교 역사의 민족 정체성 교육 비판 – 교수요목기와 2009년 개정 교육과정 역사 교과서를 중심으로」, 『사회과교육』 58권 4호, 한국사회과교육연구학회, 2019.

강진웅 · 이도길 · 김일환, 「동아일보 키워드를 통해 본 분단체제 정체성과 이념 갈등 – 동아일보 빅데이터를 기반으로」, 『Journal of Korean Culture』 37권, 한국어문학국제학술포럼, 2017.

게오르크 빌헬름 프리드리히 헤겔, 권기철 역, 『역사철학강의』, 동서문화사, 2008.

______________________________, 임석진 역, 『법철학』, 한길사, 2008.

고려대학교 100년사 편찬위원회, 『고려대학교 학생운동사』, 고려대 출판부, 2005.

교육과학기술부, 『사회 4-2』, 천재교육, 2010.

교육부, 『사회 4-2』, 천재교육, 2014.

______, 『사회 5-1』, 천재교육, 2015.

교육인적자원부, 『중학교 교육과정』, 교육인적자원부, 2007.

국사편찬위원회, 『한국사』 1(총설), 국사편찬위원회, 2002.
권보드래, 「근대 초기 '민족' 개념의 변화-1905~1910년 『대한매일신보』를 중심으로」, 『민족문학사연구』 33권, 민족문학사학회 · 민족문학사연구소, 2007.
김광섭 편, 『이대통령 훈화록』, 중앙문화협회, 1950.
김광억 외, 『종족과 민족-그 단일과 보편의 신화를 넘어서』, 아카넷, 2005.
김세건, 「메스띠소와 원주민 사이에서-멕시코 국민주의와 원주민 종족성」, 김광억 외, 『종족과 민족-그 단일과 보편의 신화를 넘어서』, 아카넷, 2005.
김일성, 「사상 사업에서 교조주의와 형식주의를 퇴치하고 주체를 확립할 데 대하여, 당 선전선동일군들 앞에서 한 연설 1955년 12월 28일」, 『김일성 선집』 4, 학우서방, 1963.
______, 「쏘련을 선두로 하는 사회주의 진영의 위대한 통일과 국제공산주의 운동의 새로운 단계, 위대한 사회주의 10월 혁명 40주년 기념 경축 행사와 각국 공산당 및 로동당 대표들의 모쓰크바 회의에 참가하였던 당 및 정부 대표단의 사업에 관한 조선로동당 중앙위원회 확대 전원회의 보고 1957년 12월 5일」, 『김일성 선집』 5, 학우서방, 1963.
______, 「청년들에 대한 사상 교양사업은 민청단체들의 기본 임무, 북조선 민주청년동맹 제3차 대회에서 한 연설 1948년 11월 13일」, 『김일성 선집』 2, 학우서방, 1964.
______, 「김구와 한 담화 1948년 5월 3일」, 『김일성저작집』 4, 조선로동당출판사, 1979.
______, 「민족문화 유산 계승에서 나서는 몇 가지 문제에 대하여, 과학교육 및 문학예술부문일군협의회에서 한 연설 1970년 2월 17일」, 『김일성 저작집』 25, 조선로동당출판사, 1983.
______, 『세기와 더불어』 4 · 7, 조선로동당출판사, 1993 · 1996.
______, 「우리 민족의 대단결을 이룩하자, 조국평화통일위원회 책임일군들, 조국통일범민족련합 북측본부 성원들과 한 담화 1991년 8월 1일」, 『김일성저작집 』 43, 조선로동당출판사, 1996.
김정일, 「주체사상 교양에서 제기되는 몇 가지 문제에 대하여, 조선로동당 중앙위원회 책임일군들과 한 담화 1986년 7월 15일」, 『친애하는 지도자 김정일동지문헌집』, 조선로동당출판사, 1992.
______, 「주체의 혁명관을 튼튼히 세울 데 대하여, 조선로동당 중앙위원회 책임일군들과 한 담화 1987년 10월 10일」, 『친애하는 지도자 김정일동지문헌집』, 조선로동당출판사, 1992.
______, 「조선민족제일주의 정신을 높이 발양시키자, 조선로동당 중앙위원회 책임일군들 앞에서 한 연설 1989년 12월 28일」, 『친애하는 지도자 김정일동지문헌집』, 조선로동당출판사, 1992.
______, 「위대한 수령님을 영원히 높이 모시고 수령님의 위업을 끝까지 완성하자, 조선로동당

중앙위원회 책임일군들과 한 담화 1994년 10월 16일」, 『김정일 선집』 13, 조선로동당 출판사, 1998.
나종석, 「탈민족주의 담론에 대한 비판적 성찰－탈근대적 민족주의 비판을 중심으로」, 『인문연구』 57권, 영남대 인문과학연구소, 2009.
노태돈, 「한국민족의 형성시기에 대한 검토」, 『역사비평』 19호, 역사비평사, 1992.
______, 「한국민족형성시기론」, 『한국사 시민강좌』 20, 일조각, 1997.
로버트 영, 김택현 역, 『포스트식민주의 또는 트리컨티넨탈리즘』, 박종철출판사, 2005.
문교부, 『승공 4』, 문교부, 1965.
______, 『중학교 국사』, 대한교과서, 1979.
______, 『사회 6-2』, 국정교과서, 1988.
박광용, 「단군, 신화에서 역사로」, 강만길 외, 『우리 역사를 의심한다』, 서해문집, 2003.
박동천, 「민족의 실체성에 관한 철학적 검토」, 『한국정치학회보』 42집 3호, 한국정치학회, 2008.
______, 「한국 민족주의와 민족 정체성－뉴질랜드와 대비하여」, 『한국정치외교사논총』 34권 2호, 한국정치외교사학회, 2013.
박명규, 「네이션과 민족－개념사로 본 의미의 간격」, 『동방학지』 147집, 연세대 국학연구원, 2009.
______, 『국민·인민·시민－개념사로 본 한국의 정치주체』, 소화, 2009.
박병섭, 「국사교과서 논쟁과 민족정체성 투쟁」, 『사회와 철학』 31호, 사회와철학연구회, 2016.
박의경, 「헤르더(Herder)의 문화민족주의－열린 민족주의를 위한 시론」, 『한국정치학회보』 29집 1호, 한국정치학회, 1995.
박정희, 『박정희대통령 선집』 1·2·6, 지문각, 1969.
______, 『평화통일의 대도』, 광명출판사, 1976.
박찬승, 「한국에서의 '민족' 개념의 형성」, 『개념과 소통』 1호, 한림대 한림과학원, 2008.
______, 『민족·민족주의』, 소화, 2010.
백낙청, 「분단체제의 인식을 위하여」, 『창작과비평』 20권 4호, 창작과비평사, 1992.
브라이언 젠킨스, 김인중·마은지 역, 『프랑스 민족주의－1789년 이후의 계급과 민족』, 나남, 2011.
사회과학원 철학연구소, 『철학사전』, 사회과학출판사, 1985.
사회과학출판사 편, 『철학사전』, 사회과학출판사, 1970.
____________ 편, 『정치사전』, 사회과학출판사, 1973.
서영대, 「전통시대의 단군인식」, 노태돈 편, 『단군과 고조선사』, 사계절, 2000.
서중석 외, 『민족주의와 역사교육』, 선인, 2007.
손진태, 『중학교 사회생활과 역사부분 우리나라 생활(대한민족사)』, 을유문화사, 1950.

송기호, 『동아시아의 역사분쟁』, 솔, 2007.
송호정, 「학교에서의 한국고대사 교육 현황과 교과서 서술의 올바른 방향」, 『한국고대사연구』 84호, 한국고대사학회, 2016.
신용하, 『한국민족의 형성과 민족사회학』, 지식산업사, 2001.
_____, 「'민족'의 사회학적 설명과 '상상의 공동체론' 비판」, 『한국사회학』 40집 1호, 한국사회학회, 2006.
신채호, 박기봉 역, 『조선상고사』, 비봉출판사, 2006.
_____, 박기봉 역, 『조선상고문화사 외』, 비봉출판사, 2007.
아자 가트·알렉산더 야콥슨, 유나영 역, 『민족-정치적 종족성과 민족주의, 그 오랜 역사와 깊은 뿌리』, 교유서가, 2020.
안병직, 「포스트모더니즘 역사론을 위한 변론」, 『역사비평』 58호, 역사비평사, 2002.
요한 고틀리프 피히테, 황문수 역, 『독일 국민에게 고함』, 범우사, 1987.
윤영실, 「근대계몽기 신채호의 민족론에 나타난 '아(我)'의 의미」, 『한국학연구』 24권, 인하대 한국학연구소, 2011.
이대희, 「중등학교 교과서의 민족 개념에 대한 연구」, 『사회과학연구』 29집 1호, 경성대 사회과학연구소, 2013.
이병도, 『중등 사회생활과 우리나라의 생활(역사)』, 동지사, 1950.
이병호, 「두 얼굴의 근대국가-상상의 국가와 실재의 국가」, 『한국사회학』 41집 3호, 한국사회학회, 2007.
이승만, 『대통령이승만박사 담화집』 1·2, 공보처, 1953·1956.
이영훈 외, 『반일 종족주의-대한민국 위기의 근원』, 미래사, 2019.
이진경, 「근대 계몽기 『대한매일신보』에서 근대적 역사 개념의 탄생」, 『사회와 역사』 74호, 한국사회사학회, 2007.
이태진 외, 「지구화 시대의 한국학-민족주의와 탈민족주의의 긴장」, 『창작과비평』 96호, 창작과비평사, 1997.
이혜경, 「한국 이민정책의 수렴현상-확대와 포섭의 방향으로」, 『한국사회학』 42집 2호, 한국사회학회, 2008.
임기환, 「한국 고대사의 연구 성과와 역사교과서 서술의 방향」, 『역사교육연구』 16호, 한국역사교육학회, 2012.
임지현, 『민족주의는 반역이다-신화와 허무의 민족주의 담론을 넘어서』, 소나무, 1999.
_____ 외, 『우리 안의 파시즘』, 삼인, 2000.

임지현 · 이성시, 『국사의 신화를 넘어서』, 휴머니스트, 2004.
장 자크 루소, 이재형 역, 『사회계약론』, 문예출판사, 2013.
전남사회문제연구소 편, 『5 · 18 광주민중항쟁 자료집』, 광주출판사, 1988.
전재호, 「2000년대 한국의 '탈민족주의' 논쟁 연구－주요 쟁점과 기여」, 『한국과 국제정치』 102호, 경남대 극동문제연구소, 2018.
정선영 외, 『중학교 역사 ①』, 미래엔, 2013.
정선주, 「2009 개정 교육과정에 따른 초등 4학년 사회교과의 다문화적 내용요소 분석－지젝의 이데올로기론을 중심으로」, 『다문화교육연구』 7권 4호, 한국다문화교육학회, 2014.
정영훈, 「단기 연호, 개천절 국경일, 홍익인간 교육이념－현대 한국에서의 단군민족주의의 제도화에 관한 연구」, 『한국학』 31권 4호, 한국학중앙연구원, 2008.
정용욱, 「시민과 국사－'고수'와 '해체' 사이」, 『시민과 세계』 5호, 참여사회연구소, 2004.
최남선, 「만몽문화」, 『육당최남선전집』 10, 현암사, 1974.
한스 울리히 벨러, 이용일 역, 『허구의 민족주의(Nationalismus)』, 푸른역사, 2007.
홍석률, 「민족주의의 경합과 탈민족주의 담론」, 『광복 60년 한국의 변화와 성장 그리고 희망』 한국사론 43, 국사편찬위원회, 2006.
홍지아 · 김훈순, 「다인종 가정을 통해 본 한국사회의 다문화 담론－TV다큐멘터리 〈인간극장〉을 중심으로」, 『한국방송학보』 24권 5호, 한국방송학회, 2010.
황정미 외, 『한국사회의 다민족 · 다문화 지향성에 대한 조사연구』, 한국여성정책연구소, 2007.
Andre Schmid, *Korea Between Empires, 1985-1919*, Columbia University Press, 2002.
Andreas Wimmer, *Ethnic Boundary Making : Institutions, Power, Networks*, Oxford University Press, 2013.
Anthony D. Smith, *The Ethnic Revival*, Cambridge University Press, 1981.
________________, *Theories of Nationalism*(second edition), Duckworth, 1983
________________, *The Ethnic Origins of Nations*, Blackwell, 1986.
________________, *National Identity*, University of Nevada Press, 1991.
________________, *Nations and Nationalism in a Global Era*, Polity Press, 1995.
________________, *Ethno-symbolism and Nationalism : A Cultural Approach*, Routledge, 2009.
Anthony Giddens, *The Nation-State and Violence*, University of California Press, 1985.
Anthony W. Marx, *Making Race and Nation : A Comparison of the United States, South Africa, and Brazil*, Cambridge University Press, 1998.
Antonio Gramsci, *Further Selections from the Prison Notebooks*, University of Minnesota

Press, 1995.

Barrington Moor, *Social Origins of Dictatorship and Democracy : Lord and Peasant in the Making of the Modern World*, Beacon Press, 1993.

Benedict Anderson, *Imagined Communities : Reflections on the Origin and Spread of Nationalism* (revised edition), Verso, 1991.

________________, "Introduction", *Mapping the Nation*(Gopal Balakrishan ed.), Verso, 1996.

Bruce Cumings, *The Origin of the Korean War : Liberation and the Emergence of Separate Regimes 1945-1947* Vol.I, Princeton University Press, 1981.

Carter Eckert, "Exorcising Hegel's Ghosts : Toward a Postnatonalist Histography of Korea", *Colonial Modernity in Korea*(Gi-Wook Shin and Michael Robinson eds.), Harvard University Press, 1999.

Charles Armstrong, *The North Korean Revolution, 1945-1950*, Cornell University Press, 2003.

Charles Tilly, *Coercion, Capital, and European States, AD 990-1990*, Basil Blackwell, 1990.

_________, "States and Nationalism in Europe 1492~1992", *Theory and Society* Vol.23, No.1, 1994.

Clifford Geertz, *The Interpretation of Cultures*, Basic Books, 1973.

___________, *Negara : The Theatre State in Nineteenth-Century Bali*, Princeton University Press, 1980.

Craig Calhoun, *Nationalism*, University of Minnesota Press, 1997.

David Cannadine, "The Context, Performance and Meaning of Ritual : The British Monarchy and the 'Invention of Tradition', c. 1820~1977", *The Invention of Tradition*(Eric Hobsbawm and Terence Ranger eds.), Cambridge University Press, 1983.

Dong-Hoon Seol and John D. Skrentny, "Ethnic Return Migration and Hierarchical Nationhood", *Ethnicities* Vol.9, No.2, 2009.

Edward H. Carr, *Nationalism and After*, Macmillan, 1945.

Edward Shils, "Primordial, Personal, Sacred and Civic Ties : Some Particular Observations on the Relationships of Sociological Research and Theory", *British Journal of Sociology* Vol.8, No.2, 1957.

Edward W. Said, *Orientalism*, Vintage Books, 1979.

Eiji Oguma, *A Genealogy of 'Japanese' Self-Images*, Trans Pacific Press, 2002.

Elie Kedourie, *Nationalism*(fourth expanded edition), Blackwell, 1993.

Emile Durkheim, *The Division of Labor in Society*. Free Press, 1984.

Eric Hobsbawm, *Nation and Nationalism since 1780 : Programme, Myth, Reality*, Cambridge University Press, 1990.

Eric Hobsbawm and Terence Ranger, eds., *The Invention of Tradition*, Cambridge University Press, 1983.

Ernest Gellner, *Thought and Change*, Weidenfeld and Nicolson, 1964.

____________, *Nations and Nationalism*, Basil Blackwell, 1983.

____________, *Nationalism*, New York University Press, 1997.

Ernest Gellner and Anthony D. Smith, "The Nation : Real or Imagined? : The Warwick Debates on Nationalism", *Nations and Nationalism* Vol.2, No.3, 1996.

Ernest Renan, "What is a Nation?", *Nation and Narration*(Homi K. Bhabha ed.), Routledge, 1990.

Etienne Balibar, "Racism and Nationalism", *Race, Nation, and Class : Ambiguous Identities* (Etienne Balibar and Immanuel Wallerstein eds.), Verso, 1991.

Fredrick Barth, ed. *Ethnic Groups and Boundaries : The Social Organization of Culture Difference*, Waveland Press, 1998.

Gerard Delanty, "The Persistence of Nationalism : Modernity and Discourse of the Nation", *Handbook of Historical Sociology*(Gerard Delanty and Engin F. Isin eds.), Sage, 2003.

Gi-Wook Shin, *Ethnic Nationalism in Korea : Genealogy, Politics, and Legacy*, Stanford University Press, 2006.

Gi-Wook Shin and Michael Robinson, eds., *Colonial Modernity in Korea*, Harvard University Press, 1999.

Gi-Wook Shin, James Freda, and Gihong Yi, "The Politics of Ethnic Nationalism in Divided Korea", *Nations and Nationalism* Vol.5, No.4, 1999.

Hannah Arendt, *The Origins of Totalitarianism*, Harcourt, Brace, Jovanovich, 1973.

Hans Kohn, *The Idea of Nationalism : A Study in Its Origins and Background*, Collier Books, 1967.

Hegen Schulze, *States, Nations and Nationalism : From the Middle Ages to the Present*, Blackwell, 1996.

Henry H. Em, "Minjok as a Modern and Democratic Construct : Sin Ch'aeho's Historiography", *Colonial Modernity in Korea*(Gi-Wook Shin and Michael Robinson eds.), Harvard University Press, 1999.

Homi K. Bhabha, "DissemiNation : Time, Narrative, and the Margins of the Modern Nation", *Nation and Narration*(Homi K. Bhabha ed.), Routledge, 1990.

Hongkoo Han, "Wounded Nationalism : The Minsaengdan Incident and Kim Il Sung in Eastern Manchuria", Ph.D. Dissertation, University of Washington, 1999.

Howard Winant, *The World Is a Ghetto : Race and Democracy since World War II*, Basic Books, 2001.

Huge Trevor-Roper, "The Invention of Tradition : The Highland Tradition of Scotland", *The Invention of Tradition*(Eric Hobsbawm and Terence Ranger eds.), Cambridge University Press, 1983.

Hugh Seton-Watson, *Nations and States : An Enquiry into the Origins of Nations and the Politics of Nationalism*, Westview Press, 1977.

Immanuel Wallerstein, "The Construction of Peoplehood : Racism, Nationalism, Ethnicity", *Race, Nation, and Class : Ambiguous Identities*(Etienne Balibar and Immanuel Wallerstein eds.), Verso, 1991.

James G. Kellas, *The Politics of Nationalism and Ethnicity*(second edition), Macmillan, 1998.

Jin Woong Kang, "The Disciplinary Politics of Antagonistic Nationalism in Militarized South and North Korea", *Nations and Nationalism* Vol.18, No.4, 2012.

John Armstrong, *Nations Before Nationalism*, University of North Carolina Press, 1982.

John Breuilly, *Nationalism and the State*(second edition), University of Chicago Press, 1994.

John Duncan, "Proto-Nationalism in Premodern Korea", *Perspectives on Korea*(Sang-Oak Lee and Duk-Soo Park eds.), Wild Peony Press, 1998.

John Hutchinson, "Ethnicity and Modern Nations", *Ethnic and Racial Studies* Vol.23, No.4, 2000.

John Hutchinson and Anthony Smith, *Nationalism : Critical Concepts in Political Science* Vol.I,

Routledge, 2000.

John, Jorgensen, "Tan'gun and the Legitimization of a Threatened Dynasty : North Korea's Rediscovery of Tan'gun", *Korea Observer* Vol.27, No.2, 1996.

Joseph V. Stalin, "Marxism and the National Question", *J. Stalin Works* 2, Foreign Languages Publishing House, 1953.

Jyoti Puri, *Encountering Nationalism*, Blackwell, 2004.

Karl Marx, *The Eighteenth Brumaire of Louis Bonaparte*, International Publishers, 1963.

________, "A Contribution to the Critique of Hegel's Philosophy of Right, Introduction", *Karl Marx : Early Writings*, Vintage Books, 1975.

________, "On the Jewish Question", *Karl Marx : Early Writings*, Vintage Books, 1975.

Karl Marx and Friedrich Engels, *The German Ideology*, International Publishers, 1970.

____________________________, *The Communist Manifesto*, Penguin Books, 2002.

Karl W. Deutsch, *Nationalism and Social Communication : An Inquiry into the Foundations of Nationality*, MIT Press, 1966.

Katherine Verdery, "Whither 'Nation' and 'Nationalism'?", *Mapping the Nation*(Gopal Balakrishan ed.), Verso, 1996.

Kathryn A. Manzo, *Creating Boundaries : The Politics of Race and Nation*, Lynne Rienner Publishers, 1996.

Leo T. S. Ching, *Becoming "Japanese" : Colonial Taiwan and the Politics of Identity Formation*, University of California Press, 2001.

Liah Greenfeld, *Nationalism : Five Roads to Modernity*, Harvard University Press, 1992.

____________, *The Spirit of Capitalism : Nationalism and Economic Growth*, Harvard University Press, 2001.

____________, *Nationalism : A Short History*, Brookings Institution Press, 2019.

Livio Sansone, *Blackness without Ethnicity : Constructing Race in Brazil*, Palgrave Macmillan, 2003.

Lord Action, "Nationality", *Mapping the Nation*(Gopal Balakrishan ed.), Verso, 1966.

Lynn Hunt, *Politics, Culture and Class in the French Revolution*, University of California Press, 1984.

Mahmood Mamdani, *Citizen and Subject : Contemporary Africa and the Legacy of Late Colonialism*, Princeton University Press, 1996.

Mahmood Mamdani, *When Victims Become Killers : Colonialism, Nativism, and the Genocide in Rwanda*, Princeton University Press, 2001.
Max Weber, *From Max Weber : Essays in Sociology*, Oxford University Press, 1958.
__________, *The Protestant Ethic and the Spirit of Capitalism*, Charles Scribner's Sons, 1958.
__________, *Economy and Society : An Outline of Interpretive Sociology* Vol.I, University of California Press, 1978.
__________, *The Methodology of the Social Sciences*, Free Press, 1997.
Michael Billig, *Banal Nationalism*, Sage, 1995.
Michael Mann, *The Sources of Social Power : The Rise of Classes and Nation-States, 1760–1914* Vol.II, Cambridge University Press, 1993.
Michael Omi and Howard Winant, *Racial Formation in the United States*, Routledge, 1994.
Miroslav Hroch, *Social Preconditions of National Revival in Europe : A Comparative Analysis of the Social Composition of Patriotic Groups among the Smaller European Nations*, Cambridge University Press, 1985.
____________, "Real and Constructed : The Nation of the Nation", *The State of the Nation : Ernest Gellner and the Theory of Nationalism*(John A. Hall ed.), Cambridge University Press, 1998.
Neil Davidson, "Reimagined Commnities", *International Socialism* No.117, 2008, https://www.marxists.org/history/etol/writers/davidson/2008/xx/reimagined.html.
Nelson Mandela, *A Long Walk to Freedom : The Autobiography of Nelson Mandela*, Little, Brown and Company, 1994.
Otto Bauer, "The Nation", *Mapping the Nation*(Gopal Balakrishan ed.), Verso, 1996.
Partha Chatterjee, *The Nation and Its Fragments : Colonial and Postcolonial Histories*, Princeton University Press, 1993.
Perry Anderson, *Lineages of the Absolutist State*, Verso, 1979.
Reinhard Bendix, *Nation-Building and Citizenship : Studies of Our Changing Social Order*(new enlarged edition), University of California Press, 1977.
Robert A. Scalapino and Chong-Sik Lee, *Communism in Korea*, University of California Press, 1972.
Rogers Brubaker, *Citizenship and Nationhood in France and Germany*, Harvard University Press, 1992.

Rogers Brubaker, *Nationalism Reframed : Nationalism and the National Question in the New Europe*, Cambridge University Press, 1996.

Roxanne Doty, "The Bounds of 'Race' in International Relations", *Millennium* Vol.22, No.3, 1993.

Roy R. Grinker, *Korea and its Future : Unification and the Unfinished War*, St. Martin's Press, 1998.

Ruth Benedict, *Race and Racism*, Routledge and Kegan Paul, 1942.

Steven Grosby, "The Primordial, Kinship and Nationality", *When is the Nation? : Towards an Understanding of Theories of Nationalism*(Atsuko Ichijo and Gordana Uzelac eds.), Routledge, 2005.

Stuart Hall, "Introduction : Who Needs 'Identity'?", *Questions of Cultural Identity*(Stuart Hall and Paul du Gay eds.), Sage, 1996.

__________, "Question of Cultural Identity", *Modernity : An Introduction to Modern Societies* (Stuart Hall, David Held, Don Hubert, and Kenneth Thompson eds.), Wiley-Blackwell, 1996.

T. Aston and C. Philpin, eds. *The Brenner Debate : Agrarian Class Structure and Economic Development in Pre-industrial Europe*, Cambridge University Press, 1987.

Thomas Blom Hansen and Finn Stepputat, eds. *States of Imagination : Ethnographic Explorations of the Postcolonial State*, Duke University Press, 2001.

Tom Nairn, "The Modern Janus", *New Left Review* No.I/94, 1975.

__________, *Faces of Nationalism : Janus Revisited*, Verso, 1997.

__________, "The Curse of Rurality : Limits of Modernisation Theory", *The State of the Nation : Ernest Gellner and the Theory of Nationalism*(John A. Hall ed.), Cambridge University Press, 1998.

__________, *The Break-Up of Britain : Crisis and Neo-nationalism*, Common Ground Publishing, 2015.

W. E. B. Du Bois, *The Souls of Black Folks*, Blue Heron Books, 1953.

Walker Connor, "Nation-Building or Nation-Destroying", *World Politics* Vol.24, No.3, 1972.

__________, "The Timelessness of Nations", *Nations and Nationalism* Vol.10, No.1/2, 2004.

Zygmunt Bauman, *Modernity and Holocaust*, Cornell University Press, 1991.

## 찾아보기

ㅂ



ㅅ

## ㅎ